애물단지

애물단지

초판 1쇄 발행 2024년 3월 30일

지은이 강신태
펴낸이 장길수
펴낸곳 지식과감성#
출판등록 제2012-000081호

교정 한장희
디자인 정은혜, 서혜인
편집 서혜인
검수 김지원, 이현
마케팅 김윤길, 정은혜

주소 서울시 금천구 벚꽃로298 대륭포스트타워6차 1212호
전화 070-4651-3730~4
팩스 070-4325-7006
이메일 ksbookup@naver.com
홈페이지 www.knsbookup.com

ISBN 979-11-392-1716-2(03810)
값 16,700원

- 이 책의 판권은 지은이에게 있습니다.
- 이 책 내용의 전부 또는 일부를 재사용하려면 반드시 지은이의 서면 동의를 받아야 합니다.
- 잘못된 책은 구입하신 곳에서 바꾸어 드립니다.

지식과감성#
홈페이지 바로가기

애물단지

강신태 두 번째 산문집

어떻게 살면
나이 듦이 부끄럽지 않을까?

_____ 淸覽

관심 가져 주시고 배려해 주셔서 감사합니다.

_____ 드림

추천의 글

반세기 넘도록 부자간처럼 지내 온 제자

김종상(시인. 한국문인협회 고문)

　수필(隨筆)은 '따를 수, 붓 필'로 된 말처럼 '붓 가는 대로 따라 쓰는 글'이다. 그것은 형식이나 제약으로부터의 자유를 뜻한다. 그래서 수필은 소설의 산문적인 내용을 시의 운문적인 기법으로 승화시켜 그려 내는 문학의 한 장르라 할 수 있겠다. 아울러 수필은 작가가 살아온 세월의 연륜과 겪어 온 사회적인 경륜이 깊을수록 독자들의 가슴을 울리게 되는 것이다.
　강신태 작가는 어릴 때부터 글을 잘 써서 학교 대표로 글짓기대회에도 나가 학교를 빛냈다. 또 사회에 나와서도 꾸준히 자신의 생활상을 메모하듯 써 온 수필가로 수필의 깊이나 기법은 물론이고 재미도 특별하다.
　나는 강신태 작가의 첫 번째 수필집 『돈키호테의 길』에서 그가 걸어온 여정에 가슴 찡한 감명을 받았다. 그것은 자신이 살아온 과정이나 인연(因緣) 맺었던 사람들과의 에피소드는 물론이고, 가족들의 이야기를 진솔하게 엮었기에 독자들에게 큰 감동과 울림을 줄 것이란 생각이 들어서였다.
　그래서 그 후 계속해서 두 번째 수필집은 언제 낼 것이냐고 채근해 왔기에 이번에 수필집을 낸다니 더없이 기쁜 마음으로 독필(禿筆)을 들었다.

그의 이번 두 번째 수필집 『애물단지』는 칠순을 기념하는 수필집도 되겠기에 더욱 반갑고 축하할 일이며, 기쁨도 더하다.

강 작가는 나와는 사제(師弟)의 인연을 갖고 있다. 그 인연을 반세기가 훨씬 지나도록 소중히 간직하고 지나온 참으로 자랑스러운 제자다. 제자 중에서 강 작가를 제일 자랑스럽게 생각하는 이유는 참으로 많다. 그 중에서도 어린 시절 어려운 환경 속에서도 자신의 길을 스스로 개척해 온 의지가 돋보여서다. 또 사회인이 되어서는 누구보다 모범적으로 성실하게 일해 온 근면성이 자랑스러워서다. 더하여 소소한 일상을 이야기로 엮어 나가는 창작력이 돋보여서다. 아울러 어린 날의 스승을 부모처럼 여기는 마음을 쭉 지켜보아 온 터이기 때문인 데다가 나와는 부자간처럼 지내 온 사이여서다.

소소한 일상에서 건져 올린 글들로 알차게 엮어진 두 번째 수필집 『애물단지』가 많은 독자에게 큰 사랑 받기를 바라며 제3, 제4의 수필집을 기대한다.

약력
▶ 전 서울 유석초등학교 교장
▶ 한국 PEN 부이사장, 한국시사랑회 회장, 한국아동문학가협회 회장 등 역임
▶ 현재 국제 PEN, 한국문협, 현대시협, 창작문협, 동시문학회, 한국아동문학인협회, 한국불교아동문학회 고문 등

추천의 글

진솔한 인간 사랑의 이야기

박찬선(시인. 낙동강문학관 관장)

"아카시아 향이 신선함을 더하는 신록의 계절입니다. (중략) 선생님께서 늘 건강하게 함께하신다는 확신으로 부끄러움을 감추며 뜻깊은 날을 기리고자 합니다.
　조간신문에서 서강대 장영희 교수의 죽음과 관련한 기사를 읽고 울적한 마음으로 출근하였습니다. 연배가 비슷한 분이지만 장 교수의 글에서 많은 위안과 용기를 얻었는데 아프게 간 것이 너무도 안타까웠습니다."
(후략)
　2009년 스승의 날을 맞으며 강 작가가 보내온 편지글 일부이다. 문안과 함께 근무지를 영주에서 구미로 옮겼다는 것과 건강 음료 복용법까지 자상하게 담긴 정감 어린 편지. 그것에서 눈에 확 띈 것은 장영희 교수에 관한 이야기 부분이었다.
　장영희는 서강대 영미문학과 교수이자 수필가, 칼럼니스트로서 문명을 떨치고 있었다. 암 투병 중에도 항상 밝고 당당한 모습으로 희망과 용기를 주는 글을 전하던 그녀는 에세이집 『살아온 기적 살아갈 기적』을 남기고 세상을 떠났다.

　그때 내가 눈치를 채고 감지했어야 할 일이었다. 공직자로서 바쁜 일과 속에서도 장 교수의 글을 읽고 위안과 용기를 얻었다고 하는 것은 문학적 취향이 있었다는 방증이 된다. 강 작가는 그 이전 학창 시절부터 글을 쓸 수 있고 쓰겠다는 잠재의식이 내재되어 있었던 것이다. 어쩌면 마음의 준비를 단단히 하고 절후가 바뀔 때마다 보내 준 편지를 통해 본격적인 글쓰기를 시도한 것으로 여겨졌다.

　첫 번째 산문집 『돈키호테의 길』은 생전에 꼭 해 보고 싶은 목마름으로 엮어 낸 신변잡기의 잡문집이라고 했다. 딸의 결혼식 하객과 지인에게 드리기로 하고 출간했지만 일흔 살이 되었을 때 제대로 된 산문집을 엮고 싶다고 했다. 이제 그 뜻을 이룬 것이다.

　이번 두 번째 산문집 『애물단지』에는 몇 가지 특징이 있다.
　첫째로 작품을 인간의 감정인 희(喜), 노(怒), 애(哀), 락(樂)으로 나눠서 주제를 선명하게 하고 있다. 이것은 강 작가가 글을 쓸 때 내용의 적확성과 선명성을 부각(浮刻)시키고 있음을 뜻한다. 글의 주제는 인간의 영혼과 같다. 급변하는 세태 속에서도 주관적 판단과 사고는 자기를 지키는 힘이 된다. 존재의 확인은 삶의 확인이다. 혼이 살아 있어야 글이 산다.
　둘째로 강 작가의 글은 꾸며진 허구의 글이 아니라 경험을 바탕으로 한 사실의 글이다. 현실과 유리된 공허한 상상 세계의 글이 아니라 부대끼면서 사는 생활 속에서 얻은 실제 이야기를 담고 있다. 실존 인물들의 만남을 통한 실제의 일, 실화, 실록(Non-fiction)의 성격을 지녔다. 작품마다 생생한 생동감과 현장감이 있다.

셋째로 바른 인간의 길에 따른 비판 의식과 함께 생활의 덕목이 들어 있다. 논리적 전개에 따른 튼튼한 구성으로 처음부터 강조하는 것이 아니라 마지막 종결 부분에 이르면 자연스럽게 필자의 의도에 공감토록 전개하고 있다. 「22년 만의 화해」에서 보듯 "몸에 생긴 상처는 시간이 지나면 금방 치유되지만, 마음에 난 상처는 평생을 간다."라는 깨달음의 과정이 길기만 하다. 강 작가의 판단과 사고는 건강하고 건전하다. 과격한 사고와 변질이 심한 시대에 안정적인 저울추(錘) 역할을 한다.

넷째로 사람에 의한 사람의 이야기를 담은 사람의 글이다. 사람과의 만남에 의한 인간관계에서 빚어진 이야기가 주를 이룬다. 대부분 작품에는 사람이 등장한다. 선친(先親)과 선비(先妣)님을 비롯하여 자녀, 친지, 은사, 문우, 직장 동료와 윗사람, 친구들과 음지에서 묵묵히 일하는 사람들이 등장한다. "살아가며 최고의 자산이 사람임을 자주 기억하면 금상첨화(錦上添花)일 것이다."라고 「사람이 최고의 자산」에서 한 말이 새삼스럽게 다가온다.

이것을 다시 간추려 보면 사람이 중심임을 알 수 있다. 강 작가 작품의 중심에 사람이 있다. 자연, 역사, 종교는 유보 상태다. 이번 작품집에는 진실한 사람의 이야기가 주류를 이룬다. 이것은 강 작가가 사람을 존중하고 사람을 중심으로 한 생존의 문제를 귀하게 생각하고 있음을 뜻한다. 따라서 이번 작품집은 휴머니스트로 사람 사랑의 이야기를 담고 있다. 이해와 관용, 넉넉하면서도 진솔한 인간 사랑의 이야기가 그의 글의 특징이다. 인생의 신산(辛酸)을 모두 경험한 연대, 에세이가 늦은 나이의 글이라면 자의적인 글쓰기를 선택한 용기가 때를 만났다.

"… 그래도 팍팍한 일상이 글쓰기를 매개로 하여 다소 위로받을 수 있다면 지인들 앞에서 주눅 들 일은 아니다."(「어떻게 지내십니까?」) 글쓰기는 자기 정화요, 치유이며, 자기완성이다. 작가 정신이 귀하고 당당한 이유다.

두 권의 작품집을 통해 작가가 추구하는 세계를 보여 주었다. 그리고 구성상의 독특한 틀을 마련함으로써 정제된 모습을 갖추었다. 자기만의 색깔로 선명성을 지니는 것은 무엇보다 중요한 일이다. 개성 있는 작가로서 나아갈 길은 자신이 다듬고 닦아야 할 길이다. 보폭을 넓혀서 매진할 일만 남았다.

추천, 격려, 감사의 글이라고 하면 또 어떠하랴. 동시대에 성실한 한 작가와 함께 살아가는 동반자로서 기쁨을 누리고자 한다. '넓고, 깊고, 활달하게'라는 말을 떠올리며 장도를 빈다.

약력
▶ 전 상주고등학교 교장
▶ 국제펜클럽경북지역 위원회장, 한국문인협회 부이사장 등 역임
▶ 현재 한국문인협회 자문위원, 한국시인협회 회원, 낙동강문학관 관장 등
▶ 시집으로 『돌담 쌓기』, 『도남 가는 길』, 『상주』 등 다수

책을 내며

어떻게 살면 나이 듦이 부끄럽지 않을까?

　65세를 마무리하며 서둘러 조직 생활을 접고, 가슴으로 전하고 싶은 이야기들을 개발새발 써 나갔습니다. 그것으로 2020년에 첫 번째 산문집 『돈키호테의 길』을 펴냈습니다.
　의욕은 넘쳤지만 참으로 겁 없고 후안무치(厚顔無恥)한 행보였지요. 글쓰기 재능 부족에다 문장의 기교(技巧)마저 갖추지 못한 채 신변잡기(身邊雜記) 수준의 글로 채워 가면서도 아둔하여 부끄러움도 몰랐습니다.
　어떻든 저의 졸저(拙著) 천오백여 권을 사랑하고 존경하는 분들께 손수 포장하여 증정(贈呈)하였습니다. 생각보다 힘든 작업이었지만 즐겁고 행복했습니다.
　그 느낌이 좋아서 해야 할 일보다 하고 싶은 일에 더 의미를 두고 살아야겠다는 의욕을 좇게 되었습니다.
　더구나 2024년은 칠순이 되고, 우리 내외는 결혼 40주년으로 벽옥혼식(璧玉婚式)을 맞이하는 해입니다. 그것에 의미를 담아 지난 한 해 꾸준히 출간 준비를 해 왔습니다. 부족한 글이지만 한 권의 책으로 엮어 함께 나누어 읽을 수 있었으면 해서였습니다. 다행히 출간에 대한 강한 의지가 많은 부끄러움을 감춰 주었습니다. 여기에다 가족들의 절대적인 지지와 응원으로 두 번째 산문집 『애물단지』를 세상에 내놓게 되었습니다.

 삶의 주변부(周邊部)에서 함께한 많은 분과 끈끈하게 인연 맺어지는 과정과 신변잡사(身邊雜事)들이 책의 주된 내용입니다. 글을 쓰며 등장인물들은 대부분 익명화(匿名化)하였지만, 조심스럽긴 매일반이었습니다. 물론 역지사지(易地思之)하는 자세로 세심한 퇴고(推敲) 과정은 거쳤습니다. 그러나 미처 인지하지 못하는 사이에 저질러지는 실수가 있을까 조심스럽습니다. 부디 읽는 분들의 넓은 이해와 아량을 구합니다.
 다른 한편으로 고희(古稀) 기념 산문집이란 미명(美名)하에 증정하는 졸저(拙著)가 읽어야 하는 숙제가 될까 염려됩니다.

 당(唐)나라 시성(詩聖) 두보(杜甫)는 곡강시(曲江詩)에서 '인생칠십고래희'(人生七十古來稀)라고 읊었다지요. 고교 시절 한문 시간에 처음 이 구절을 접하고 기대 수명(期待 壽命)을 칠십으로 설정했었습니다. 나이 일흔이 넘도록 사는 일은 예로부터 매우 희귀하다고 해석했기 때문입니다. 그리고 알차게 그 시간을 채우고자 했지만 알차게는 고사하고 어영부영 살다 보니 어느새 고희를 맞이하게 되었습니다. 생활의 질 향상과 의학의 발달로 인간의 수명이 점점 늘어나고 있어서겠지요.
 이쯤서 해석을 달리하고 기대 수명과 삶의 목표를 재설정해야겠다는 생각이 들었습니다. 나이가 일흔이나 되었지만, 과연 자신(自身)의 앞가림이나 제대로 할 수 있을지 의문이 일고 게으름이 부끄러웠기 때문입니다.

　어떻게 살면 나이 듦이 부끄럽지 않을까? 참으로 어려운 화두(話頭)입니다. 글을 쓰는 내내 이 화두에 천착하였습니다. 그러면서 일단 기대 수명을 십 년 정도 더 늘리고, 그 기간 내내 나이 듦이 부끄럽지 않게 사는 방법을 찾아 실천하는 것을 삶의 목표로 삼기로 합니다. 늘어난 삶의 여백을 부끄럽지 않고 알차게 채울 수만 있다면 길어진 삶이 무의미하고 가볍지만은 않겠지요! 그 한 방편으로 써 온 제 허접한 글이 부디 덜 부끄럽기를 소망하게 됩니다.

　글이 한 꼭지씩 준비될 때마다 함께 정독하며 작품의 완성도를 높이는 데 일조해 준 아내에게 먼저 고마움을 전합니다.
　제 든든한 뒷배인 딸애 내외와 아들 중 딸애는 다른 이야기는 괜찮은데 군대 이야기는 진부(陳腐)하니 쓰지 말아 달라고 했습니다. 더하여 아들 녀석은 특정 시점에 자신이 언급되는 것은 피해 달라고 하였지요.
　하지만 재미를 더하고, 진솔한 이야기를 풀어 가는 감초 역할을 톡톡히 하는 부분만은 아이들의 요구를 들어줄 수 없었습니다. 미안할 뿐입니다.

　이 한 권의 책이 세상에 나오기까지 많은 분의 도움이 있었습니다. 졸저(拙著)에 추천의 글과 함께 꾸준히 정진하라고 격려해 주신 은사 김종상·박찬선 님께 존경의 마음을 드립니다. 아울러 세밀한 교정(校正) 작업으로 한결 간결하고 젊은 글로 탈바꿈하게 도와준 오랜 지우(知友) 이영철 세무사님께도 심심한 감사의 마음을 전합니다.

가끔 글 쓰는 과정에 고단함과 회의가 깃들 때

"결과는 네 계획만으로 이뤄지는 것이 아니라 타인의 관심이 더해져 만들어지는 것이야."

라며 격려와 분발할 것을 주문해 준 친구들과 졸저『애물단지』를 알차게 엮어 주신 '지식과 감성' 출판사 관계자분들께도 심심한 감사를 표합니다.

아울러 제 초등학교 시절, 초칠일(初七日) 안에 어미 잃은 효녀 심청이가 불쌍해 동냥젖을 나눠 주던 동네 여인네 심정이 되어 점심 도시락을 남몰래 제 책상 밑에 넣어 주시곤 하셨던 분이 계십니다. 지금은 요양원 주간보호센터의 도움을 받고 계시는 저의 영원한 스승 이정호 님입니다. 선생님의 숙환(宿患)이 조속히 쾌유하시길 간곡히 기원하는 마음을 담아 제 졸저의 탈고를 서둘렀음을 밝히며

저를 위해 평생 헌신하시고 서둘러 하늘나라로 이사 가신 사랑하는 엄마 영전에 졸저(拙著)를 바칩니다.

2024년 새해 벽두에
금오산이 바라보이는 우거(寓居)에서
청봉(靑峯) **강신태**

차례

추천의 글
반세기 넘도록 부자간처럼 지내 온 제자 - 김종상 시인
진솔한 인간 사랑의 이야기 - 박찬선 시인

책을 내며
어떻게 살면 나이 듦이 부끄럽지 않을까?

제1부 기쁠 희

기쁨으로 충만한 기억들!

칭찬은 고래도 춤추게 한다	22
보물 같은 사람들	26
단골	30
이종사촌	35
험담과 뒷담화	39
우리집 설 명절	44
소망 목록	50
22년 만의 화해	55
홍시와 헬스 자전거	60
김종상 선생님께!	65

영원한 스승, 이정호 선생님   70
우리 딸, 미현에게!   79
훈련병 아들에게!   83

怒
제2부 화낼 노
노여움은 물렀거라!

밴댕이 소갈머리	92
철근 빼먹기	97
시골 인심	102
첫 봉급	106
지키지 못한 약속들	111
세금 도둑	115
아름답게 잊히기	118
사라져 가는 미풍양속	123
인간 본성	130
직장 내 갑질	137
소아 청소년과 진료 대란	145
퇴행성 척추관 협착증	150

哀

제3부 슬플 애

아쉬움과 슬픈 단상들!

건강 염려증	158
재주가 메주	164
남산, 그곳에 서면	167
회초리	173
애물단지	179
본인상(喪)	183
어떻게 지내십니까?	187
아픈 기억들	191
지방직 공무원	198
이별 연습	205
하늘나라 가신 엄마	209
청도 반시	213

樂

제4부 즐거울 락

즐거움이 가득한 세상을 꿈꾸며

명랑 골프	218
외손자와 첫날 밤	223
해우소(解憂所)	226
40년 함께한 도반들!	230
잡문 나부랭이	234
술꾼의 횡설수설	239
어느 봄날 아침의 단상(斷想)	245
사람이 최고의 자산	249
문우(文友) L형!	255
'보리각시'에서의 친교(親交)	260
오지(奧地) 기행	264
인간극장	273
못 이룬 꿈, 이뤄야 할 꿈	277
품격	283
애니팡	290

제1부

기쁠 희

기쁨으로 충만한 기억들!

칭찬은 고래도 춤추게 한다

보물 같은 사람들

단골

이종사촌

험담과 뒷담화

우리집 설 명절

소망 목록

22년 만의 화해

홍시와 헬스 자전거

김종상 선생님께!

영원한 스승, 이정호 선생님

우리 딸, 미현에게!

훈련병 아들에게!

칭찬은 고래도 춤추게 한다

1999년, **구미세무서에서** 기관장으로 모셨던 K 서장님께선 연세가 팔순을 훌쩍 넘긴 어른이시다. 그런데도 아침마다 예쁜 그림이나 사진에 좋은 글들을 캘리그래피(Calligraphy) 해서 카톡으로 보내 주고는 하신다. 때로는 카톡을 통해 '애니팡' 게임을 함께 즐기기도 하는데, 그때마다 좋은 점수를 획득하시며 노익장을 뽐내신다. 가끔은 여행 중에 맛보신 그 지역 특산물이 맛나다며 보내 주고는 하셨다. 최근엔 충북 보은의 특산물인 대추를 보내 주셨다. 서장님께서는 자주 나를 당황하게 만드는 재주가 있으신 어르신임이 분명하다.

내남없이 직장인들은 직원 조회 등을 명분으로 모이게 하는 것을 싫어하는 경향이 있다. 그러나 K 서장님과 함께 근무하던 시절엔 매월 초에 갖게 되는 정례 조회를 마다하는 직원은 없었던 것으로 기억한다. 서장님께선 조회 때면 주어진 주제와 관련해 실제 사례를 구수한 유머와 위트로 적당히 버무려 훈시하셨다. 그러면 전 직원의 이목은 온통 서장님께로 쏠렸다. 때론 90여 분 넘도록 조회를 진행해도 100여 명의 직원이 함께하는 회의실엔 환호와 긴장이 공존하는 상황이 연출되었다. 조회가 끝나면 모든 직원 가슴엔 깨달음과 경이로움이 넘쳐 났을 뿐 아니라 그 여운이 며칠씩 이어졌다. 언행일치하는 삶을 추구하며 절제하시고, 항상 자상하셨기에 직원들에게 흠모의 대상이 된 분이었다.

어느 날, 조회 때 '칭찬과 격려는 고래도 춤추게 한다.'라는 주제로 훈시하셨다. 전 직원이 서장님 훈시에 취해 숙연해졌음은 물론이다.
최근 어느 모임에서 그 내용을 한 번쯤 활용하여 유식함을 뽐내고 싶었다. 하지만 20년 넘게 세월이 흘러 아무리 기억을 되새김질하여도 상세한 내용은 떠오르지 않고 뇌리 주변을 맴돌 뿐이었다. 서장님께 원하는 답을 얻고자 부끄러움을 무릅쓰고 카톡으로 정중히 부탁드렸다. 서장님께선 지체함 없이 자상하게 메모하여 보내 주셨다.

「어느 작은 시골 마을의 성당에서 한 신부가 미사를 드리고 있었습니다. 도중에 *복사(服事) 소년이 실수해서 성찬례에 사용하는 포도주 잔을 엎질러 버렸습니다. 잔은 깨어지고 포도주가 땅에 쏟아졌습니다. 신부가 노하여 소년에게
"다시는 제단 앞에 나타나지 마라."
라며 호되게 나무랐습니다.
비슷한 시기에 다른 대륙의 성당에서도 비슷한 일이 일어났습니다. 그 성당의 신부는 화를 내지 않고
"괜찮다. 나도 어렸을 때 같은 실수를 많이 했었다. 사람은 누구나

실수하며 산단다. 힘내거라."

하면서 소년을 다독였습니다.

성당에서 쫓겨났던 소년은 성장하여 1953년부터 1980년까지 유고슬라비아의 독재자로 군림한 '조셉 브로즈 티토'(1892~1980) 대통령이 되었습니다.

한편 포도주를 쏟고도 위로받았던 소년은 장성하여 미국의 로마 가톨릭 대주교에 오르게 되었습니다. 그는 ***가경자**(可敬者) '풀턴 쉰'(1895~1979) 대주교입니다.」

위의 글을 대하노라니, 지난날 서장님께서
"함부로 뱉는 말은 비수가 되지만 인자한 말 한마디가 긴장을 풀어 주고, 격려와 칭찬의 말 한마디가 삶에 용기를 줍니다. 우리 모두 칭찬과 격려는 고래도 춤추게 한다는 말의 의미를 항상 가슴에 담아 둡시다."
라고 훈시를 마무리하셨던 기억이 되살아났다.

백번 맞는 말씀이다. 칭찬과 격려는 고래도 춤추게 할 뿐만 아니라 가성비마저 월등하다. 우리는 성장 과정에 격려나 칭찬보다 꾸중과 질책을 더 많이 받아 왔다. 그것에 익숙해져 자신에게 관대하지 못하고 지나친 자괴감으로 곧잘 괴로워하게 된다. 부디 남을 질책하거나 흉보지 말고 칭찬하고 격려하며 살아갈 일이다.

《**자족**(自足)》

달팽이는 노루를 부러워하지 않고, 해파리는 종달새에 신경 쓰지 않지요. 자족은 감사를 깨닫게 하고, 믿음을 자라나게 하며, 평안을 가져다주고, 나누며 베푸는 여유를 안겨 줍니다.

《꽃과 인생》

꽃은 다시 피기도 하지만 사람은 다시 태어날 수 없습니다. 이 세상에서 가장 값싸고 맛있는 한 끼는 무엇인가요? 예, 바로 '마음먹기'입니다. 늘 꽃 같은 생각으로 젊게 사시기를 소생 K는 바랍니다.

어제와 오늘 서장님께서 캘리그래피 해서 보내 주신 글이다. 매일 배달되는 좋은 글들로 칠순을 목전에 두어도 마음 하나만은 지금도 청년이다.

서장님께선 적어도 제게 중요한 자산입니다. 내내 평안하시고 늘 꽃 같은 생각으로 젊게 사시기를 응원하겠습니다.

서장님 사랑하고 존경합니다. (2022. 11.)

* **복사(服事):** 미사 때 사제를 돕기 위하여 봉사하는 어린이들을 '복사' 또는 '보미사'라고 부름에서 유래. 흔히 봉사 정신이 있는 첫영성체를 받은 어린이가 할 수 있다.

* **가경자(可敬者):** 가톨릭교회에서 '복자' 전 단계의 사복 후보자로 신자들에게 모범이 되는 사람을 말함. 과거 대수도원장, 주교 등에게 쓰인 경칭으로 '존엄한 사람'이라는 뜻.

보물 같은 사람들

　이른 새벽, 잠이 덜 깬 얼떨떨한 상태에서 서둘러 잠자리를 털었다. 아름답고 자랑스러운 단상(斷想)이 가슴을 울려서다. 귀한 생각들이 뇌(腦)에 입력되기도 전에 망각 속으로 달아날까 메모를 서둘렀다.
　기억력이 좋지 않고 어리석은 사람을 '닭대가리'라고 놀리던 시절이 있었다. 그런데 나이 들어 가며 '닭대가리'가 되어 가고 있음을 확실히 깨닫게 된다. 방금 들었던 이야기를 돌아서면 금방 잊어버린다. 닭보다 나은 게 하나도 없음이다.

　요즘은 가식적이고 허세가 심한 사람들이 대접받고, 그들이 하는 일들이 뉴스거리가 되는 세상인 듯하다. 하지만 가슴을 활짝 열고 주위를 둘러보면 진실로 아름답고 자랑스러운 보물 같은 사람들이 주위에 넘쳐 난다. 이런 보물 같은 사람들로 인해 혼탁한 세상이 정화되고 건강하게 유지되고 있음을 우리는 잊고 지내는지도 모른다. 잠시 짬을 내어 주위를 둘러보라. 거기에는 작은 거인들로 넘쳐 나지 않는가!

70대 중반의 연세에도 아파트 경비원 일을 하시는 매형을 존경한다. 가끔 안부 전화를 드려

"매형! 이제는 일 그만두시고 편히 쉬시지요. 힘드시지 않으세요? 혹시 다치기라도 하면 어떻게 하려고요."

라고 말씀드리면 싱글벙글 웃으시기만 한다.

"집에서 쉬는 것보다 꿈적거릴 수 있어 좋으시단다. 자기가 없으면 아파트 미화를 누가 할지 항상 걱정인 양반인걸."

누나가 대신 거든다.

3남매 훌륭하게 키워 모두 성가(成家)까지 마쳤으니, 이제 동년배들과 어울리며 여유를 즐기셔도 될 연세임이 틀림없다. 그런데도 어디엔가 적을 두고 할 일을 찾으시는 게 즐겁다고 하신다. 마치 본인이 없으면 아무도 할 수 없는 일이라도 있는 것처럼. 그런 매형이 무척 자랑스럽다.

고향에 가면 고등학교 동기 여럿이 오래전부터 아파트 경비를 하고 있다. 이제는 현업을 떠나 쉬면서 자기만의 시간을 가진들 하나도 이상하지 않을 터인데 열심히 일한다. 그중 한 명인 S는 그 와중(渦中)에 틈틈이 동기들 단톡방에 좋은 글을 정성스레 퍼다 나른다. 또 그날의 주요 뉴스들을 정리해 뉴스브리핑이란 코너에 올리기도 한다. 그는 틈틈이 갈고닦아 완성한 서예 작품으로 개인전까지 여러 번 개최했다. 그가 또 자랑스럽다. 누구보다 당당하고 건강하게 노후를 즐기는 게 부럽기도 하다.

공직에서 은퇴하고 공공기관에서 비정규직 근로자로 근무하다 65세가 넘어서도 일하고 싶어 하는 또 한 명의 친구 K가 있다. 이제는

취미 생활이나 하며 편하게 지내자고 제안한 적이 있다. 그는 미처 노는 방법을 배우지 못했다며 싱긋 웃어넘겼다. 그러고는 여직원들이 득실거리는 고속도로 요금소에서 요금 수납 근로자로 열심히 근무하고 있다. 남들의 편견과 선입견에 당당히 맞서며, 아주 즐겁게 일하는 그가 자랑스럽고 부럽다. 보물 같은 사람이 따로 없다.

우체국 집배원의 고된 일상을 소화하면서 자투리 시간에는 독거노인들 집 청소며 장보기 등을 한 점의 주저함도 없이 도와주던 손위 처남이 있다. 정년퇴직 후에도 그들을 위해 변함없이 봉사활동 하는 그가 지금까지도 자랑스럽다. 일찍 하늘나라 가신 부모님 대하듯 가식 없이 마음 가는 대로 궂은일 마다하지 않던 그 모습이 너무나 보기 좋고 존경스럽다.

지방 자치 단체며 향교·지역 대학 등에서 주최하는 각종 교양강좌는 빠트리지 않고 수강하는 바지런한 친구도 있다. 그렇게 습득한 지식을 가지고, 정해진 날 지역 박물관에서 해설사로 자원봉사 활동하며 싱글벙글하는 친구 J의 해맑은 미소가 너무도 아름답다. 40년 넘게 공무원으로 봉직하며 국가와 지역 사회에 이바지한 바가 적지 않을진대, 쉬지 않고 봉사하는 그가 또한 멋지고 자랑스럽다.

한여름 꼭두새벽, 아파트 앞 문성지 데크(Deck)로 운동을 나섰다. 그곳에서 휴지를 줍거나 잡풀을 뽑고 있는 중년의 환경미화원 아주머니와 어김없이 마주치게 된다. 그녀는 새벽 일찍 출근하여 퇴근할 때까지 문성지 '들성 생태공원'을 자기 집처럼 깨끗이 쓸고 닦는다.

비 오듯 흘러내리는 땀은 개의치 않는다. 비가 오거나 눈이 오는 날엔 우산을 받쳐 들고 지나치는 사람들에게 밝은 표정으로 눈인사를 나누며 즐겁게 청소하는 모습에서 선녀를 본다. 문성지를 깨끗하게 가꾸는 일이 그녀에겐 행복이요, 보람인 듯하다. 결코 소홀히 대할 수 없는 보물과 진배없는 다정한 이웃임이 분명하다.

거대 담론(巨大談論)으로 정가(政街)는 연일 떠들썩하다. 내로남불이 판을 치며 포퓰리즘이 모든 이슈를 빨아들이는 혼탁한 세상 한가운데를 우리는 표류하고 있다.

이런 세상에 동요하지 않고, 장삼이사(張三李四)인 우리는 주위의 보물과 같은 사람들을 본으로 삼아 아름다움을 일굼이 어떠할까? 크고 화려한 성취만이 빛나는 게 아니다. 작은 일에도 진정성을 가지고 음지에서 묵묵히 일하는 사람들이 있어 세상은 더욱 빛을 발하는 것이 틀림없다. (2023. 8.)

단골

    강남 개포동에 새 보금자리를 마련한 친구 K의 초청으로 동부인(同夫人)하여 상경하는 날이다. 몇 가닥(?) 남지 않은 헝클어진 머리칼이나마 깔끔하게 정리할 생각으로 이발관을 찾았다. 가는 날이 장날이라 했던가! 출입문에 '개인 사정으로 10월 한 달은 휴업합니다.'라는 안내문이 걸려 있었다. 그 이발관은 청결하고 나와 동년배(同年輩)인 이발사는 깔끔하고 부지런하며 친절하기까지 하다. 그래서 10년 넘게 이용해 오는 곳이다.
    그전에 줄곧 이용했던 이발관도 어느 날 '개인 사정으로 6개월간 휴업합니다.'라는 안내문이 붙어 있었다. 당시 이발사는 암 판정을 받았다는 풍문(風聞)이 있었는데, 다행히 회복하여 다시 영업을 시작하였다. 그즈음, 부득이 인근에 있는 이발관을 이용하게 되어 지금까지 이용하고 있음이다.
    통상 개인 사정으로 휴업 사실을 알릴 때는 본인이나 가족 중에 중환자가 발생하는 등 집안에 우환(憂患)이 생겼음이 분명하다. 긴 '코로나 팬데믹' 기간에도 확진되지 않고 잘 버티어 온 이발사분이 어디가 아픈 것일까? 적잖게 걱정되었다. 그렇다고 종전(從前)에 이용하던 이발관으로 옮기는 것은 마음이 허락하지 않았다. 단골 이발관에 의리 없고 표리부동(表裏不同)한 사람이 되는 것 같은 기분이 들어서다. 그래서 난생처음 동네 미장원에 가서 머리 손질을 했다.

이쯤서 흑백 필름에 담긴 것처럼 빛바랜 옛 기억 속으로 뚜벅뚜벅 마음의 발길을 옮겨 본다. 이제껏 이용해 온 기억 속의 거래처들은 단골 아닌 곳이 거의 없다. 이발관부터 병원과 약국, 각종 식당과 슈퍼 및 문방구 심지어 대리운전 기사까지 단골과 우선 거래해 오고 있다.
사실 우리 주위에 양질의 재화와 용역을 공급하며 친절한 서비스까지 베푸는 곳은 극히 드물다. 마치 물 좋고 정자까지 좋은 곳을 찾기 어렵듯이. 이럴 땐 우선 친절하고 부지런한 분들이 운영하는 곳을 거래처로 선택하곤 했다.
특히 나는 숫기가 없고 낯가림이 심해 처음 접하는 사람에게 다가가는 게 어렵다. 그러하니 단기간에 인간관계를 돈독한 사이로 만들기가 쉽지 않다. 그런 연유로 단골집이 많아진 게 아닌가 미루어 짐작하게 된다.
어떻든, 단골에게선 쿰쿰하면서도 새콤하고 은근히 미각을 자극하는 묵은지 맛 같은 게 풍긴다. 또 단골에게선 오래전 떠나와 지극히 그리운 고향 같은 정취를 느낄 수 있어 좋다. 내 몫은 철저히 챙기고, 손해는 조금도 안 보는 것을 당연시하는 세태지만 단골은 순수한 사람 내음이 나서 좋다.

식당만 하더라도 음식 맛보다 주인장이 부지런하며 친절도와 서비스 질이 뛰어난 곳에 먼저 마음이 이끌린다. 그런 점에서 우리 아파트 앞 식당인 'N 막창'이 단골로 제격이다. 처음에는 접근성이 좋고 가격이 저렴해서 출입하게 되었다. 더하여 지인들과 간단하게 소주 한 잔 나누기엔 안성맞춤인 삼겹살과 막창이 안주로 금상첨화(錦上添花)였다.

음식 맛이야 어느 식당이나 오십보백보 아닌가! 더구나 식성이 좋아 어떤 음식이든 개의치 않는지라 음식 맛은 큰 고려의 대상이 되지 않았다.

그 식당은 한결같이 미소를 잃지 않고, 손님 차별 없는 친절한 서빙 아주머니가 돋보였다. 그녀는 손님이 뜸하여 한가한 시간에도 잠시 쉬지 않고 홀 내를 쓸고 닦기에 여념이 없었다. 아르바이트하면서 저렇게까지 할 수 있을까 싶었다.

그런저런 연유로 가끔 그 식당을 드나든 지 2년여가 지나서야 그녀가 사장이란 것을 알게 되었다. 아파트 단지 부근에 소재한 식당임에도 왜 항상 손님들로 문전성시(門前成市)를 이루는지 이유가 따로 있었던 게 아니었다.

친절한 서비스와 부지런함을 싫어하는 사람이 어디 있으랴! 밑반찬도 깔끔하고 곱창의 쫄깃한 식감과 갈 때마다 푸성귀 듬뿍 얹어 주는 후한 인심이 만점이다. 주인장의 통 큰 배려까지 더해져 마음이 따뜻하다. 단골로 부족함이 전혀 없음이다.

지난해 11월, 심한 열감을 느껴 동네 '가정의원'을 찾았다. 코로나 신속 항원 검사를 위해서였다. 그 병원은 이사 온 뒤 15년 넘게 출입하는 동네 의원이다. 주치의는 반갑게 맞아주고, 독감 유행이 심하다며 독감과 코로나 검사를 해 주었다. 숫제 독감 검사비는 받지 않았다. 코로나 검사비는 국가가 부담하지만, 독감 검사비는 유료인 것으로 알고 있었는데….

지난 8월에도 코로나에 확진되었으나, 적시(適時)에 귀한 '팍스로비드'를 처방해 주어 큰 고통 없이 완쾌했었다. 그런 병력이 있어 걱정했으나, 다행히 결과는 모두 음성이었다. 워낙 친절하고 직업의식이 투철한 분이지만 단골이 아니었으면 그렇게까지 적극적이고 친절한 진료가 가능했을까? 요즘도 혈압약 처방을 위해 병원을 찾으면 한결같이 친절하게 돌봐 준다.

그분은 매년 열흘 정도 일정으로 의료후진국 봉사활동도 다닌다고 소문이 자자했다. 그럴 때면 직원들을 통해 단골들에게 휴원 일정을 미리 알려 주고 양해를 구하곤 한다.

사실 종합 건강 검진과 중한 질병 치료 외, 고혈압이나 당뇨약을 처방받는 등 사소한 진료의 질은 마을 병원 어디나 대동소이하다. 그런데도 '가정의원'으로 환자가 쏠리는 것은 특별히 친절하고 환자에게 정성 어린 마음 씀씀이가 돋보여서 아닐까!

정상 수익을 창출하기 위해선 통상 환자 한 명 진료에 3분 이상을 할애할 수 없는 게 의료계 현실이라고 들었다. 그런데도 환자의 여러 질문에 조곤조곤 잘 설명해 준다. 시간에 괘념(掛念)치 않고 환자 이야기를 경청하고 처방해 주는 병원이 주위에 있다는 게 자랑스럽다. 그러니 어찌 단골을 마다할까!

단골 하면 'N치과'도 빼놓을 수 없다. 치아가 튼튼하여 쉰 살이 될 때까지 스케일링하는 것을 제외하고 치과를 찾은 기억이 별로 없다. 그러나 나이 들어 가며 치아도 망가지기 시작하여 치과를 찾지 않을 수 없는 일이 발생했다. 그때 동료 직원의 안내로 찾은 곳이 'N치과'였다. 잇몸도 약한데, 발치하고 임플란트(Implant) 시술이 필요한 상황에 원장의 주의 사항을 흘려듣고 음주까지 했다. 그 결과 잇몸이 크게 상해 임플란트 하나 시술에 1년 넘게 원장을 애먹였다. 그래도 불편한 내색 한 번 하지 않고 꼼꼼히 치료해 주었다.

그로부터 10년도 더 지났지만, 노인성 치아질환으로 'N치과'를 6개월에 한 번 이상 정기적으로 찾게 된다. 그래도 귀찮은 기색 없이 성한 이빨까지 예방 차원에서 매번 손보아 준다. 소소한 진료비는 아예 받지를 않아 미안한 맘에 찾아가기가 민망해도 치아가 불편하면 찾아가는 곳, 그곳이 단골이다. 오늘도 잇몸이 부어 'N치과'를 찾았다. K 원장은 조곤조곤 잇몸 상태를 설명하고 깔끔하게 치료를 마무리해 주었다.

중언부언(重言復言)이지만 우리가 단골을 즐겨 찾음은 그들이 친절하고 부지런하며 그곳엔 신뢰와 사람 내음이 넘쳐 나서다.

물론 단골에 집착하다 뒤통수를 얻어맞은 듯한 불신과 실망감을 맛본 경우가 없지는 않다. 하지만 그것은 '옥에 티' 정도에 지나지 않을 것이다.

우리에게 더 많은 분야에서 단골 같은 거래처가 많아졌으면 좋겠다는 바람이 가득하다.

갑자기 'N막창'의 삼겹살에 소주 한 잔이 생각난다. (2023. 10.)

이종사촌

주위에는 **생각만 해도 입가에 짙은 미소**를 번지게 하는 이들이 많다. 그들은 친구이기도 하고, 가깝게 지내는 지인과 친척이기도 하다. 그들의 공통점은 항상 내 편이 되어 힘을 실어 주는 귀한 분들이다. 그들 모두가 같은 방향을 향하여 인생행로를 걷고 있다고는 할 수 없다. 그러나 그들은 불가(佛家)에서 말하는 도반(道伴)과도 같은 귀한 존재들이다. 내가 헤치며 걸어온 70여 년의 궤적을 거슬러 올라가면 희로애락의 언저리엔 빠짐없이 그들의 동참이 있었다. 그들 존재 자체가 내게는 자랑이요, 큰 뒷배이기도 하다. 그래서 그들을 무한 신뢰하고 사랑하지 않을 수 없다.

그중에서 빼어나게 친근한 이들로 셋째 이모 댁 여섯 명의 이종사촌을 지목하지 않을 수 없다. 서른 명이 넘는 다른 사촌들과도 나름 긴밀하게 소통하고는 있다. 하지만 이종사촌들이 유별나게 정겨운 것은 어렵고 힘들었던 시절에 함께 호흡하고 교감한 기억이 많아서다.

위로 고인이 되신 형님이 계셨고, 나와 같은 또래의 누이를 포함해 두 분의 누나가 있으며, 아래로 여동생 둘과 남동생 한 명이 그들이다. 모두가 성가(成家)하여 지금은 이종사촌이 열한 명인 셈이다. 그들과는 외가에 네 자매뿐인 이모들 자식이라는 혈연 공동체 의식과 찢어질 듯 아팠던 가난을 공유하며 함께 성장하였다. 가난 때문에 위로 네 남매는 가방끈이 길지는 않았지만, 결코 주눅 들지 않았다. 그들은 어린 나이에 서울·부산 등 대처(大處)로 나가 세파에 당당히 맞서며 열심히 일했다. 그래서 밑의 동생 두 명은 남 못지않게 공부하도록 뒷받침하였다. 가난 때문에 못 배운 한을 동생들에게는 물려주지 않겠다는 결연한 의지와 넘쳐 나는 우애가 있었기 때문이다.

방학 때가 되면 으레 나를 서울로 불러올렸다. 도회지의 또래들이 공부하는 것을 지켜보고 경쟁심을 고취하기 위해서였으리라. 시골에서 우등생이 무얼 그렇게 대단하랴만 우등생 동생이라며 주위에 자랑하곤 했었다. 그런 형과 누이들의 반세기 전 정겹던 모습이 살포시 마음에 내려앉는다. 형님은 주위 상급생들에게
"얘가 내 동생인데 업신여기거나 해코지하면 가만두지 않을 거야. 알았지!"
라고 으름장을 놓으며 보호해 주려고 노심초사하셨다. 우리 형제가 부모님의 이혼으로 이모 댁에 얹혀살던 힘든 시절이라 기죽지 말라는 격려이기도 했으리라. 그런 형님이 아직 한창인 나이에 지병으로 유명을 달리해서 애간장이 다 녹을 정도로 안타까웠다.

이종사촌 여섯 남매는 열심히 산 덕분에 하나같이 중산층 가정을

이루었다. 지금은 서울 송파구 거여동 등 수도권 일원에서 오순도순 모여 우애를 나누며 화목하게 살아가고 있다.

어느 집안이나 여러 형제가 있으면 한두 집은 형편에 차등(差等)이 생기고, 우애에 먹칠하는 형제가 있기 마련이다. 그런데 이종사촌네는 사는 형편도 고르지만, 우애가 돈독하기로는 국가 대표급 수준으로 단연 금메달감이다. 가끔 수가 틀리면 격렬하게 다툰 뒤, 금방 화해하고 언제 그랬냐는 듯 정겹게 지낸다. 화끈한 남매들이다.

가난하여 많이 배우지는 못하였지만, 이모 내외분 살아생전에 지극정성으로 효를 다했다. '굽은 나무가 선산을 지킨다.'라는 속담이 그들을 두고 하는 말 같다. 동기(同氣)간에 축하할 일이나 슬픈 일이 생기면 빠짐없이 모여 즐거움과 슬픔을 함께 나누곤 한다.

네 자매인 엄마 동기간 중 가장 늦게까지 생존해 계셨던 우리 엄마께도 이종들은 자기네 엄마 대하듯 했었다. 자주 정겹게 안부를 묻곤 했던 살가운 조카들이었다. 딸아이 결혼하던 날과 엄마가 하늘나라로 이사 가시던 날에도 이종들은 한 명도 빠지지 않고 먼 길을 달려왔다. 기쁨과 슬픔을 함께해 준 고마운 마음이 가득했지만, 고맙다는 따뜻한 인사 한마디 드리지 못한 침묵이 몹시 부끄럽고 미워진다. 마음은 분명 그게 아니었는데….

먼 곳에서 터 잡고 사느라, 또 바쁘다는 핑계로 길흉사 시에나 만나 데면데면하게 대한 게 못내 아쉽고 부끄럽다. 그들이 베푼 믿음과 사랑의 크기는 실로 무한대였는데 그들을 향한 나의 배려는 과연 있기나 하였던가?

우리네 삶이란 대개 비구름 아흐레에 햇빛 하루쯤이라 한다. 앞으로 이종들과는 함께하며 쨍쨍 햇빛 드는 날을 하루라도 더 만들려고 노력해야겠다.

언젠가 이종사촌들이 모두 한자리에 모이는 기회를 책임지고 만들겠다고 호언장담(豪言壯談)했던 적이 있다. '코로나19 팬데믹'으로 인해 그 약속은 유야무야(有耶無耶)로 넘어가고 말았다. 하지만 올해가 다 가기 전에 기필코 약속을 이행할 것이다. 그래서 우리 이종사촌들의 정겨움과 우애를 더 높이겠다고 다짐한다.

오래전 하늘의 별이 되어 떠나신 형님이 오늘따라 부쩍 더 그립다. 형님 부재에도 굴하지 않고 귀한 남매 잘 건사하며 의연하게 살아가시는 형수(兄嫂)님께는 뜨거운 응원의 박수를 보낸다.

아울러 새로이 이종사촌 반열에 합류한 네 분의 매부와 한 분의 제수께도 귀하고 자랑스럽다는 말씀을 올리고 싶다.

오늘 밤엔 그들이 유난히 더 그립다. (2023. 3.)

험담과 뒷담화

　30여 년 넘게 몸담았던 직장에서 적지 않은 인연을 맺은 것이 두고두고 자랑스러운 삶의 자양분(滋養分)이 되었다. 그곳에서 온갖 풍상(風霜)도 겪었지만, 본(本)이 되고 뒷배가 된 선후배 및 동료들과 동고동락할 수 있었음은 인생행로에 큰 후광(後光)으로 자리매김했다. 물론 그것은 대부분 직장인에게 대동소이(大同小異)한 현상일 것이다.
　새내기 공직자 시절, 가끔은 성격의 모남으로 인해 이직을 결심한 적도 있었다. 그때 새로운 동기 유발과 '일신 우 일신'(日新 又 日新) 할 수 있었던 동력이 되어 준 분들도 소중한 인연 중의 일부였다. 특히 우리 *청(廳) 내에는 점잖음의 표상으로 타의 모범이 되어 직원들 모두가 본받고자 하는데 이설이 없는 다섯 분의 원로 선배님이 계셨다. 그중에 K·P 과장님 두 분을 직속상관으로 모실 수 있었음이 두고두고 자긍심과 활기를 불어넣고 있다. 팔순을 전후한 연세임에도 지금껏 세무사로 현업에 종사하시며 노익장을 과시하고 계신다. 두 분 다 평소에 과묵하셨지만, 하시는 말씀마다 우리 모두에게 금과옥조(金科玉條)가 되고도 남음이 있었다.

술을 마신 다음 날은 으레껏 결근하는 주벽(酒癖)을 가진 동료가 있었다. 체육대회 다음 날, 당연한 듯 하루 결근하고 출근해서는 머리를 긁적이며 계장께 다가가 죄송하다고 인사를 했다. 해당 계장께서는 젊은이가 못된 주벽을 가졌다고 한참을 질책했다. 곧이어 K 과장님께 다가가 사과(謝過)를 드리자
"그래. 좀 덜 하노? 불편하면 하루 더 쉬지! 건강 잘 챙겨야 한데이."
라고 질책과 지적질보다 사투리 섞인 어조로 따뜻한 위로의 말씀을 건네셨다. 그 일이 있은 다음, 그는 술을 마셔도 결근한 적이 없다. K 과장님께서 매사에 진정성 있고 따뜻한 위로와 조언으로 직원들을 챙기셨기 때문이다. 한 번쯤 과장님 위로나 조언을 접한 직원은 더는 일탈하는 경우가 없었다.

그 시절에는 가끔 민원인이 음료수를 들고 내방(來訪)하는 경우가 있었다. 그러면 막내 여직원이 직원들에게 그 음료수를 나눠 주고는 했다. 그런데 어찌 된 일인지 매번 과장님께는 음료수를 드리지 않았다. 그러자 계장 한 분이 그 여직원을 불러
"L 씨는 집에 부모님도 안 계시나요? 왜 번번이 과장님께는 음료수를 드리지 않아요?"
라며 역정을 내자 여직원은 얼굴을 붉히며 사무실 밖으로 뛰어나갔다. 왜 무안하지 않았으랴. 그 여직원도 무슨 사연이 있어서 그렇게 하지 않았을까?
한참이 지나 P 과장님은 그 여직원을 조용히 불러
"L 양! 내가 잘못했어요. 단것 싫어하는 것을 미리 알아 챙겨 준 것인데 공연히 전부 뒤집어쓰게 해서 미안해요. 너무 괘념치 말아요."

라며 다독여 주셨다. 과장님께서 단것을 싫어하지 않는다는 것을 나는 잘 알고 있었다. P 과장님께서 새내기 여직원이 직장 예절에 익숙하지 않다는 것을 배려한 것이다. 단편적인 일례(一例)지만 직원 한 명 한 명에 대한 배려와 관심을 읽을 수 있음이 아닌가 싶다. 두 분과 관계된 많은 일화 중 한 가지씩만 소개해도 두 분의 인품이 범상치 않음을 느낄 수 있을 것이다.

두 분이 직원들에게 점잖음의 사표(師表)가 된 더 근본적 원인은 어떤 경우에도 뒷담화나 험담을 하지 않으시는 데 있었다. 언행 불일치를 밥 먹듯 하고, 자신에게는 관대하고 남에게는 엄격한 이중 잣대를 가진 사람들이 출셋길에 오르는 세태가 아닌가. 그런데도 두 분은 어떤 경우에도 당사자가 없는 곳에서 험담과 뒷담화는 물론 어떤 언급조차 하지 않으신 것이다. 아울러 칭찬은 후하되 과하지 않았고 꾸중은 엄하되 거세지 않으셨다.

흔히 사람들은 두 사람만 모여도 그 자리에 없는 사람의 험담과 뒷담화를 하기 일쑤다.

통상 험담과 뒷담화를 하는 이유는 시기, 질투, 열등감 때문이다. 가끔은 자기가 속한 또래 집단에서 약해 보이지 않기 위해서일 것이다. 더 나아가 상대방이 공연히 밉고 인정할 수 없으며, 나에게 무례하게 대했거나 심사가 뒤틀려서 그러하다. 그런저런 이유로 술좌석에서 동료나 타인의 험담과 뒷담화를 안주 삼는 데 익숙해져 있다.

'남의 눈에 든 티끌은 보면서 제 눈에 든 들보는 보지 못한다.'라는 속담마저 되씹어 보는 여유를 가지지 못하기 때문이다. 오히려 험담이나 뒷담화하는 행위를 부끄러워하거나 참회하기는커녕 감싸거나

험담과 뒷담화

이해하려 한다. 참으로 부끄러운 작태다. 그래서 두 분 과장님 처신이 더욱 돋보이는 이유다. 어쩌면 저렇게까지 초연하실까? 하는 경외감마저 느끼게 된다. 오랜 세월 쌓아 온 내공 탓이리라 미루어 짐작할 뿐이다.

공자께서는 '군자는 행동으로 말하고 소인은 혀로 말한다.'(君子以行言 小人以舌言 군자이행언 소인이설언) 하셨고, 어떤 이들은 '주는 사람은 잊어도 받는 사람은 못 잊는 게 상처다.'라고 한다. 그만큼 우리는 일상에서 남의 험담과 뒷담화로 상처 주는 일이 비일비재(非一非再)하다.

살아오며 나 자신이 미욱한 탓으로 세 치 혀를 잘못 다스려 험담과 뒷담화로 뭇사람들에게 상처를 준 적은 없었을까? 두 분으로 인해 조심스레 되돌아보게 된다.

어느 책에서 읽은 중국 당나라 재상 풍도(馮道)의 전당서(全唐書) 설시편(舌詩篇)을 인용하며 세 치 혀를 잘 다스리는 법을 익혀야 할 것 같다.

구시화지문 설시참신도(口是禍之門 舌是斬身刀)
폐구심장설 안신처처우(閉口深藏舌 安身處處宇)
입은 재앙을 부르는 문이요, 혀는 몸을 베는 칼이로다.
입을 닫고 혀를 깊이 감추면, 가는 곳마다 몸이 편하리라.

경산의 ㈜S에 근무하던 시절에 옛 직장 동료 H와 두 분 과장님을 모시고 삼겹살을 안주로 술좌석을 가진 적이 있었다. K 과장님은 김천세무서에서 P 과장님은 상주세무서에서 모셨기에 공통된 화젯거리가 궁했다. 그래서 주로 원로 선배분들의 근황을 여쭈었다. 그런데 동문서답(東問西答)하듯 재직 시절 나와 H에 한정된 일화만을 화젯거리로 삼으셨다. 술좌석에서 제삼자의 안부를 거론하다 보면 뜻하지 않게 취기를 핑계 삼아 안줏거리로 그분들의 험담이나 뒷담화가 거론될 것을 저어해서였으리라 짐작되었다. 네 사람뿐인 자리였지만 바른길 아님을 경계하심이 분명했다.

  오랜만의 만남이 흥겨워 과음한 탓도 있지만, 세월의 흐름 앞에 장사 없다고 주량이 전만 못하셨다. 이제 바라고 염려할 일은 두 분의 건강이다.

  본받을 선배가 건강하셔서 자주 뵙고 옛 이야기하며 오래오래 모시고 싶다. (2023. 4.)

---

* **청(廳)**: 국세청 조직으로 세종시에 본청이 있고, 서울, 수원, 부산, 대전, 광주, 대구, 인천에 7개의 지방국세청이 있다. 여기서 청이란 대구지방국세청으로 산하엔 14개 세무서가 있고 고위공무원 '나'급 지방청장을 수장으로 하여 지방청과 산하 세무서에 약 2,000여 명의 국세 공무원이 근무하고 있다.

우리집 설 명절

 설 명절 전후해서 한바탕 소란스럽던 집안이 적막강산(寂寞江山)으로 변했다. 세시풍속(歲時風俗)이 변화무쌍한 세태라지만, 대부분 가정이 그러하듯 명절 뒤끝의 변함없는 우리집 모습이다. 기다림은 행복이요, 만남은 기쁨이라 하지만 가족들이 빠져나간 공간엔 적막감만 휑하니 남는다. 헤어짐의 아쉬움과 슬픔을 미리 대비하지 못한 여운일까? 그래선지 가슴 저 아래 차곡차곡 갈무리해 두었던 설 명절에 대한 기억의 조각들이 하나씩 스멀스멀 머리를 쳐든다.

 누나네가 사위·며느리 등 새 식구를 맞아들이면서 명절 당일 친정 나들이를 그만둔 지 오래다. 그래도 동생네와 출가한 딸애 가족이 귀성의 불편을 감수하고 찾아들어, 올 설에는 열두 명의 대식구가 모였다. 그래선지 여태 협소해서 불편하다고 생각해 본 적 없었던 집이 몹시 비좁게 느껴졌다. 급기야 지난해 10월에 결혼해 신혼인 조카 내외는 시내 호텔에서 하룻밤 유숙(留宿)하는 특혜를 누리게 되었다.

설령 집이 좁다 해도 명절 전날에 집 밖 유숙은 언감생심(焉敢生心) 꿈도 못 꾸던 일로 초유의 선례를 남기게 되었다.

 동생과 딸네의 귀성 행렬과 명절의 시끌벅적한 분위기가 길게는 35년에서 짧게는 10여 년 동안 끊임없이 이어져 오고 있다. 교통이 발달한 지금도 수도권에서 우리집까지 다다르는 데 얼추 예닐곱 시간이 소요된다. 예전에는 열서너 시간까지 걸린 때도 있었다. 동생네가 밤을 새워 운전해 내려올 때는 걱정이 되어 덩달아 우리 내외도 잠을 설치곤 했던 기억이 새롭다. 그러면서도 그들이 힘든 이 과정을 포기하거나, 내가 만류할 생각을 해 본 적은 결단코 없다. 그것은 가족의 일원으로 당연히 치러야 하는 일종의 통과의례(通過儀禮)라 생각해서다. 그런 분위기에서 명절 때마다 동생이 치르는 귀성 전쟁이 얼마나 힘들고 불편한지 무슨 수로 제대로 알 수 있으랴. 동생네는 올 설에도 교통량이 줄어든 한밤중에 서둘러 집을 나서 새벽녘에야 우리집에 도착하였다.

 70여 년을 살아오면서 집 떠나 타지에서 명절을 보낸 것은 군 생활하던 3년뿐이었다. 그래서 명절을 동생처럼 우리집이 아닌 타지에서 지내 보고 싶은 바람이 로망(Roman)처럼 굳어졌다. 집안의 장남이었던 아버지가 그러하셨고 내 아들도 그러할 것이다. 얼마간 피곤한 것이 대수일까. 찾아갈 가족이 있어 한 해 두어 번 먼 길을 나서는 것은 어쩌면 행운일지 모른다. 선물 꾸러미를 바리바리 싸 들고 부모 형제가 계시는 본가를 찾는 것은 생각만 해도 마음 설레지 않는가. 매번 귀성 전쟁을 치르는 사람들은 팔자 좋고, 복에 겨워하는 생각이라며 타박할 것이다. 그러나 귀성할 처지가 아니기에 이루어질 수 없는 소망이지만 꼭 귀성길에 올라 보고 싶다.

    70년대 초에 정부는 이중과세(二重過歲)를 방지하겠다며 신정(新正) 과세를 강행했었다. 대부분 내 또래들조차 기억하지 못할 수도 있는 일이고, 민족 정서와는 괴리가 큰 정책이었다.
    우리 설은 구정(舊正)이라는 확고한 믿음을 가지고 계셨던 아버지께서 어느 해부턴가 갑작스레 신정 과세로 전환을 선언하셨다. 미루어 짐작하건대 단순히 정부 시책에 호응하시고자 그러신 것은 아니었다. 귀성 시 교통지옥 탓에 고단하다는 핑계로 내려오는 것을 마다하는 세 곳 작은댁을 유인하고 압박하기 위한 고육지책(苦肉之策)이었을 것이다. 또 명절은 대소가가 함께 모여 흥청망청 보내는 것이 아버지의 바람이자 고집이란 것을 주지시키기 위해서였을 것이다.
    구정이 진짜 우리 설이라는 확신마저 저버리신 아버지의 결단이 있었음에도 작은댁들은 아버지의 바람을 외면하셨다. 결국 우리집 설은 구정으로 원위치하였다. 하지만 아버지의 그런 인자(因子)를 그대로 이어받았기에 명절에는 가족이 전부 모여 시끌벅적하게 보내는 것이 즐겁고 행복하다. 산다는 게 대수인가, 두루 어울리며 지내는 것이지.

    우리네 세시풍속은 핵가족화와 여권(女權)신장으로 인해 급속히 변화하고 있다. 차례나 제사를 포기하는 가정과 명절에 귀성이 아니라 여행을 떠나는 가정이 날로 늘어나는 등 변화를 감지하게 된다. 올 설날에도 인천공항이 해외여행을 떠나는 인파로 북새통을 이뤘다는 뉴스를 접했다. 예기치 않게 뒤통수를 한 대 가격당한 듯한 충격을 떨칠 수 없다.

나는 옛것을 버리거나 고치는 것에 몹시 인색하다. 하지만 동생 내외와 딸아이의 응원을 등에 업고 가해지는 아내의 압력에 굴복하여 가풍(家風) 중 일부를 수정하였다. 사대 봉사(四代 奉祀) 하던 것을 삼대로 줄였고, 부계(父系) 중심으로 한 대에 한 번 모시는 것으로 제사 횟수도 줄였다. 차례나 제사상에 올리는 제수(祭需)도 조상께서 생시에 즐겨 드시던 음식 위주로 바꾸려 한다. 아내와 의논하여 정성이 깃들면서 간소하게 준비토록 개선할 것이다.

동생네가 귀성길이 불편하고 힘들다며 자기들끼리 명절 연휴를 즐기겠다는 의사표시를 할 날이 올까? 동생이 생존하는 동안엔 그런 날은 오지 않을 것이라 확신한다. 그러기에 대소가가 모여 차례를 지내며 함께 보내는 전통을 허물 수는 없다.

세태 변화와 다른 집안의 급격한 변화 사례를 들어 가며 '시동생네를 귀성 전쟁의 고통과 불편함으로부터 해방하고 말겠다.'라는 아내의 음모(?)가 있음을 감지한다. 그러나 세월이 흘러 조카들이 제사를 모실 일이 생길 때까진 아내의 주장에 동의할 의향이 전혀 없다.

설 연휴에 동년배인 지인 및 친구와 각각 다른 곳에서 명절 차례를 주제로 다양한 의견을 나누다 가벼운 충격을 받은 적이 있다. 두 분 다 생각의 모양과 마음 씀씀이가 비슷하다고 생각했고, 모두 장남이어서 항상 정겹던 분들이었다. 그런데 지인께선

"자식네도 기약 없이 해외에 나갔고, 동생네랑 두 집만 달랑 남은 터라 향후 명절 차례는 생략하자고 의논이 되었다."

라고 했다. 또 친구는

"명절 차례는 별 의미가 없어 두 번 있는 기제사는 모시되 명절 차

례는 생략하기로 했다."

라고 한다. 마음 같아선 지인에겐 완곡하게

"제관의 수가 얼마건 연면히 지켜져 온 전통을 우리가 허물면 영원히 자취를 감추게 될 것 아닙니까? 우리가 지켜 내는 게 어떨까요?"

라고 말씀드리고 싶었고, 친구에게는

"명절 차례 모시는 데 무슨 의미가 필요하단 말인가? 선조들께서 우리보다 생각이 짧고 현명하지 못해서 명절 차례를 수백 년간 전통으로 지켜 온 것인가?"

라고 반론을 펼치고 싶었다. 하지만 내가 ***확증편향(確證偏向)**에 사로잡히지 않았다는 확신이 없다. 아울러 내가 틀렸을 수도 있다는 생각에 논쟁을 멈추기로 하였다. 가끔 고정관념의 노예가 되고 있지는 않은가? 하는 것에 생각이 미칠 때는 멈추는 것이 최선이라 깨달았기 때문이다. 가정과 문중마다 관습과 구성원들의 생각에는 의미와 가치가 있음을 인정하고 넘어가기로 했다. 하지만 전반적으로 세시풍속이 급속하게 무너지고 있는 게 못내 아쉽다. 어릴 때, 할아버지 기일에 삼촌들과 음복하시며 아버지께서

"우리 때나 기제사 챙기고, 벌초하고, 성묘하지. 저놈들 대에야 그런 일을 누가 하겠나?"

라고 들으란 듯 말씀하시고는 하던 기억이 새롭다. 어떤 경우에도, 나는 아이들 듣는데 절대로 그런 말은 하지 않을 것이다. 아버지 하시는 것을 본받아 아버지 때보다 잘하려고 애써 왔다. 아들도 내가 하는 것을 보면서 성장하기에 나보다 훨씬 잘할 것이라 믿기 때문이다.

어린 시절 설날이면 때때옷 차려입고 또래들과 몰려다니며 동네 어른들께 세배 올리던 기억이 새롭다. 지금처럼 세뱃돈을 챙기는 것이야 꿈도 못 꿀 일이었다. 하지만 떡국 한 그릇에 강정 몇 조각이면 마냥 행복했었다. 꽁꽁 언 미나리꽝에서 팽이 치고 썰매를 타기도 했었다. 또 추수 끝낸 뒤, 텅 빈 논에서 설 제수로 올리기 위해 도축한 돼지의 부산물인 오줌보를 축구공 삼아 즐겁게 뛰어놀았었다.

비록 처절하게 가난하긴 했지만, 이웃 간에 정이 넘쳐 났던 그 시절이 절로 그립다. 머리만 살아 있고 가슴은 상실한 인간들로 넘쳐나는 현실에서 달아나고 싶어진다. 아니, 가슴까지도 온전했던 그 어린 시절의 정겨움에 젖어 보고 싶다.

명심보감(明心寶鑑) 존심편(存心篇)에 나오는 '마음이 편안하면 초가집도 아늑하고 성품이 안정되면 나물국도 향기롭다.'라는 말이 오늘 마음에 와닿는다. (2023. 1.)

* **확증편향(確證偏向)**: 자신의 가치관, 신념, 판단 따위와 부합하는 정보에만 주목하고 그 외의 정보는 무시하는 사고방식

소망 목록

아내가 일본 여행을 떠나는 날이다. KTX 역사까지 배웅하고 돌아왔다. 오래전, 딸애 내외가 여름휴가를 이용하여 시댁 및 친정 부모와 일주일간 일본 북해도 여행을 기획했었다. 그 계획에 따라 오늘 출발하는 것이다. 아빠의 참여도 간절하게 바라는 딸애 내외에겐 미안했지만, 바깥사돈들은 빠지고 안사돈끼리만 참여하기로 했다. 더위에 워낙 약해 내 몸 하나 건사하기 힘든 체질을 핑계 삼고, 국내에도 아직 여행하지 못한 곳이 많은데 해외여행은 달갑지 않다며 사양했다. 내 주장이 꽤 설득력이 있었던지, 아니면 고집을 꺾을 수 없다고 판단했던지 딸애 내외는 아빠의 불참을 인정해 주었다.

속내는 사돈과 함께 처음 하게 될 여행이라 조금 부담스러워서다. 평소 자주 만나지 않다가 일주일간이나 함께 여행한다는 게 피차 불편할 거라는 염려도 없지는 않았다. 사돈 내외와 친교 모임을 좀 더 자주 가져야겠다는 생각을 또 하게 된다.

아내의 부재 속에 종일 칩거하며 살아온 날들에 대해 상념에 젖게 되었다. 어영부영 살다 보니 어느새 나이 칠십이 목전에 다다랐다는 사실이 먼저 마음에 다가와 새삼 놀랐다.

초등학교 시절인 1960년대 국민 평균 수명이 55세 전후였다는 데이터를 접한 적이 있다. 그런데 2021년 통계 자료에 의하면 2020년 평균 수명이 83세가 되었고, 남성 기대 수명도 80.3세나 된다고 한다. 격세지감(隔世之感)이 따로 없다.

칠십 세까지만 건강하게 살아도 여한이 없겠다고 입버릇처럼 말하곤 했었는데, 그 목표가 바로 앞에 다다랐다. 이쯤 되면 기대 수명의 목표치도 수정이 불가피하다. 아직은 건강이 뒷받침되고 있으니, 10년쯤 연장하는 것이 큰 욕심은 아니겠지?

그렇다면 팔십 세까지 남은 10년을 어떻게 보낼 것인가? 또 어영부영하다 귀한 시간을 소진할 수는 없는 일 아닌가?

이쯤서 죽기 전에 꼭 해 보고 싶은 소망 목록(Bucket list)을 작성하여 실천해 보고자 한다. 소망은 거창하지 않고, 가짓수도 많지 않으면서 실천을 담보할 수 있도록 하는 것이다. 해야 할 일보다 해 보고 싶은 것을 하는 것에 의미를 두었다.

그 첫 번째는 국내 여행 완성이다.

이번 일본 여행에 빠지는 이유로 딸애 내외에게 핑계로 든 국내에서 여태 여행하지 못한 곳을 정리해서 짬짬이 여행하기로 했다. 자주 여행한 광역시 이상 대도시의 기초 자치 단체인 구(區) 지역을 제외한 159개 기초 자치 단체 중 발길이 여태 닿지 못한 49개 지자체가 국내 여행지로 소망 목록에 올랐다.

칠십여 년을 살아오면서 이 좁은 국토에 아직 여행하지 못한 곳이 이렇게 많다니! 새삼 내 나라에 무관심했음과 게을렀음이 실망스럽고 부끄러웠다. 한 달에 한 곳을 여행해도 거의 4년이 소요되는 계획이다. 당장 실행에 옮길 일이다. 이 계획을 성공적으로 실행 완료할 때까진 해외여행은 없다고 배수진을 칠 작정이기도 하다. 해외여행을 위해서 2년 내에는 끝낼 것이다. 이 글 말미엔 '가 보지 못한 지자체 리스트'를 올려 본다.

두 번째, 한국사의 정확한 재조명을 위해 국사 공부를 다시 시작하겠다.
한국사는 학창 시절에 흥미도 많았고 성적도 좋았던 과목이다. 그런데 삶에 부대끼는 사이에 정권이 바뀔 때마다 이념에 경도되어 국사에 이념이 덧칠되는 부작용만 양산하는 것을 지켜보기만 하였다.
대한민국 건국일만 해도 개천절이라는 주장이 있고, 또 일부에서는 1919. 3. 1. 기미 독립선언이 있던 날을 거론한다. 또 다른 이들은 1945. 8. 15. 독립일을 혹자는 1948. 8. 15. 정부 수립일을 대한민국 건국일이라 주장하고 있지 않은가. 온통 역사를 권력에 줄 세우는 일이 난무했던 것 같다. 체계적으로 공부하여 나름의 역사관을 확실하게 정립하고 싶다.

세 번째는 제대로 된 영어 공부로 초보적인 영어 회화 정도는 두려움 없이 해 보고자 한다.
1995년 10월에 선진지 견학이란 명목하에 국세청 직원 15명 중 일원으로 서유럽 7개국 국비 여행을 떠났다. 우리는 기본적으로 중등학교 영어교육 6년에 대학에서 교양 영어를 이수했다. 또 개인적으론 영국 '히드로 국제공항' 통관 심사를 대비해 국세청에 두 번이나 모여 간단한 회화 연습을 했었다. 하지만 공항 통관 시, 마치 언어 장애인이라도 되어 버린 듯 입 한 번 떼지 못했던 부끄러운 기억이 새롭다. 지금이라도 영어 회화를 익혀 외국인과 간단한 대화 정도를 나눌 수 있다면 그 성취감에 크게 만족하게 될 것이다. 반드시 소기의 성과를 거두고야 말겠다.

마지막으로 팔순이 되는 해에 출간할 세 번째 산문집을 준비하기로 한다.

점점 약해지는 시력이 감당해 줄지 모르겠고, 세 번째 산문집을 읽어 줄 정겨운 사람들이 얼마나 기다려 줄지도 모른다. 하지만 욕심내지 않고 틈틈이 유유자적하게 준비하겠다. 내가 쓴 책 한 권이나마 증정할 지인들이 많이 남았으면 하는 희망쯤은 버리지 않겠다.

꿈을 품고 목표한 것을 실천하는 삶은 분명 행복하다. 어쩌면 나빠지는 건강으로 목표를 온전히 달성하지 못할 수도 있을 것이다. 그러나 소망 목록에 오른 네 가지 목표를 성취하기 위해 한 발짝씩 뚜벅뚜벅 쉼 없이 걸어가겠다. 물론 하루에 만 보씩 걷는 것과 낙천적인 마인드(Mind)로 건강을 관리함이 전제되어야 할 것이리라. (2023. 7.)

가 보지 못한 지자체 리스트

광역 지자체	시·군 수	기초자치단체
경기도	28시 3군	수원시, 성남시, 의정부시, 안양시, 부천시, 광명시, 평택시, **동두천시**, 안산시, 고양시, 과천시, **구리시**, **남양주시**, 오산시, 시흥시, 군포시, 의왕시, 하남시, 용인시, 파주시, 이천시, 안성시, **김포시**, 화성시, **광주시**, **양주시**, **포천시**, 여주시, **연천군**, 가평군, **양평군**
강원도	7시 11군	춘천시, **원주시**, 강릉시, 동해시, 태백시, 속초시, 삼척시, 홍천군, **횡성군**, 영월군, 평창군, **정선군**, 철원군, **화천군**, **양구군**, **인제군**, 고성군, 양양군
충청북도	3시 8군	청주시, 충주시, 제천시, 보은군, 옥천군, 영동군, **증평군**, **진천군**, 괴산군, **음성군**, 단양군
충청남도	8시 7군	천안시, 아산시, 공주시, 당진시, 보령시, 서산시, 논산시, **계룡시**, **금산군**, **부여군**, **서천군**, **청양군**, 홍성군, **예산군**, 태안군
전라북도	6시 8군	전주시, 군산시, **익산시**, 정읍시, 남원시, **김제시**, **완주군**, **진안군**, 무주군, **장수군**, **임실군**, **순창군**, 고창군, **부안군**
전라남도	5시 17군	**목포시**, 여수시, 순천시, 나주시, 광양시, 담양군, **곡성군**, 구례군, **고흥군**, 보성군, 화순군, **장흥군**, **강진군**, 해남군, 영암군, 무안군, 함평군, **영광군**, **장성군**, **완도군**, **진도군**, 신안군
경상북도	10시 12군	포항시, 경주시, 김천시, 구미시, 영천시, 경산시, 영주시, 안동시, 상주시, 문경시, 의성군, 청송군, 영양군, 영덕군, 청도군, 고령군, 성주군, 칠곡군, 예천군, 봉화군, 울진군, 울릉군
경상남도	8시 10군	창원시, 진주시, 통영시, 거제시, 사천시, 김해시, **밀양시**, 양산시, **의령군**, **산청군**, **함양군**, 거창군, **함안군**, 합천군, 하동군, 남해군, 고성군, 창녕군
제주도, 세종·기타	3시 5군	제주시, 서귀포시, 세종시, 기장군(부산), 군위군(대구), **강화군(인천)**, **옹진군(인천)**, **울주군(울산)**
합계	78시 81군	

* 가 보지 못한 지자체 49곳은 **짙은 음영 글씨체**로 표기함.

22년 만의 화해

아침저녁으로 차고 맑은 바람이 불어오니 과연 가을의 한복판인 시월이다. 환절기 탓인지 부쩍 부음(訃音)이 잦아지긴 하나 청첩(請牒)도 많다. 어쨌거나 좋은 계절이다. 그러나 사람의 생애(生涯)로 치자면 10월은 딱 내 나이쯤이라 괜스레 서글퍼지는 감정을 감출 수 없는 계절이기도 하다.

이 좋은 계절에 S 서장이 자부(子婦)를 맞는 날이어서 지인들과 예식장을 찾았다. 퇴직 후, 다소 적조(積阻)했던 옛 동료들과 만날 수 있는 기회라 가슴이 설렜다.

하지만 만나면 껄끄러운 사람 한두 명은 있게 마련이어서 마냥 즐거운 것만은 아니다. 혼주의 대인 관계를 살피건대 이날도 내게 껄끄러운 두어 분이 참석할 것은 불을 보듯 뻔했다. 그들로 인해 가능하다면 참석을 피하고 싶었다. 하지만 S 서장과의 인연과 도리를 생각할 때 참석하지 않을 수 없는 자리다.

예식장 승강기 앞에서 꼭 피하고 싶은 분 중 한 분인 L 전(前) 서장님과 마주쳤다.

"서장님! 안녕하셨습니까?"

"아! 강신태 씨 오랜만입니다."

서로의 안부를 물으며 인사를 나눴다. 대화는 거기까지였다.

그 순간, 잊으려고 아무리 노력해도 지워지지 않던 22년 전의 아린 기억이 스멀스멀 뇌리를 자극하기 시작했다.

혼주와 인사를 나누고 돌아서는데 또 그분과 마주치게 되었다. 순간 그분이 내게 무언가 하고 싶은 말씀이 있다는 느낌이 왔다. 들어드리는 게 예의다 싶어 가까이 다가갔다. 순간 기대하지는 못했지만, 꼭 듣고 싶었던

"신태 씨! 그때 마음 불편케 해서 미안했어요."

라는 말이 나지막한 음성에 실려 간결한 메시지로 분명하게 들려왔다. 순간 열락(悅樂)이 전신을 스쳐 갔다. 오랜 갈증 끝에 목을 축여 주는 상큼한 샘물을 마신 느낌이었다. 감동이 이런 것이구나 하는 깨달음도 있었다.

'말 한마디에 천 냥 빚을 갚는다.'라는 옛 속담은 이럴 때를 두고 하는 말이란 생각이 들면서

"아닙니다. 서장님! 다 지난 일인데요."

라는 말이 절로 나왔다.

서장께서 대구 시내 세무서로 전출되기 직전 법인계에 회식 자리를 베풀어 주셨었다. 그 좌석에서도 같은 말씀을 했었다. 그때는 무덤덤했다. 전혀 진정성이 느껴지지 않아서였다. 그런데 오늘 우연한 자리에서 던진 스무 마디 안쪽의 말씀에선 진정성이 바로 전해져 왔

다. 22년간 켜켜이 쌓여 있던 마음에 난 생채기가 순식간에 치유되어 사라져 버렸다.

L 서장님과는 22년 전 G세무서에서 단지 3개월 정도 함께 근무했었다. 그전엔 서로 간에 일면식(一面識)도 없었다. 그런데 G세무서로 출근한 첫날 조회를 마친 뒤, 곧장 부속실에서 서장님께서 찾는다는 전갈을 받았다.
 차 한 잔을 앞에 두고 서장님과 단둘이 마주했다.
 "폐일언(蔽一言)하고, 내 말이 끝날 때까지 듣기만 하세요."
 라는 경고성 발언으로 일방적 대화가 시작되었다.
 비록 하위직 직원이지만 첫 대면인데 기본적인 예의나 배려는 전혀 없었다. 말씀의 요지는 '7급 직원 한 명 이동하는데 그렇게 많은 곳에서 인사 청탁이 들어오는 경우는 처음이다. 앞으로 예의 주시할 것이니 처신에 각별하게 조심하라.'였다. 그때는 무슨 맥락에서 그런 말씀을 하시는지 통 이해가 되지 않았다. 왜 이런 말을 들어야 하는지 내 처지가 무척 슬펐다.
 당시 40대 후반으로 공직에 입문한 지 17년 차였지만 누구에게도 인격적으로 무시당하고 폄하된 적은 없었다. 자존감이 회복 불능 상태로 산산조각이 났다. 흥분을 제어할 수 없는 상태로 서장실을 빠져나왔다.
 역시 첫 대면인 계장과 과장께 단도직입적으로 사직 의사를 전했다. 그분들은 얼마나 황당했을까. 화가 나고 흥분된 상태였지만 경우와 예의 없는 언행이었다. 지금껏 미안한 마음이다. 곧이어 계장이 서장께 불려 올라가고 어찌어찌해서 냉각기를 가진 뒤 오늘에 이르게 되었다.

서장님 말씀 자체는 사실이었다. 인사 때가 되니 서장과 나를 잘 아는 관리자분들 여럿이 서장님께 '강신태 씨 괜찮은 사람이다. 법인계에 두고 쓰면 잘할 것이다.' 정도의 전화를 드렸다는 말은 그 후 당사자들에게 들어 알게 되었다. 그 정도의 립 서비스(Lip service)는 인사 때 관리자들 사이에 안부 삼아 통상적으로 주고받는 게 관행이었다.

하지만 생면부지(生面不知)인 서장님께는 내가 인사 청탁이나 하는 인간으로 비칠 수 있었겠다는 생각은 오랜 뒤에야 할 수 있었다. 함께 근무했던 분들 선의의 응원이 오히려 화근이 되었던 것 같다. 내 의사와는 전혀 관계없이 서장님께서 오해하실 수 있는 상황이 만들어진 것이다.

정기 이동이 아니라 승진한 지방청 직원들을 일선 서로 재배치하는 수시 인사였다. 그 과정에 나를 포함한 일부 일선 직원들도 이동 대상이 된 것이다. 단언컨대 정작 누구에게도 인사에 관한 부탁을 한 적이 없었다.

그 후, 내가 인사 청탁이나 하는 불성실한 직원이 아니라는 것을 서장님께 증명할 기회를 잡지 못하고 3개월 정도 불편한 동거를 마친 뒤 헤어졌다. 함께 부대낄 기회가 조금 더 있었다면 풀었을지 모를 오해는 장기 미제(未濟) 상태로 남긴 채.

그 후, 22년이 지나도록 상처는 아물지 않았고 오히려 옛 동료 직원들 길흉사 시 그분을 뵙게 되면 덧나기만 하였다. 그런데 오늘 진정성 깃든 그분 말씀 한마디로 인해 오랜 상처가 치유된 것이다.

물론 그분께서 부하 직원에게도 최소한 예의를 갖추고 자존감을 배려하였으면 좋았을 것이다. 그러나 아집과 편견을 털어 내고 서장님 입장을 먼저 살폈으면 어땠을까? 더구나 나보다 한 세대를 앞서 온 어르신이 아닌가. 상대에 대한 배려가 부족하기는 마찬가지 아닐까?

'주는 사람은 잊어도 받는 사람은 못 잊는 게 상처다.'라는 옛말은 잘못된 말인가 싶다. 미루어 짐작하건대, 서장님께서도 지난 22년간 그날 일을 잊어버리지 못하시고, 불편한 나날을 보내신 듯하지 않은가! 그분께 들이댔던 공정과 진정성에 대한 잣대를 자신에게로 먼저 향하게 하였다면 어땠을까! 아쉬운 부분이다. 적어도 그분의 경륜과 따뜻한 내면을 들여다보려는 내 노력이 없었음은 분명하지 않은가.

혼자의 생각일 수 있지만, 어떻든 그분과는 내 마음에서 22년 만에 화해를 이루었다.
언젠가 다시 뵙게 되는 기회가 주어진다면
"서장님! 오랜 기간 걱정을 끼쳐 죄송했습니다."
사과드리고, 약주 한 잔 올릴 기회 한 번쯤 꼭 가지고 싶다. 그 기회는 반드시 올 것이라 믿는다.
내가 미욱하고, 성숙하지 못한 탓에 둘러쳤던 아집의 울타리를 이제는 활짝 걷어 내야 하겠다. 과거에 상처받거나 아픈 기억들과 뿌리 깊은 미움 및 냉랭한 경멸 같은 것들을 성능 좋은 지우개로 박박 지워 버리고 싶다.
어쨌거나 도저히 치유 불가능할 것 같던 상처가 순식간에 치유될 수 있음이 놀라웠다.
집으로 돌아오는 발걸음이 깃털처럼 가벼웠다. (2023. 10.)

홍시와 헬스 자전거

"자넨가! 날세. 퇴근길에 내게 좀 들를 시간 되겠는가?"

"예, 선생님! 뭐 급한 일 있으십니까?"

"아니네. 홍시가 먹음직스럽게 익었기에 자네 좀 주려고 따 놓았네. 가져가시게."

"예. 선생님! 고맙습니다."

어느 가을날 아침 박찬선 선생님과 나눈 통화 내용이다. 선생님의 전화는 언제나 '자넨가!'로 시작한다. 구수한 음성에서부터 선생님의 따사로운 온기가 그대로 느껴져 행복했다.

상주세무서 바로 앞 밭들이 선생님 감나무 과수원이다. 2층 우리 사무실에서 내려다보고 있으면 선생님께서 감나무를 튼실하게 손질하고 계시는 모습이 심심찮게 보이곤 했다. 출퇴근 길에 먹음직스럽게 익어 가는 빨간 홍시를 바라보노라면 선생님을 뵙듯 반갑고 흐뭇했다. 아마도 홍시를 수확하여 좀 주려고 전화를 주셨지 싶었다. 그런데 바쁜 일과로 인해 깜빡 잊고 여러 날을 흘려보냈다. 그날도 출근길에 선생님께서 또 전화를 주셨다.

"자넨가! 날세. 요즘 많이 바쁘신가? 좀 들르래도. 홍시가 식초가 되겠네."

약간의 노여움이 느껴지는 음성이었다. 아차 싶었다.

"예. 선생님! 죄송합니다. 제가 바빠서 깜빡했습니다. 오늘 퇴근길에 꼭 들르겠습니다."

퇴근길에 선생님 댁을 찾았다.

잘 익은 홍시 몇 개를 비닐봉지에 담아 주실 거라는 예상과 달리 박스 한가득 포장해 놓으신 게 아닌가. 선생님께서 땀 흘리시며 정성들여 농사지으신 과일인데, 너무 많은 양이라 당혹스럽고 부담스러웠다. 잠시 머뭇거리자, 낌새를 눈치채시곤

"다행히 감 풍년이 들어 넉넉하게 수확했으니 부담을 갖지 말고 가져가 드시게."

라고 말씀하셨다.

홍시는 엄마가 제일 좋아하는 과일이다. 나는 염치 불고하고 냉큼 받아와 냉동실에 갈무리해 두고 엄마와 두고두고 맛있게 먹었다. 선생님의 정성마저도….

박찬선 선생님은 고등학교 3학년 때 담임이셨고, 국어를 담당하셨다. 내 모교인 상주고등학교 등에서 40년 넘게 교직에 봉직하시다 교장을 끝으로 퇴임하셨으며, 향토 시인이기도 하다. 선생님의 시에는 가르침의 정성이 넘쳐 나고, 향토 사랑의 마음이 짙게 배어 있다. 아울러 인간과 자연에 대한 공경심이 잔뜩 깃들어 있어 항상 경외감을 느끼게 된다. 선생님이 나의 은사라는 사실이 늘 자랑

스럽다. 연세가 팔순을 넘기셨음에도 짬짬이 과일 농사도 지으시고, 문학모임에 출강도 열심히 하신다. 또 각종 사회단체의 대표 등을 맡아 열정적으로 활동하시며 노익장을 과시하신다. 가끔 제자들과 함께하는 자리에선 두주불사(斗酒不辭)에다 구수한 이야기보따리로 좌중을 압도하신다. 보석 같은 존재이신 선생님께서 손수 기르신 홍시와 곶감이며 사과 등을 철철이 보내 주시고는 한다. 주저함 없이 받아먹고 부끄러워하지 않는다. 뻔뻔함의 극치인가!

근자(近者)에 선생님께서
"자넨가! 날세. 부탁할 게 있네. 상주는 지역이 좁아 찾아도 없는데, 구미에는 헬스용품 전문점이 있는지 좀 알아봐 주시게."
라는 전화를 주셨다.
"예, 선생님! 어떤 용품을 누가 어떤 용도로 사용할 것인지 알려 주시면 거기에 맞추어 알아보겠습니다."
라고 말씀을 드렸다. 누가 사용하느냐에 따라 사양 선택이 달라지기 때문이다.
"집사람이 숨이 차서 걷지를 못해. 실내에서 운동이라도 쉬엄쉬엄 좀 하라고 헬스 자전거나 마련해 주려 한다네. 상호와 전화번호나 좀 알아봐 주시게."
그러겠다고 말씀드리고 전화를 끊었다. 사모님께서 연세도 높으신데, 건강도 좋지 않다는 것을 금방 깨닫게 되었다. 가끔 선생님 댁으로 찾아뵐 때면 사모님께서 반색하시며 맞아 주시고는 했었다. 융숭하게 대접까지 해 주셔서 항상 건강하시다고 생각했다. 두 분께 좀 더 관심을 가졌어야 했다는 후회와 죄송한 마음이 일었다.

사죄하는 마음으로 꼭 구해 드려야겠다 싶어 헬스 전문점을 찾아 사모님 연령대에 맞는 헬스 자전거를 찜한 뒤, 구미에서 사업을 하는 K 선배에게 전화했다. 선배도 선생님과 사제의 인연을 귀하게 여기며, 선생님께서 교장으로 재직 시 학교에 선풍기 수십 대를 기증하는 등 선생님을 무척 따르는 분이다. 자초지종을 설명하고 우리가 사모님을 위해 함께 사 드리자고 제안했다. 선배는

"야! 그까짓 것을 뭘 둘이 사냐. 내가 사 드릴게."

라며 한 발 더 나갔다.

"선배님! 제가 꼭 혼자 하고 싶었는데, 선생님께서 제자들에게 부담 주는 일을 용납하실 어른입니까? 턱도 없지요. 둘이 하면 설마 어떻게 하실까 싶어 궁여지책으로 생각한 방책인데 무슨 말씀이요? 선배님은 이름이나 얹으세요. 억울하시면 반쯤만 부담하시고요."

라며 전화를 끊고, 동기 A에게 트럭을 부탁하여 헬스 자전거를 싣고 선생님 댁을 찾았다. 예고 없이 밀어닥친 제자들을 보고 의아해하시며, 경위부터 물으시는 선생님께 일단 물건부터 가져왔다며 다짜고짜 설치까지 마쳐 버린 뒤

"선생님! 사실은 K 선배와 제가 마련했고, 운반은 A가 책임졌습니다. 사모님께서 조금이라도 건강이 나아지시면 저희는 고맙겠습니다."

얼굴을 붉히시며 쓸데없는 일을 했다고 화를 내시는 선생님께 배고파 죽겠다고 응석을 부리며 화제를 돌렸다. 선생님께서 베푸신 불고기에 소주를 곁들여 저녁을 먹으며 선생님께서 가지실 부담감을 들어드리고 돌아왔다.

다음 날, 선생님께선 괜한 짓을 했다며 계좌번호를 알려 달라고 하

셨지만, 이번만은 선생님 뜻을 거역하고, 내 뜻을 관철하였다.

　예로부터 군사부일체(君師父一體)라 하여 스승을 존중하였다. 선생님께서 팔순을 넘긴 연세에도 건강하게 활동하시며 우리 곁을 지켜 주시는 것만으로도 커다란 행복감을 맘껏 누리고 있다. 선생님께 반세기 가까이 사랑을 듬뿍 받기만 하고 돌려드린 게 없다는 부끄러움이 태산처럼 무겁게 느껴지는 아침이다.

　"선생님! 부디 건강만 하세요." (2019. 9. 『돈키호테의 길』에서)

　졸저(拙著) 최종 교정 작업 중 사모님 부음을 접했다. 조문하며 생전의 사모님 모습이 떠올라 몹시 슬펐다. 홀로되신 선생님 걱정에 쉬이 발걸음이 떨어지지 않았다. 고인의 명복을 빌어 드렸다.

김종상 선생님께!

선생님께!

 향기로운 아카시아 꽃잎이 시나브로 지고 장미꽃이 만개하며, 뻐꾹뻐꾹 우는 뻐꾸기가 여름을 재촉하는 늦봄입니다. 보내 주신 열두 번째 시집 『힌남노가 오던 날』은 선생님을 뵙듯 반갑고 고맙게 잘 받았습니다. 227쪽을 빼곡하게 채운 113꼭지의 시를 단박에 읽어 버렸답니다. 그 시들 중 '아내가 입원하니'의 아래 대목

 전략(前略)
「진통제로 간신히 견디는 아내가
 병원에선 어떻게 지내는지
 밤 내 잠이 안 와서 뒤척인다.」
 여기서 더 읽지를 못하고 그만 눈시울을 붉히고 말았답니다. 세월이 흐르면서 눈물샘은 왜 이리도 얕아지는지….
 어떻게 선생님과 사모님의 안부를 여쭤야 할지 막막했습니다. 가끔 선생님과 통화할 때, 선생님 음성에서 예전만큼은 아니었지

만, 연세에 비해 건강함이 넘쳐 났습니다. 그래서 사모님과 건강하게 잘 지내신다고 예단하였던 게 부끄럽고 큰 아쉬움으로 다가옵니다. 사모님께 3년 전에 알츠하이머가 발병하고, 지난해에는 뇌수술을 그것도 재수술까지 받으셨다는 대목에선 아연실색하지 않을 수 없었습니다. '코로나 팬데믹'으로 병간호는커녕 문병마저 못 하시고 애태우실 선생님 모습이 자꾸 눈에 밟힌답니다. 구순(九旬)을 목전(目前)에 두신 선생님 내외분이 겪었을 두려움과 황당함이 절절히 마음에 다가와 가슴에 돌덩이로 얹힙니다.

초등학교 6학년 때, 상주 남산 자락에 있던 자택과 재수하던 시절 마포 공덕동 댁으로 선생님을 자주 찾아뵈었지요. 그때마다 고우신 모습으로 환대하시며 간식과 식사를 챙겨 주시던 사모님 모습이 새삼 기억에 되살아났습니다. 사모님 병세가 조속히 호전되길 열심히 응원할 뿐입니다.

선생님!

선생님을 생각하면 항상 서재의 앉은뱅이책상 앞에서 러닝셔츠 차림으로 글 쓰시던 모습이 태반입니다. 문학의 각 장르를 넘나드시며 집필하신 시집과 동화집 및 수필집 등이 100여 권이 넘었습니다. 국정 교과서에 실린 동시와 산문도 25편이나 되더군요. 선생님께서 보내 주신 40여 권의 책들이 서재에서 빠끔히 얼굴을 내밀고 있습니다. 유석초등학교 교장으로 재직하시면서 '한국 아동문학가 협회장', '한국 PEN 부이사장' 및 '한국 시 사랑회 회장' 등으로 맹활약하시던 때의 활기찬 선생님 모습이 오늘 새삼스레 마음에 와닿습니다.

구순의 연세에도 젊은 저보다 정확한 기억력으로 현재까지 맑고 아름다운 글을 계속 창작하시는 게 부럽습니다. 마치 아낙네가 한 땀 한 땀 바느질하듯 옥고(玉稿)들을 모아 책으로 엮어 가시는 것을 지켜보며 존경과 흠모의 맘을 감출 수 없었습니다.

  선생님께서 문예반 담당이셨을 때, 백일장을 앞둔 주말이면 문재(文才)도 없고 아둔하기만 한 저를 자택으로 불러 독서와 교정 작업을 시키시며 글짓기를 지도해 주셨습니다. 그때 교정 작업으로 인해 띄어쓰기와 맞춤법을 제법 체계 있게 깨우쳤습니다.

  초등학교를 졸업한 뒤 6년 가까이 저는 선생님께 안부조차 드리지 않았습니다. 그렇게 무심했음에도 대학 진학에 실패하고 좌절하여 칩거 중인 것을 아시고는 서울로 불러 주셨습니다. 선생님 반 아이 과외 아르바이트를 주선해 주시고 대학 진학을 독려하기 위해서였지요. 늘 선생님은 제게 먼저 손을 내밀어 주셨습니다.

  세월이 흘러 직장인이 되어서야 가끔 선생님께 안부를 올리고 스승의 날 정도를 챙기면서 도리를 다한 양 스스로 자위하고는 했었습니다. 참으로 얄팍한 인성을 스스로 까발리는 격이었지요. 선생님, 저의 배은망덕함이 너무너무 죄송합니다.

  선생님!

  무심한 세월이 저희가 섬길 어른들을 이 세상에서 자꾸만 앗아 가고 있습니다. 정수리 지그시 눌러 주시며 지도 편달(指導鞭撻)해 주시던 웃어른들이 사라져 간다는 허전함과 처량함이 겨울바람처럼 시리게 마음을 헤집습니다. 통화할 때마다 선생님께서 가족들 안부를 챙기시고, 책 많이 읽고 글 꾸준히 쓰라시며 격려해 주셨지요. 선생님만이라도 오래도록 제 곁에 머물러 주시리라 믿습니다.

선생님!

이번 기회에 책꽂이에서 선생님의 저서를 챙겨 보았습니다. 먼저 눈에 들어온 것은 2008년에 '한국 아동문학 100주년'을 기념하여 편찬한 『김종상 아동문학 50주년』이란 책자였습니다. 여섯 분의 편집 위원들이 선생님께서 아동문학에 헌신한 반세기를 연대별로 500여 쪽에 아주 상세하게 정리한 대작이었지요. 한쪽에 수줍게 자리 잡은 '내 마음의 등대 김종상 선생님'이란 저의 글을 읽으면서 고마운 추억이 하나둘 자동으로 소환되었습니다. 이제 선생님께서 아동문학에 참여하시고 헌신하신 65주년이 되었습니다. 바라옵건대, 선생님의 아동문학이 100주년 될 때까지 늘 건강하시고 문운이 왕성(旺盛)하셨으면 좋겠습니다.

선생님!

아홉 번째 시집 『어머니의 세월』에 담긴 '고향 가는 길'이란 시의 마지막 단락을 여기에 옮기며 길어진 글을 매듭지으려 합니다.

전략(前略)

「아버지 어머니의 발품으로
내 푸른 꿈을 가꾸어 온 길
거기에서 고향마을 뒤쪽으로는
정좌한 학가산이 멀리 보인다.

그때를 그리며 걷노라면
나는 지금도 응석받이였던
코흘리개 빡빡머리가 된다.

내 고향 가는 길은 그래서
언제나 눈물에 젖어있다.」

 시 한 편마다 가슴에 깊은 울림을 주는, '간병(看病)일지'란 부제를 단 열두 번째 시집을 받잡고 선생님의 저서와 저와의 인연에 대한 소회를 옮겨 보았습니다.
 사모님께서 쾌차하시길 빌고, 선생님의 무병장수와 문운이 왕성하길 기원하며 이만 총총 줄입니다.
 선생님을 은사로 모신 저는 항상 축복받은 사람이 됩니다. 감사합니다. (2023. 5.)

영원한 스승, 이정호 선생님

「열정 하나만 가지고 자네들 앞에 섰던, 30여 년 전 내 모습을 생각하면 부끄럽기만 하다네. 심리적 배려와 교육적 사랑, 큰 그릇으로 키우겠다는 소신과 철학도 갖추지 못하였었지. 그냥 독선과 아집으로 시간 땜질만 했으니 나를 무슨 참교육자라 할 수 있겠는가!」

지난해 스승의 날, 동기들과 이정호 선생님 모시고 찍었던 사진을 선생님께서 포장해 보내 주셨다. 거기에 동봉한 선생님 소회가 담긴 짧은 편지글 중 일부분이다. 받들기 참으로 민망하고 겸손함이 넘쳐 나는 글로 '참 스승의 길'을 되새겨 보게 하는 의미 깊은 대목이다.

누구나 은혜 입은 고마운 분에 대한 애틋한 추억 한두 가지는 마음에 품고 살아가기 마련이다. 내게도 이맘때면 초등학교 5~6학년 때, 담임이셨던 이정호 선생님에 대한 사모의 정이 불같이 일어난다. 침몰 직전의 난파선에 승선한 선원과 진배없던 소년 시절에 선생님은 마음의 등대지기가 되어 주셨다. 그분의 지도 덕분에 따뜻한 사랑의 항구에 안착할 수 있었다.

선생님과 첫 만남은 1967년 5월로 거슬러 올라간다. 나는 하루 2회밖에 시외버스가 다니지 않고, 전기조차 들어오지 않던, 상주시 화동면의 벽지 초등학교에 다니고 있었다. 5학년 때, 시내 학교로 갑작스레 전학하게 되었다. 더 나은 교육 환경으로의 화려한 유학이 아니었다. 그즈음, 아버지는 상주 시내에서 인쇄소 프린트 공으로 근무하고 계셨다. 아버지는 적은 수입으로 새엄마와 이복동생 등과 월세방 한 칸에서 가난하게 생활하셨다. 부모님의 이혼으로 생모와 이별한 우리 형제가 그렇게 열악한 환경에서 생활하고 계신 아버지와 합가(合家)를 위해 전학한 것이다.

우리 형제를 맞게 된 새엄마의 절망감은 극에 달할 수밖에 없었을 것이다. 그 절망감이 장남인 내게 구박으로 이어지고 결손 가정의 천덕꾸러기로 암울한 시련기가 시작된 것이다. 어린 나이에 마주한 상황이라 쉽게 자포자기할 순간이었다. 그처럼 생에 대한 희망을 잃고 타락의 나락으로 빠져들기 알맞은 상황에서 숙명적으로 선생님과 만나게 되었다.

5월 중순의 유난히도 무더웠던 어느 날이었다. 전학 신고를 위해 상영초등학교로 첫 등교를 하게 되었다. 5학년은 4개 반이고, 한 반에 70여 명씩 콩나물시루 같은 열악한 환경이었다. 그런 상황이기 때문에, 어느 선생님도 한 명의 아동이라도 더 받는 것을 탐탁하게 여기지 않으셨다. 더구나 벽지학교에서 전학 온, 가난의 빛이 역력하게 배어 나오는 촌놈을 쉽게 받아 줄 리 없었다. 교감 선생님 뒤를 따라 마지막으로 들른 반이 4반이었다.

20대 후반이던 이정호 선생님께서는

"그놈 참 똑똑하게 생겼네. 내일부터 시작되는 일제고사에서 좋은 성적을 내면 받아 주고, 그렇지 못하면 쫓아 버릴 것이다."

라며 비어 있는 자리에 가서 앉기를 허락해 주셨다. 의무교육인 초등학교에서 쫓겨날 일이야 있으랴. 그래도 어린 촌놈이 밤새 마음을 졸여야 할 정도로 긴장했던 기억이 새롭다. 그렇게 시작된 만남과 두 학년 동안 선생님께 지도받게 된 것은 큰 행운이었다.

돌이켜 보면 게으름과 시행착오로 점철된 삶이었다. 그러나 고비마다 삶의 좌표를 지탱하고, 방향을 잃지 않도록 채찍질해 주시고 격려해 주신 고마운 분들이 있었다. 그중에서도 이정호 선생님과 인연 맺어짐은 가장 커다란 축복이었다.

그 시절엔 결식아동들이 적지 않았다. 배곯는 아픔은 경험해 보지 않은 사람들은 상상도 할 수 없을 만큼 큰 고통이다. 우리집은 찢어지게 가난하여 도시락 지참은 언감생심 꿈도 못 꿀 정도였다. 그것을 파악하신 선생님께서는 쉬는 시간에 아무도 모르게 책상 안에 선생님 도시락을 넣어 두시곤 하셨다. 아마도 초칠일 안에 어미 잃은 효녀 심청에게 동냥젖을 나눠 주던 동네 여인네의 심정이 아니셨을까? 지금도 그 생각에 마음으로 운다. 그러시고는

"나는 짜장면이 최고야!"

라며 많은 날 짜장면을 시켜 드시곤 하셨다. 반 애들이 알면 어린 마음에 또 다른 상처를 입을지 모른다는 배려까지 하신 것이다.

또 싸늘한 계절이 되어 손발이 얼어 터질라치면, 남몰래 양말을 챙겨 주시고는 하셨다. 아울러 친구 부모님께 부탁하여 환경이 나은 친구의 공부방에서 함께 공부할 수 있게 배려해 주셨다.

6학년 어느 봄날, 연례행사로 경주와 남해안 및 대구를 돌아오는 2박 3일의 수학여행이 있었다. 당연히 가정 형편상 수학여행을 가지 못했다. 선생님께선 측은하셨던지

"여행은 훗날 얼마든지 할 수 있으니 서운해하지 말아라. 그동안에도 양호 선생님께 급식 빵을 부탁해 놓을 것이다. 점심시간에 타다 먹고 공부나 열심히 하여라. 젊을 때 고생은 사서도 한다고 했느니라."

하시며 어깨를 쓰다듬어 주시던 기억도 새롭다.

선생님께선 사회 상황이 더 어려웠던 시절에 빈농의 막내아들로 태어나 자신의 의지와 노력으로 사범학교를 졸업했다고 하셨다. 상급학교 진학은 꿈조차 꿀 수 없는 절망적인 상황에 놓여 있는 제자에게 의지와 힘을 북돋워 주고자 자신의 성장 과정을 조곤조곤 들려주곤 하셨다. 또

"자신만 열심히 하면 장학제도 혜택을 받아 대학 진학까지 가능하다."

하시며 의욕을 북돋워 주셨다.

험난한 세파에 휩쓸린 제자가 심성이 삐뚤어지기라도 할까, 자성하고 의지를 다질 수 있도록 일기를 쓰게 독려도 했다. 일기장 검사 때, 간혹 일기를 쓰지 않았거나 미루어 쓴 흔적을 발견하면 호되게 질책하셨다.

그 당시만 해도 중학교 진학부터 치열한 입시 경쟁이었다. 도시락을 두 개씩 지참하여 저녁까지 학교에서 먹어 가며 밤늦게까지 보충수업을 하곤 했다. 부유층 아이들은 방과 후 과외까지 받던 시절이었다. 유료로 실시하던 보충 수업 시간에 참여할 수 없는 것은 당연했

다. 그때도 선생님께서는 학년 주임 선생님께 부탁해서 보충 수업을 받을 기회를 마련해 주셨다. 그리고 100점 맞은 과목이 있으면 극빈 아동을 위해 배당되던 급식 빵 하나를 주어 저녁 식사로 대용하게 해 주셨다. 그러나 90점 이하로 뒤처지는 과목이 발생하면
"못난 녀석! 정신을 못 차리고 있어."
라며 선생님 별명이던 호랑이 선생님으로 돌변하셔서 틀린 문항 수만큼 모진 회초리질을 하셨었다.

선생님의 배려와 열성적인 지도로 중학교는 장학 제도 혜택을 받아 상일중학교에 진학하게 되었다. 아울러 선생님은 당신 손길이 미치지 못하는 고등학교 진학까지 걱정해 주셨다. 마침 그해 처음으로 교직원 봉급에서 일정액을 공제해 조성한 '교직원 장학금' 수혜자로 뽑아 주셔서 고등학교 진학까지 보장이 되었다. 그 후에도 선생님의 지속적인 관심과 염려 덕분에 늦게나마 최고 학부까지 우여곡절 끝에 무사히 마칠 수 있었다. 세무 공직자로 미관말직에서나마 국민의 공복으로 직무에 충실할 수 있는 토대가 그때 선생님에 의해 만들어진 것이리라.

선생님의 깊은 사랑과 따사로운 보살핌 덕에 무탈하게 지내 왔다. 그러면서도 바쁘다는 핑계로 선생님께 소홀했던 적이 없지 않았다. 뵐 때마다 선생님께서는 성격의 모남으로 인해 시류에 적응치 못하고 행여나 부러지기라도 할까, 늘 걱정하신다. 덧붙여 때론 휘어질 수 있는 여유를 가지고 난세에 적응하라고 충고하셨다. 항상 자신의 길에 의연하게 대처하는 슬기를 가지라고 초등학교 5학년 어린 제자

를 대하듯 노파심 어린 조언도 아끼지 않으셨다.

　순탄치 않은 삶의 여정에서 이나마 지탱하게 된 것은 선생님의 참된 교육과 사랑이 있었기에 가능했으리라. 선생님 도움이 아주 세세한 부분까지 미치지 않은 곳이 없다. 가끔 어려움에 부딪혀 마음에 차가움이 깃들 때가 있다. 그때는 선생님 모습과 음성을 떠올리며 따사로운 의욕을 찾으려 애를 쓰게 된다. 60년대 말, 게으름에 야합하는 어린 제자에게 사랑의 매질도 아끼지 않는 열정이 선생님껜 넘쳐났었다. 선생님의 그 순수했던 교육 열정을 자라나는 우리 아이들은 경험할 수 없게 변해 가는 시대적, 제도적 상황이 몹시 아쉽다.

　며칠 뒤로 다가온 올해 스승의 날에도 초등학교 4학년인 내 아이 손 잡고 선생님을 찾아뵈어야겠다. 그때 그 시절 '눈물의 빵을 먹어 보지 않은 자는 인생의 참된 의미를 알 수 없다.'라는 대문호의 명언을 들려주셨던 기억이 있다. 그 말씀의 의미를 30여 년이 더 지나서야 실로 피부에 닿도록 느끼게 되는 아둔함을 선생님께 용서 빌어야겠다.

　어느 해 스승의 날에 함께 선생님을 찾아뵌 친구가
　"요사이 우리 교육 현실을 지켜보노라면, 21세기형 진취적 아이들을 20세기식 열악한 교육 환경에서 19세기적 교사들이 지도하고 있는 듯합니다."
　라며 그즈음의 교육 환경과 교사상에 대해 부정적인 주장을 펼쳤다. 무례한(?) 제자의 험담을 끝까지 경청하시고는 빙그레 웃으시며
　"시대적 환경이 어떠하건 이 시대에 호흡을 함께하는 더 많은 교사

는 우리 아이들에 대한 식을 줄 모르는 사랑과 열성을 가지고 묵묵히 교단에 서서 최선을 다하고 있다네."

라며 오히려 독선적 주장을 펼친 제자가 무안해하지 않도록 배려해서 말씀해 주셨다. 또 선생님 당신은

"40년 교직 생활에 있어서 좀 더 열성적인 사랑과 가르침을 쏟아붓지 못했음이 가슴에 한이 된다."

라고 말씀하셔서 숙연해진 적이 있다.

선생님께서는 당신 주장을 펼치시기 전에 어린 우리들의 진취적인 개성이 훼손되지나 않을까 하는 배려부터 먼저 하셨다. 또 70여 명이나 되었던 가난하고 여린 반 아이들에게 사랑의 시선을 잠시도 떼지 않으셨다. 당신 봉급 봉투가 얇아지는 것을 걱정하지 않으시고, 제자들 아린 곳을 채워 주시곤 하셨다. 그리곤 환하게 웃어 보이셨던 기억들이 주마등처럼 뇌리를 스치고 지나간다.

누구보다 선생님의 관심과 사랑을 흠뻑 받았으나 겨우 명절과 스승의 날에야 찾아뵙고 인사드리는 게 전부였다. 그것으로 큰 은혜에 많은 보답이라도 한 것처럼 얄팍한 속성을 내보이지는 않았던가? 참으로 부끄러운 작태다. 그러는 동안 단축된 교원 정년으로 인해 교단에 계시는 선생님 뵙게 될 날마저 줄어들었다. 선생님께서는 그런 것에 개의치 않으시고 열정적으로 교총 상주 지부장으로 활동 중이시다. 매사에 외유내강하시며 바른길만 묵묵히 추구하시는 것이다. 선생님 모시고 맞을 수 있는 스승의 날이 끊이지 않고 계속 이어질 수 있기를 간절히 소망하였다.

바른길에서 한 치의 벗어남조차 용납하지 않으시던 선생님이 세월이 흐를수록 자꾸 그립다. 선생님께선 그늘진 환경으로 인해 검게 먹칠되어 가는 어린 제자들 동심을 부여잡고 어루만져 주셨었다. 세월이 흐를수록 자상하시고 따사롭던 선생님 사랑이 커다랗게 자리매김 한다.

우리는 생활하며 많은 선생님을 만난다. 학교에서 더 나가 사회에서까지 올바른 길을 안내해 주고 용기를 주는 사람은 그들 선생님이다. 하지만 모든 사람이 선생님 존재를 주목하는 것은 아니다. 선생님의 존재를 당연하게 여기기 때문이다. 그러나 시련을 극복하고 성공한 사람일수록 선생님 은혜를 소중하게 생각한다. 늘 간절하고 목말랐기 때문이리라. 오늘은 선생님과 소중한 인연을 가져다준 모진 환경까지도 고맙게 생각된다. *(이쯤서 성장기에 적지 않게 영향을 미친 담임 선생님들을 정리해 말미(末尾)에 옮겨 본다. 모두 고마운 은사님이다.)*

"선생님! 우리는 선생님 당신을 영원히 잊지 못합니다."
"사랑합니다. 늘 건강하세요." (1997. 5. 『돈키호테의 길』에서)

뵙고 싶은 은사님들

학교명	년도	학반	담임 선생님	비고
화동초등학교	1963	1-2	**장숙환**	
	1964	2-2	**이연재**	
	1965	3-3	**이만연**	
	1966	4-2	**최동길**	
상영초등학교	1967	5-2	**최정태**	
		5-4	**이정호**	전학(5월)
	1968	6-2	**이정호**	김종상(문예)
상일중학교	1969	1-1	**고영탁**	**교장: 장석조** **교감: 이세희**
	1970	2-2	**백성도**	
	1971	3-4	**이윤섭**	
상주고등학교	1972	1-4	**이육언**	**교장: 장석조** **교감: 황영목**
	1973	2-1	**정무진**	
	1974	3-4	**박찬선**	

우리 딸, 미현에게!

사랑하는 공주에게!
잘 지내고 있니?
조상들께서 우리 부부에게 주신 최고의 선물인지라 항상 감사하고 귀하게 여기는 공주에게 오랜만에 글을 적는다.
너를 보고 온 지 한 달이 훌쩍 지났구나. 시험이 연이어져 잠시 여유도 가질 수 없는 모습을 지켜보면서 안됐다는 생각이 들어 마음이 짠했단다. 일반대학에 진학한 또래의 친구들은 벌써 졸업하고 취직하여 한껏 멋과 여유를 부리고 있을 테지. 그런데 우리 딸은 항상 책에서 눈을 떼지 못하고 실습에 쫓겨 제대로 식사는 챙기는지 걱정이 되는구나. 그렇게 빠듯한 일정을 소화하면서도 항상 명랑하고 발랄한 모습을 잃지 않는 네가 아빠는 무척 자랑스럽단다.

공주야!
한두 번도 아니고 매 학기 연속으로
"아빠! 저 장학금 받았어요."

라며 맑고 믿음직하게 전해진 네 목소리로 인하여 힘들게 하던 모든 짐이 더없이 가벼워지더구나. 힘든 여건하에서도 목표한 것을 성취해 내는 의지가 너무도 자랑스럽고 마음 든든해서지.

깊이 사고한 후, 부단한 노력으로 정해진 목표를 성취해 내는 모습이 무척 대견하고 믿음직하단다. 더하여 처음으로 이성 친구가 생겼다는 소식을 전해 주던 날엔 흥분해 밤새 잠을 이룰 수 없었구나. 바보 같은 녀석들이 우리 보물단지를 알아보지 못했었지. 어느 운 좋은 녀석이 드디어 그 보물을 발견하였구나 싶어 몹시 반가웠단다. 그 좋은 운을 타고난 녀석을 어서 한번 보고 싶다는 생각도 하게 되었고.

공주야!

언젠가 불시에 자취하는 집에 갔던 적이 있었지. 친구들 방이며 주방이 전혀 정리되어 있지 않았는데, 네 방과 공간은 정갈하게 정리된 것을 보고 아빠는 몹시 흡족했었단다. 그 와중에 너무 치밀한 성격이 오히려 스트레스로 작용할까 염려도 되더구나. 너무 팍팍하게 생활하지는 말고 담담하게 여유를 가지려 노력하면 좋지 않을까 싶어. 내년엔 의사 국가 고시부터 인턴 과정 등으로 이어져 생활에 여유를 찾기가 점점 힘들어질 것이야. 매사에 너무 앞서가려고만 하지 말고 쉬어 가는 방도를 찾아보면 어떨까? 어떻든 여유를 가지려 노력하렴. 친구들과도 어울리고, 맛있는 것도 사 먹고, 쇼핑도 하고, 집에도 가끔 오도록 하렴.

집에 오지 않으니 의예과(醫豫科) 과정 때처럼 함께 영화를 감상할 기회가 없어 아쉽단다. 우리 공주와 영화를 감상하는 것도 일상생활에 일락(一樂)을 더하는 소중한 기회여서 많이 기다려진단다.

함께하는 친구들에게도 믿음과 친근감을 주도록 노력하면 좋겠구나. 그들에게 관심을 주고 매사에 조금씩 배려하면 교우 관계도 원만할 것이야. 역지사지하는 습관과 남에게 조금씩 양보하는 배려가 말처럼 쉽지는 않지. 하지만 삶에 있어서 기본인 만큼 실천에 옮기면 그것은 기쁨과 보람으로 자신에게 돌아온단다.

어제 아침엔 '우리 부모님 25주년 결혼기념일 축하드려요. 사랑합니다!'라는 문자를 받아 몹시 행복했단다. 엄마도 네 축하 문자에 기분이 한껏 고조되었지. 바쁜 일정 속에서도 부모 결혼기념일까지 기억하고 챙기는 재치가 무척 아름답고 고맙더구나.

이번 주말엔 원진이가 4박 5일간 휴가를 나온다고 하더구나. 너는 시험이 이어지기 때문에 집엘 오지 못하니, 원진이가 누나를 보러 대전엘 간다더구나. 녀석이 나를 닮아 무뚝뚝하여 살갑게 대하지 못할 수도 있을 것이야. 하지만 녀석이 누나를 얼마나 자랑스럽게 생각하고 사랑하는지는 잘 알지?

녀석도 장점과 자랑스러운 점이 많은데도 불구하고, 친구들에게
"우리 누나는….''
으로 시작하여 자랑을 늘어놓는 것을 지켜보며 누나를 사랑하고 자랑스러워하는 게 고맙더구나. 하지만 항상 누나에게 뒤지는 게 마음에 열등감으로 남아 자신감을 잃으면 어쩌나 싶어 마음이 아프기도 했단다. 그래도 관심을 가지고 지켜보노라면 친구들과는 원만한 교우 관계를 유지하고 있어 다행이긴 해. 네가 동생을 더욱 아끼고 격려함에 소홀해선 아니 될 것이야. 군대 가서는 더욱 의젓하고 늠름해져 아빠는 원진이가 몹시 자랑스럽단다.

돌이켜 보면 너는 부녀(父女)의 인연으로 이 세상에 온 후, 24년간 기쁨만을 준 귀하고 착한 보물이었지. 아빠가 힘든 세상을 활기차게 살아가게 해 주는 희망이자 자랑거리란다. 착하고 반듯하며 아름답게 성장해 준 네가 그저 고맙고 장하기만 하단다.

가끔은 부모의 뒷바라지가 미치지 않는 객지에서 몸이 아프거나 성적에 기복이 생겨 혼자 고심하고 괴로워하면 어쩌나 하는 염려를 하게 된단다. 어린 네가 슈퍼우먼(Superwoman)이기만을 바라고, 항상 잘해 낼 것이란 지나친 기대만을 앞세우진 않았는지 되돌아보게도 되는구나. 전 과정 놀랍도록 장한 성적을 거두어 왔었잖니. 그러고도 아빠 엄마에게 더 나은 성적으로 보답하지 못하여 많은 날 자책하고 미안해했었지. 그 생각을 하노라면 콧등이 시큰해진단다. 아울러 나의 무심함과 더욱 알차게 뒷받침하지 못했음에 대한 죄책감이 태산만큼이나 큰 무게로 짓누르는 듯함을 느끼게 되는구나.

이곳엔 가을비가 내리기 시작하는구나. 가을 가뭄이 심해 비가 좀 많이 와야 할 터인데…. 하지만 이 비가 그치면 날씨가 추워질 것이니 각별하게 건강에 유념하거라. 특히 바쁘다는 핑계로 끼니를 거르는 일이 있어선 아니 되겠다.

자신과 관련한 일은 철저하게 챙겨 온 너였지만 그래도 염려가 된단다. 절약만이 능사가 아니니 자신을 위하여 소비하는 것에 너무 인색하지 말아라. 네가 나의 딸이어서 항상 행복하단다. 이만 줄인다.

2008. 10. 22.
우리 공주를 가장 사랑하는 아빠가 적었다.

훈련병 아들에게!

자랑스러운 아들에게!

어제저녁에 뜻하지 않았던 네 목소리를 들을 수 있어 엄마와 얼마를 반가워했고 행복했는지 모른다. 입대한 지 불과 보름도 되지 않았잖니. 그 짧은 기간에 너무도 씩씩하고 의젓해진 음성에 우리는 함께 즐거워했구나. 때맞추어 전화를 걸어 온 누나에게도 소식을 전하였더니

"에고! 귀여운 우리 돼지."

하면서 역시 크게 반가워하고 기뻐하더구나.

그래. 잘 지내고 있다지만 아빠는 네가 얼마나 힘들고 불편한 생활을 하는지 잘 안단다. 그러나 그 불편함은 누구도 도와줄 수 없지. 피할 수 없는, 당면한 현안이니까. 이제 그 속에서 즐기고 보람을 찾는 법을 빨리 익혀야지.

언제나 여름엔 더웠지만, 우리 아들이 군대에 있어선지 올해는 유난히 더 덥게 느껴지는구나. 잘 견뎌 주기 바란다.

내 아들이 친구들에게 대단히 인기가 많은 아이인 것을 미처 몰랐구나. 홈페이지에 안부를 남긴 친구들이 그렇게 많은 것을 보고 우리 아들이 더욱 자랑스러웠단다. 맺어진 인연들은 모두 귀한 것이니 소중하게 여기고 믿음과 의리로 잘 발전시켜 나가거라.

아들! 아빠가 인터넷을 통한 쪽지 편지를 자주 할게. 힘들 때 읽으면서 잘 견디거라. 우리 가족 모두가 항상 너와 함께하고 있음을 기억하렴. 동료들 어려움을 도와주는 전우가 되어야 한다. 리더십(Leadership)은 어디서도 길러지는 것이야. 아빠가 적었다. (2007. 8. 22.)

사랑하는 아들에게!

네가 보낸 편지 반갑게 잘 읽었단다. 씩씩하고 의연함이 묻어나는 편지를 읽으면서 엄마는 연신 눈물을 훔치더구나. 불과 보름 만에 부쩍 성장하고 강해진 네가 대견해서지. 어서 훈련이 끝나고 9월 14일 자대 배치받길 기대한다. 그래서 9월 말경에는 우리 아들 면회하러 엄마·누나와 철원에 갈 기대에 부풀어 있단다. 그 얼마 후엔 100일 휴가를 나올 것이고….

편지에서 묻어나는 자신감과 직면한 현실에 적응하려는 강한 의지가 엿보여 아빠를 참으로 기쁘게 하더구나. 아들이 분명 잘 해낼 것이라 확신하지.

그런데 짧은 편지였지만 할머니 안부가 한 줄도 없어 섭섭해하실 것 같아. 차마 편지 왔단 말을 할 수가 없더구나. 짧은 시간에 경황이 없어서 그러했겠지만, 할머니 안부를 빠트리다니 아빠도 놀랐단다. 네가 할머니를 끔찍이 사랑하는 것을 우리는 잘 안단다. 다음에 편지할 때는 할머니 안부를 가장 먼저 여쭙도록 해라. 훈련 3주 차가 되는 다음 주부터는 조석으로 조금씩 선선해질 것이다. 가을이 오는 게지. 세월은 금방 흘러간다. 매사를 긍정적으로 생각하고, 능동적으로 임하는 것 잊지 않고 있겠지? 우리 아들과 너의 전우들 무운을 빌면서 오늘은 이만 줄인다. 건강 유념하거라. 아빠가. (2007. 8. 23.)

육군 훈련병 강원진에게!

우리 아들, 3주 차 교육에 여념이 없겠구나. 이제 더위도 한풀 꺾일 것이고, 군 생활에 조금씩 익숙해지겠지. 옛날 군대와 비교는 하지 않으려 했는데, 정말 대한민국 군대 좋아졌더구나. 아들이 어떤 교육 과정을 이수 중인지 대대장께서 주기적으로 알려 주고, 이렇게 인터넷 편지도 전해지지 않니.

30여 년 전 아빠가 입대하였을 때는 사랑하는 아들이 어느 골짜기에 처박혀 어떻게 생활하는지 부모님께서 알 수 없었거든. 적어도 신병 훈련이 끝나고 자대에 배치되어 편지를 드릴 때까지는 깜깜무소식이었으니까.

입대 전부터 여러 차례 언급했었지. 어차피 누구에게나 군 생활 23개월은 공평하게 주어진 것이라고. 어느 부대고 정도의 차이는 있겠지만 힘들고 어렵긴 마찬가지란다. 모든 게 마음먹기에 달렸지. 조금 더 명성 높고 힘들다고 소문난 부대에서 보낸 날들이 훗날에 더 아름답고 자랑스러운 추억으로 기억에 남는단다. 물론 사회생활에도 더 큰 도움이 되지.

아빠는 네가 초인(超人)이 되기를 원치는 않는단다. 아주 평범한 사람이어서 아플 때 아파하고 즐거울 때 즐거움을 표시할 줄 아는 사람이 되길 바란단다. 가능하면 긍정적이고 낙천적이며 남에게 도움받는 것보다는 베풀고 도움을 주는 적극적인 삶을 살기 바란다. 네게는 개척하고 발전시켜 나갈 수 있는 밝은 미래가 있음을 잊지 말아라.

　주어진 현실이 최적의 상태는 아니더라도, 최악이고 행운이 따르지 않아서 그곳에 있다는 패배주의적 생각은 유익하지 않아. 아빠가 보내는 편지와 네게서 오는 편지 등을 파일로 만들어 보관한단다. 전역하면 네게 주어 추억으로 삼도록 하려고. 나중에 큰 추억거리가 될 것이야. 아들과 전우들의 무운을 빌며 아빠가. (2007. 8. 27.)

아들아!

　매사에 감사하는 마음을 갖도록 노력해 보지 않을래! 악조건에 직면하였을 때 '재수가 없다.'라는 생각보다 '내가 강해질 기회가 주어졌구나.'라고 생각하면 마음이 얼마나 훈훈해지고 삶이 즐거운지 모른단다. 여러 번 주문하지만 범사에 감사하는 마음과 낙천적인 사고를 함양하도록 노력해 다오. 군대에서뿐 아니라 어쩌면 군대보다 훨씬 힘들고 냉정한 사회생활을 하게 될 때 참으로 유익할 것이야. 매일매일을 긴장하고 어렵게 보낼 아들에게 아빠의 주문이 지나쳤구나. 하지만 아빠의 염려와 부탁을 한 번쯤은 곱씹어 주길 기대한다.

　시간은 네 의지와는 상관없이 흘러간다. 지금은 하루가 사회에 있을 때 한 달보다 더디게 가는 느낌이겠지. 그러나 지나고 나면 전광석화(電光石火)같이 흘러간 게 세월이란다. 주어지는 시간을 진정 네 것으로 만들어 보아라. 오늘 저녁에도 아들 면회 가서 반갑게 만나는 꿈을 꾸고 싶구나. 긴장의 끈을 놓지 말고, 침착하게 무엇보다 건강에 유념하거라.

아들, 잘 지내거라! 아빠가 적었다. (2007. 9. 2.)

자랑스러운 대한의 아들 원진이에게!

　가을장마가 끝나고 모처럼 화창한 주말이구나. 건강하게 잘 지내고 있니? 자랑스럽게도 무탈하게 4주간 훈련을 마치고, 이제 마지막 한 주간 훈련만 마치면 남은 군 생활을 보낼 자대에 배치되고, 엄마·아빠와 전화도 되겠구나. 무척이나 기대된다.
　아빠는 네가 두 번의 면담에서 조교로 근무하게 되기를 원했고, 3명을 뽑는 조교 요원 지원자 5명 중에 포함되어 있다는 소식을 들었다. 아들이 원하여 선택한 것이라면 아빠는 존중할 것이다. 몸이 힘들더라도 네가 원하는 것들이 얻어질 것이라 믿는다. 여하튼 원하는 것이 뜻대로 성취되길 기원하마.
　오늘따라 유난히 네가 보고 싶구나. '그까짓 것 누구나 다 가는 군대인데'라며 대수롭지 않게 여기려고 했었다. 서울에 있어도 1개월 정도 못 본 적은 많았었지. 그런데 유난히 네가 보고 싶어 오늘은 너 대신 누나라도 보려고 엄마와 대전에 가기로 하였다. 누나도 매주 토요일마다 치르는 시험으로 인하여 몹시 힘들 것이니까. 그래도 힘들다는 말 한마디 없이 의젓하게 열심히 공부하는 게 얼마나 자랑스러운지 모른다. 세상에 어디 누나만 한 녀석이 있겠니. 한 번도 부모 속상하게 하지 않았고, 자기 길을 열심히 가고 있구나. 요사이 네 걱정으로 우리가 우울해할까 부쩍 신경을 써 주고 있단다. 더구나 네가 고생하는 것 생각하며 좋은 의사가 되고자 더욱 열심히 공부한다는구나. 내심 부모 못지않게 동생을 그리워하면서도 내색하지 않으려고 노력하더구나.

아들아! 인터넷에 적는 편지는 이것이 마지막이 되겠구나. 적어도 다음 주말에는 배치된 부대의 주소도 알게 될 것이고 목소리도 들을 수 있을 테니까. 동료들과 보낸 훈련병 시절은 몸은 고되더라도 마음은 편하였을 것이다. 하지만 선임병들이 층층시하인 자대에 가면 정신적으로 더 피곤할 수 있을 것이야. 그러나 적극적이고 능동적으로 임하면 모두로부터 신뢰받고 사랑받는 사병이 될 수 있을 것이란 믿음을 가지거라. 우리 아들은 잘 해내리라 믿는다.

그동안 여섯 번 보낸 인터넷 편지가 죄다 네게 전해졌는지 모르지만, 그래도 너를 생각하며 혼자 나눈 대화인 이 편지가 아빠에겐 큰 위로가 되었구나. 아빠는 다음 주말을 기대하며 이만 적을 것이다. 자대가 어느 부대건, 보직이 무엇이건 주어지는 것들을 소중하고 귀하게 받아들이거라. 거기에서 최선을 다하길 아빠는 한 번 더 부탁한다. 아들과 전우들의 무운을 빌며 아빠가 적었다. (2007. 9. 8.)

아들이 입대하여 전역할 때까지 주고받은 편지를 파일로 만들어 보관하고 있었다. 나중에 아들이 그 파일을 통해 군복무 시절을 추억하는 자료가 되게 하고자 해서다. 그 시절엔 훈련병에게 부대 인터넷 주소로 쪽지 편지를 보내면 훈련병들에게 프린트하여 전해 주는 제도가 있었다. 그래서 아들이 그립고 염려스러울 때는 곧잘 편지를 썼다. 5주간의 신병 훈련 동안 매주 1~2회 정도 아들에게 인터넷 쪽지 편지를 보냈다. 힘든 훈련 중 부모와 친구 등으로부터 쪽지 편지를 받고 아들은 많은 위로를 받았다고 했다. 지금은 의젓한 공무원이 되어 저녁 늦게 퇴근하는 녀석에게 파일을 보여 주며, 아들의 군 시절을 소재로 글을 쓰고 있다고 일러 주었다. 그러자 당황하는 빛이 역

력한 표정으로

"아빠! 그때 엄마한테 제가 전화해서 전쟁 날 것 같냐? 고 물었던 것에 관해 쓰시면 절대 안 돼요."

라고 일침을 놓는다. 요즘만큼이나 북한이 장거리 미사일을 발사하며 도발을 일삼고, 금강산 관광 갔던 박왕자 씨 피살사건이 있었던 시절이었다. 현역으로 복무 중인 아들은 혹시 전쟁이라도 날까 두려웠던 모양이다.

"군인이 전쟁을 두려워하다니. 쯧쯧!"

하며 아내 앞에서 혀를 찼었는데, 그게 녀석에게 전달되었던 모양이다. 생각이 깊어 다소 소심하면서도 착하고, 남들에 대한 배려심이 깊어 자랑스러운 아들이다. 내가 만들어 준 군 시절 편지 파일을 들추며 군에서 보낸 23개월이 결코 헛되지 아니하였음을 아들은 깨달을 것이리라. 아니, 대한민국 사내로서 자랑스럽게 추억할 것이라 믿는다. (2022. 12.)

제2부

화낼 노

노여움은 물렀거라!

밴댕이 소갈머리

철근 빼먹기

시골 인심

첫 봉급

지키지 못한 약속들

세금 도둑

아름답게 잊히기

사라져 가는 미풍양속

인간 본성

직장 내 갑질

소아 청소년과 진료 대란

퇴행성 척추관 협착증

밴댕이 소갈머리

나이 들어 가면서 사소한 일에도 쉬이 속상해하고 잘 삐치는 자신을 발견하게 된다. 참을성이 깊어지고 배려하는 마음과 이해심의 폭이 넓어져야 할 터인데, 정반대로 가는 것 같아 마음이 많이 상한다.

1. 엊그제, 지인 두 분을 모시고 저녁 식사를 대접할 기회가 있었다. 두 분은 1999년에 구미세무서에서 함께 근무했었다. 같은 성씨(姓氏)에 이름의 돌림자인 신(信) 자까지 같아 당시에는 '3강(姜)'이라 불리며 가끔 술자리를 가지곤 하였던 분들이다. 그런 분들을 23여 년 만에 만나게 되는 셈이다. 두 분의 취향을 고려해 메뉴를 소고기 숯불구이로 정하고 P식당으로 정중히 모셨다.

P식당은 2007년 이곳 부시장(副市長)이던 친구 K를 통해 알게 된 뒤, 15년여를 쭉 단골로 이용해 온 곳이다. '토시살' 맛이 일품(一品)이라 즐겨 찾고는 했다. 지인들에게도 널리 소개하며 주인아주머니와는 각별하게 지내 온 터다. 그런 연고로 내가 부탁하면 두 개뿐인

방 중 하나를 흔쾌히 내주고는 했다.

　손님 두 분이 양산과 대구에서 일부러 구미까지 오셨으니 특별히 신경을 써 달라고 부탁을 드렸다. 그러나 한 분은 장염을 앓고 있는 터라 된장국만 드시고 맥주 한 잔으로 끝까지 버티셨다. 다른 한 분과 '토시살'을 안주로 소맥을 즐겁게 마시며 켜켜이 쌓인 정담을 나눈 뒤 헤어졌다.

　다음 날 우연히 신용 카드 영수증을 보고 깜짝 놀랐다. 장염을 앓고 있는 분을 포함해서 세 명이 소주 두 병에 맥주 다섯 병을 곁들여 저녁 식사를 하였을 뿐인데 21만 원이나 결제되었기 때문이다.

　얼마 전에도 구성원이 다섯 명인 모임의 생일 축하연을 언제나처럼 그곳에서 했었다. 그때 식욕 왕성한 참석자 다섯 명이 소맥으로 스무 병 이상 마시고 '토시살'도 엄청 많이 먹었는데도 총무가 27만 원을 결제했던 기억이 있다. 그래서 더욱 이 상황이 쉽게 이해가 되지 않았다. 결국 조심스레 주인아주머니께 전화해서

　"사장님! 아시다시피 우리 모임에선 생일 축하연을 죽 그곳에서 했었지요. 그때는 다섯 명이 실컷 먹고 마셔도 27만 원 안팎이었는데 이번 경우는 도저히 이해가 안 되네요."

　정중하게 이의를 제기했다.

　"거두절미(去頭截尾)하고 계산은 정확했어요. 일단 손님 두 분이 오면 3인분을 기본으로 내고, 셋이 오면 5인분을 내는데 마지막에 2인분을 추가해서 7인분을 드셨어요."

　사장의 답변은 단호했다. 둘이 7인분을 먹은 셈이었다.

　갑자기 운동선수라도 된 기분이 들었다.

통상 단골집은 믿는 만큼 신용 카드로 계산하면 끝이었다. 사장은 나의 계산 습관을 이용하여 2인분을 더 얹어 계산했다는 합리적인 의구심을 떨쳐 버릴 수 없었다. 전에는 그러려니 하고 그냥 넘겼을 텐데….

신뢰가 훼손되었다는 생각에 몹시 불쾌했고 화가 났다. 휴대전화에서 식당 전화번호를 지워 버리는 것으로 이 황당한 상황을 종료했다. 양심적이지 않은 사람과 더는 엮이지 않겠다는 의지의 표현이다. 돈 몇 푼이 문제가 아니라 속고 호구(虎口)가 되었다는 생각에 화났고 실망하였기 때문이다.

사람이 나이 들어 가며 대개 어깃장도 놓고 이기적으로 변한다지만, 마음의 넓이가 왜 이렇게 편협해지는 것일까? 상대에게도 말 못할 사연이 있었거나 계산에 착오가 있을 수도 있고, 번복하기에는 신뢰의 문제가 있어 곤란할 수도 있지 않았을까? 그냥 이해하고 눈감아 줘도 될 일인데 쪼잔하게 굴었다는 생각을 지워 버릴 수 없었다. '*밴댕이 소갈머리'란 이런 경우를 두고 하는 말이지 싶다.

2. 내가 코로나 확진으로 격리가 시작된 첫날에 엄마가 돌아가셨다. 부고는 내야 하는데 어느 범위까지가 적정할까? 장고(長考) 끝에 각종 모임의 회원들과 퇴직 후 경조사비를 지출했던 지인들 그리고 귀한 인연이 유지되는 직장 선후배 등으로 압축해 부고를 냈다.

고맙게도 퇴직 전 마지막 근무처였던 상주세무서에서 지방청 산하 각 세무서에 부고를 내주기도 했다.

그렇게 엄마를 하늘나라로 배웅했고, 조문하신 분들과 후의(厚意)를 베풀어 주신 분들께 개별적으로 앞앞이 깊은 감사 인사를 드렸다.

얼마 후, 고마운 분들을 오래 기억하고 보은할 수 있는 자료집을 만들기로 했다. 부고를 낸 분의 인적 사항이 담긴 엑셀 파일에 부의록과 방명록을 합쳐 정리하는 식이었다. 그런데 분명 부고를 냈음에도 엑셀 파일에 명단이 눈에 띄지 않는 분들이 더러 있었다. 그간의 친소 관계를 생각했을 때 그냥 넘어갈 분들이 아니었다. 좀처럼 믿기지 않았다.

10년 전 딸아이 혼사 때는 그런 상황을 대수롭지 않게 넘겼잖은가! 그런데 싸한 기운이 느껴지며 섭섭한 마음이 무게를 더하기 시작했다. 그분들과의 인연이며, 관계가 좋았던 시절의 기억들이 파노라마처럼 펼쳐졌다. 그럴수록 섭섭함을 어떻게 삭힐 방법이 없었다.

나도 어쩔 수 없는 인간이구나! 그래서 속된 근성이 여과 없이 드러나 자신에게 부끄러움을 느끼면서도 어느새 휴대전화에서 그들 전화번호를 하나씩 삭제하고 있었다. 고운 인연일랑 이어 가고 썩은 인연 줄은 싹둑 잘라 내자는 심보일 것이다.

딸아이 혼사 때보다 더 어렵고 힘들었던 모친의 상사(喪事)였기에 섭섭함의 무게가 배가 되었나 보다. 이런 경우 침묵하고 고개 돌린 분들과 인연을 이어 갈 만큼 나의 도량과 그릇의 크기가 넓지 못함을 확인케 된 것이다. 이렇듯 나이 들어 가면서 감정의 회로에 이상이라도 생긴 듯 사소한 일에도 섭섭한 일들이 알게 모르게 *시나브로 늘어만 간다.

공자께서는 '*칠십이종심소욕불유구'(七十而從心所欲不踰矩)라고 하셨는데, 살아갈 세월은 나날이 줄어들고 있음에도 확증편향만 깊어진다. 나이 들어 갈수록 고집만 세지고 자존심은 쉬이 누그러지지 않아 '밴댕이 소갈머리'만 키우는 꼴이다.

　이제는 자꾸만 마음의 여백에 뭔가를 더해 갈 것이 아니다. 빼고 내려놓고 비워 두며 내가 틀렸을 수도 있다는 열린 자세와 겸허함으로 채우는 지혜가 필요하겠다. 인생의 황혼기를 노욕으로 채우는 삶이 되지 않도록 '밴댕이 소갈머리'가 될 여지를 줄여야 하겠다. (2022. 12.)

* **밴댕이 소갈머리:** 아주 좁고 얕은 심지(心志)를 비유적으로 이르는 말

* **시나브로:** 모르는 사이에 조금씩 조금씩

* **칠십이종심소욕불유구(七十而從心所欲不踰矩):** 칠십이 되니 하고 싶은 대로 해도 법도를 어기지 않는다.

철근 빼먹기

　1989년, 나이 서른넷 되던 해에 상주시 무양동에 첫 번째 내 집을 지었다. 대체적인 설계 도면을 그려 건축 사무소에 넘기는 일부터 시공업자를 선정하고 건축 자재 구매까지 직접 챙겼다. 점심시간은 물론 출장길에도 틈틈이 공사 현장에 들러 감독도 게을리하지 않았다. 시공업자에겐 무척이나 깐깐한 젊은이라는 소릴 들어 가며 열심히 챙긴 것이다.

　그래도 초보 건축주는 산전수전(山戰水戰) 다 겪은 노회(老獪)한 시공업자를 당해 낼 수 없었다. 잠시 눈만 돌아가면 건축 자재를 빼돌리거나, 부실한 자재로 바꿔치기를 하기 일쑤였다. 심지어 방수를 위해 내수성(耐水性) 강한 비닐을 깔아야 하는 곳에 모내기 철 못자리용으로 사용하고 난 폐비닐을 깔 정도였다.

　한번은 폐비닐 위에 막 시멘트를 덮기 직전에 현장을 적발하였다. 결국 폐비닐을 다 걷어 내고 새 비닐로 교체하고서야 상황이 끝났다. 건축업자들은 관행적으로 건축주를 속이는 방법으로 과다한 이윤을 추구한다는 것을 깨달았다. 그들의 비상식적인 직업의식에 혀를 차지 않을 수 없었다.

과정이야 어떠했건 결과가 중요하다고 135㎡의 2층 양옥집은 착공 4개월 만에 준공되었다. 그곳에서 2년 넘게 행복하게 거주하다가 근무지 이동으로 구미로 이사 왔다.

그때 이후로 건축주가 누구든 주위에 집을 지을 때면 건축 과정을 유심히 지켜보게 되었다. 하루가 다르게 온전한 건물 모양을 갖추어 가는 모습을 엿보는 재미가 쏠쏠해서다. 그래선지 언젠가부터 공사 중인 건축 현장 둘러보는 게 취미 생활의 일부처럼 되었다.

구미에서 15년 주기로 두 번이나 신축 아파트로 이사를 하였다. 주말이면 아이들을 데리고 시공 중인 신축 아파트를 둘러보는 것이 생활에 일락(一樂)을 더하였었다. 분양받은 아파트가 한 층씩 높이를 더해 갈 때마다 느끼는 희열감은 행복 그 자체였다.

올해는 지금 사는 아파트로 이사 온 지 또 15년 차가 된다. 그런데 이번엔 결혼하면 거주하도록 때맞춰 아들 몫으로 분양받은 아파트가 한창 시공 중이다. 우리 아파트에서 직선거리로 2km 내에 아들의 새 아파트 공사 현장이 있다. 거실에서 내려다보면 현장에서 근로자들이 일하는 모습까지 지켜볼 수 있다. 바라보는 것만으론 성이 차지 않아 매일 '만 보 걷기' 운동을 아파트 건설 현장 주위에서 하며 터파기 공사 때부터 유심히 지켜보고 있다.

그런데 지하 주차장 공사는 지금까지 한 번도 보지 못한 생소한 공법을 적용하고 있는 게 아닌가. 기둥만 세우고 대들보 없이 그 위에 상판을 얹는 것으로 무량판(無梁板) 공법이라고 하였다. 지금껏 벽면 자체나 기둥들 위에 보를 얹어 상판의 하중을 받아 주는 공법만을 보아 온 터라 매우 생소했다. 내구성이 부족하지 않을까 하는 의구심을 갖기에 충분하였다. 그래서 인터넷에 무량판 공법을 찾아보니, 제대로만 시공한다면 공법 자체는 아무런 문제가 없다고 했다. 오히려 자재를 절약하고 공사 기간도 단축하며 공간도 넓게 활용할 수 있어 효율적인 측면이 있다고 하였다. 어떻든 아들놈의 새 아파트 지하 주차장 공사는 이미 끝났고, 주거 동 건축 공사가 속도를 내고 있다.

그러던 차에 인천광역시 검단동의 LH아파트 지하 주차장 붕괴 사고 소식을 접하게 되었다. 그곳 시공사가 우리 새 아파트 시공사와 같은 GS건설이었다. 또 무량판 공법으로 지하 주차장을 시공했다 하여 바짝 긴장하게 되었다. 과연 아들 아파트는 이상이 없을까? 불안감을 떨칠 수 없다.

불행은 역시 혼자 오지 않는다고 했던가! 검단동 사고는 엄청난 파장을 몰고 오는 단초(端初)였을 뿐, 그 뒤에는 쓰나미급 파장이 몰려오고 있었다.

정부는 LH가 발주한 아파트 열다섯 곳에서 무더기로 지하 주차장 보강 철근 누락 사실을 발견했다고 한다. 이어 민간아파트 삼백여 곳 지하 주차장을 전수 조사하겠다고 밝혔다.

무량판 공법의 핵심은 보강 철근이라고 한다. 그런데 경기 양주 회천의 LH단지는 구조 계산을 아예 누락해서 백오십네 개 기둥 전부에서 보강 철근이 빠졌다고 한다. 그러고도 누구의 제지도 없이 공사를 강행하는 황당한 상황이었다고 했다. 정말 있어선 안 될 일이고 있을 수 없는 일이다.

역시 '철근 빼먹기'가 논란의 핵심이다. 대한민국 건설업계의 민낯을 적나라하게 보여 주는 대사건이 아닐 수 없다.

세계 최고층 빌딩과 최장 교량을 짓는 건설 강국이 실력이 부족해 아파트 하나 제대로 못 짓는 것은 아닐 것이다. 안전과 품질보다는 비용 절감과 이윤 극대화를 앞세우기 때문이다. 아울러 적당주의를 용인하는 부실 문화가 발주·설계·시공·감리 등 모든 단계에 뿌리 깊게 박혀 있기 때문일 것이다.

건설업에 대해 문외한(門外漢)이라 기술 측면은 잘 모른다. 하지만 건설 현장의 적당주의, 안전불감증, 나태와 태만, 철근 빼먹기 같은 비리 등 인습(因襲)과 악습은 반드시 근절되어야 한다. 그렇지 않고는 어떤 대책과 조치도 구두선(口頭禪)에 지나지 않을 것이다.

중3이었던 1970년 33명이 사망한 와우아파트 붕괴 사고와 1995년 1,500여 명의 사상자를 낸 삼풍백화점 붕괴 사건이 있었다. 그때도 사후 대책이 요란했었던 것으로 기억한다. 하지만 그것은 소 잃고 외양간 고치기요, 사후약방문(死後藥方文)에 지나지 않았다.

부실 공사의 진상을 밝히고 그럴듯한 재발 방지 대책을 세우겠다고 발표만 하면 언제 그랬느냐는 듯 금세 잊게 된다. 잊을 만하면 또 발생하는 건설 현장의 대형 사고는 언제나 한결같이 전관예우, 이권 개입, 담합, 부정행위 등 구태(舊態)에서 비롯되었다.

원인은 한결같은데도 여태 근절하지 못함은 왜일까? 어리석은 사람은 자신이 경험하고야 깨닫지만, 현명한 사람은 타인의 실수를 보고 배운다고 하지 않던가. 이제는 제발 큰비가 오기 전 둥지를 고치는 ***미우주무(未雨綢繆)**의 혜안을 위정자들이 갖기만을 고대한다.

현재 젊은이들은 평생 내 집을 한 번 가지기도 힘든 시대에 살고 있다. 이런 현실에 겨우 내 집 갖기에 성공해 희망에 부푼 갑남을녀(甲男乙女)들이 있다. 그들이 부실 없는 새집에서 평화롭고 행복하게 살아가는 세상이 온전하게 도래하길 응원하고 싶다. 아울러 중언부언하는 이런 글을 적지 않아도 되는 날이 도래하길 꿈꿔 본다. 철근 빼먹기 같은 부실 공사는 정말 무서운 재앙의 시작임을 항상 가슴 깊이 새겨야 할 것이다. (2023. 8.)

* **미우주무(未雨綢繆)**: 비가 오기 전에 새가 둥지를 얽어맨다는 뜻으로 어떤 위험한 일이나 곤란한 일이 닥치기 전에 미리 방비하거나 준비함을 이르는 말.

시골 인심

　상주시 공성면 거창리 135-1번지엔 선영(先塋)이 있다. 그곳엔 7대조와 5대조 할아버지 내외분부터 할머니와 아버지 및 숙부에 이르기까지 조상들이 모셔져 있다. 최근엔 엄마까지 수목장으로 그곳에 모셔졌다.
　조부 때까진 산지기와 고지기가 있어 선영의 전답을 경작하여 생계를 유지하며 벌초와 시제에 음식을 장만하는 등으로 산소를 관리해 주었다.
　최근엔 인근 마을 어르신 한 분이 선영의 전답을 경작하고 벌초만을 맡아 주셨는데 연로하여 경작을 포기하셨다.
　이처럼 우리네 시골은 고령화로 인하여 소작농이 사라지기 시작한 지 오래다. 남의 땅을 경작하며 벌초 정도를 해 줄 사람마저 씨가 마르는 지경이 되어 선영의 농지를 묵히고 있다. 참으로 안타깝고 답답한 현실이다.

　이런 와중(渦中)에 지난해 8월 엄마가 갑작스레 영면에 드셨다. 변화하고 있는 장묘문화에 맞추어 엄마부터는 화장하여 선영에 수목장으로 모실 것을 형제들과 의논해 두었었다.

 그리고 2년 전쯤 아버지 산소 아래 살아 천년 죽어서도 천년을 간다는 3년생 '주목(朱木)'을 우리 대까지 배려해 여섯 그루를 심어 두었다. 그곳 선영 양지바른 주목 밑에 엄마를 정중히 모셨다.

 아버지가 하늘나라 가신 뒤, 벌초 때와 양대 명절 및 아버지 기일을 전후해서 산소에 들르곤 했다. 엄마마저 가신 뒤는 엄마가 보고 싶을 때마다 냉큼 달려가곤 했다. 그때마다 주목들은 무럭무럭 튼실하게 자라고 있었다.

 그러던 어느 날, 주목 주변 조경을 위해 심어 둔 잔디 생육 상태를 확인하고 물을 주기 위해 아내와 선영을 찾았다가 아연실색(啞然失色)하고 말았다.

 2년 동안 별 탈 없이 잘 자라고 있던 여섯 그루의 주목 중 왼편의 두 그루가 사라져 버린 것이다. 가장 오른편 주목은 조경 상태 등을 보아 이미 수목장한 것임을 한눈에 알아볼 수 있다. 그러기에 나머지 나무들도 수목장을 위한 것임은 익히 알 수 있을 터이다. 그런데도 탐스럽게 잘 자라니까 누군가가 몰래 뽑아 간 것이 틀림없다. 수목장으로 모신 엄마의 주목을 훼손하지 않은 것만도 다행으로 여겨야만 할까?

 남의 선영 수목에도 손을 댈 정도로 흉흉해진 시골 인심에 가슴이 덜컥 내려앉고 모골이 송연해짐을 느꼈다.

 돌이켜 보니 5년여 전에도 유사한 일이 있어 몹시 화나고 가슴 아파했던 기억이 있다.

 한가위 차례를 모시고 성묘를 위해 찾은 선영이 어쩐지 낯설게 느껴졌다. 조부 생전에 산소 주위에 심었던 소나무들이 거의 100여 년을 자라 숲을 이루다시피 했는데 졸지에 사라진 것이었다.

경위를 파악하니 선영과 인접한 전답을 경작하는 분이 소나무 그늘로 인해 곡식 생장에 장해가 된다고 무단으로 베어 버렸다. 이렇게 사리 분별(事理分別) 못 하고 이기적인 사람들을 어떻게 해야 하는 걸까?

먼저 선영조차 지키지 못한 불효가 몹시 부끄러웠다. 선영의 경관을 해친 사람들 처사를 도저히 용서할 수 없어 어떻게든 조치해야겠다는 생각이 앞섰다. 변호사인 후배 두 분에게 자문하여 형사 고발 및 민사 소송을 제기하기로 마음먹었다. 그런데 자신들의 잘못을 반성하고 간절히 용서를 비는 그들을 바라보니 측은하다는 생각이 들었다. 또 사건 경위를 곰곰이 곱씹어 보니 이미 나무는 사라져 버린 뒤인데 행위자를 처벌한다고 달라질 것이 무얼까? 부질없다는 생각이 들었다. 조상들께서도 처벌이 능사가 아니라 후환이 없도록 사후 처리를 매끄럽게 하길 바라시리라. 그래서 변해 가는 시골 인심만을 탓하며 엄중 경고 후 불문곡절(不問曲折)하였다. 그러나 그들의 행위가 쉬 이해되거나 잊히지는 않았다.

선영의 전답은 잘 경작하던 분이 경작을 포기한 뒤, 퇴직한 처남이 농사를 짓기로 했다.

그런데 동네 인심은 모내기 철에 물 대는 것마저 협조하지 않고, 농기계로 파종하는 것을 정중히 부탁해도 들어주지 않았다. 결국 농사를 포기하고 농지를 묵히게 되었다.

물론 예전부터 천수답이 많았고, 가뭄이 심할 때는 평소 호인(好人)이던 분도 물꼬만은 양보치 않았었다. 하지만 관개시설이 잘 갖추어졌고 4대강 보 설치로 홍수와 가뭄을 잊은 지 오래다. 그런데도 타지

(他地) 사람이라고 몽니를 부리고 공연히 차별하곤 하는 것이다. 그러면서 자기 전답으로 질러가기 위해 우리 산소의 *용미로 경운기를 몰아가는 경우는 또 뭐란 말인가?

수백 년을 지켜 온 선영. 그곳에서 더러는 우리 조상들과 고지기와 산지기로 상부상조하며 함께 살았을 자신들 조상을 떠올리면 어떨까? 남의 집 선영이라도 자신들 선영처럼 존중해 온 그 정신만은 영원해야 하지 않을까.

어린 시절, 내남 할 것 없이 배곯으며 살던 힘든 시기가 있었다. 그때 콩 서리 참외 서리 하다가 들켜도 참외 하나 더 나눠 주며 타이르기만 하던 게 시골 인심이었다. 그 후하고 푸근한 시골 인심을 이제 어디에서 찾아 볼 수 있을까? 시골 인심마저 금전 가치에 좌지우지(左之右之)되는가 싶어 아쉬움이 크다.

그런데 최근에는 멧돼지가 출몰하여 산소 봉분을 훼손하는 일이 잦다. 흉흉한 시골 인심에 더하여 미물(微物)들마저 근심 걱정을 보탠다.

한 달 남짓 지나면 엄마 가신 지 일 년이 되는 기일이다. 엄마 뵈러 산소에 들렀다가 인근 마을 노인정도 들러야겠다. '*거배미'에 선영을 둔 진주 강가(晉州 姜家) 후손이라고 인사드리고 막걸리라도 대접하리라. 오래전 사라진 수더분한 시골 사람들 인심처럼 풋풋하고 훈훈한 인심이 되살아나길 기대하면서…. (2023. 8.)

* **용미**: 산소의 봉분을 보호하기 위하여 빗물이 봉분의 좌우로 흐르도록 산소의 꼬리처럼 쌓아 올린 부분.

* **거배미**: 상주시 공성면 거창리 앞뜰의 옛 지명.

첫 봉급

　　공직자는 누구나 첫 봉급날의 추억을 가슴 한편에 소중하게 간직하고 있다. 다른 봉급쟁이도 별반 다를 바 없을 것이다. 너 나 할 것 없이 기대와 설렘 속에 봉급날을 맞았기 때문이다.
　　첫 봉급은 직장에서 장래 처우를 가늠해 볼 수 있는 척도가 된다. 또 직장인으로서 한 달간 열심히 일한 보람을 처음 누리기에 유독 마음이 설레는 것이리라.
　　우연한 기회에 아들로 인하여 첫 봉급에 대한 아련한 향수가 되살아났다. 2020년 11월 1일 자로 구미시청에 발령받은 아들 녀석이 첫 봉급을 받은 날
　　"엄마·아빠! 낳아 주시고 키워 주셔서 고맙습니다. 오늘 첫 봉급을 탔기에 두 분께 조그만 제 성의를 담았습니다."
　　라며 두 개의 현금 봉투와 보수 지급 명세서를 내밀었다.
　　명세서는 군 경력이 반영된 지방행정직 9급 2호봉의 본봉과 제(諸)수당을 합쳐 첫 봉급이 1,775,400원임을 알려 주었다. 그것을 보며

첫 봉급에 대한 상념에 마음이 무거워졌다.

　최저 임금 위원회에서 발표한 2020년 최저 임금이 시급으론 8,590원이고 월급으로 1,795,310원이었다. 최저 임금에도 미치지 못하는 첫 봉급을 받아 든 MZ세대인 아들을 비롯한 새내기들의 기분은 어떠했을까? 미루어 짐작건대 아마도 설렘과 만족감보다 쓸쓸하고 마음이 시렸을 것이다.

　이쯤서 기억의 창고에 40년간 고이 갈무리해 두었던, 1984년 7월에 첫 봉급을 수령한 나의 새내기 공무원 시절이 소환되었다. 세무행정직 9급 3호봉이었던 첫 봉급은 본봉과 수당을 합쳐 139,000원이었다. 세금과 기여금·건강 보험 등을 공제한 후 실수령액은 고작 102,460원 정도였다.

　물론 재수하던 시절에 아르바이트 과외를 하며 월 5만 원씩 2년간 받은 적은 있었다. 군에서도 훈련병으로 첫 봉급 2천 원 남짓과 전역 때까지 소액의 봉급을 받은 경험이 있긴 했다. 그러나 평생 몸담을 직장에서의 첫 봉급 수준으론 실망과 막연한 두려움을 느끼지 않을 수 없는 박봉이었음은 분명하였다.

　때가 여름이라 아버지를 위하여 '신일 선풍기' 한 대를 우선 마련했다. 그리고 양친의 속옷 한 벌씩을 사고 나니 단돈 4만 원만 달랑 남았었다. 그래도 우리집에 처음 들이게 된 선풍기로 인해 몹시 기분 좋아하시던 아버지 모습이 떠올라 지금껏 마음이 따뜻하다.

　그 시절엔 보수 지급 명세서와 함께 현금 대신 가계 수표를 지급하여 필요할 때 봉급 범위 내에서 발행하여 사용케 하였었다. 그것으로 노력하여 봉급을 받는다는 자존감은 지킬 수 있었고, 가장으로서 식구들에게 면은 섰었다.

언제부턴가 봉급은 물론 명절 휴가비와 출장비마저 아내가 관리하는 급여 계좌로 입금된다. 본인은 마치 돈 버는 기계 취급을 당한다고 볼멘소리하는 요즘 세대들과 비교하면 우리 때는 마음만이라도 다소 여유 있고 낭만적이었다.

최근, 언론 매체들은 한때 94 대 1까지 이르렀던 9급 공무원 시험 경쟁률이 22 대 1까지 곤두박질쳤다고 전한다. 더하여 공무원 30% 이상이 기회만 되면 이직을 고민하고 있다는 소식을 전하기도 한다. 오랜 기간 공무원은 배우자 직업 선호도에서 1~2위를 기록할 정도로 인기가 좋은 직업이었다는 보도와 함께.

결론은 공직이 박봉(薄俸)과 높은 업무 강도로 인해 상대적이지만 기피 직종으로 떠오르고 인기가 전만 못하다는 것이다. 오랜 기간 공직에 몸담았던 사람으로서 또 공무원인 아들을 둔 부모로서 심히 우려스럽다.

그런 우려에도 불구하고 정치인들은 포퓰리즘(Populism)으로 모든 정책과 공약을 선거에서 유리한 쪽으로 남발하고 있다. 급기야 국방의 의무를 수행하는 사병 중 병장의 봉급을 2백만 원까지 지급하겠다는 지경까지 이르렀다. 상대적 박탈감을 느낀 부사관 등 직업군인들이 반발하여 이직률이 급증하고, 심지어 애국심 하나로 더는 버티지 못하겠다며 사관생도들마저 입학 인원의 10% 정도가 퇴교하는 사례가 늘어 간다고 한다.

국가재정의 건전성은 도외시하고 선거에서의 승리 욕심에 눈멀어

포퓰리즘을 남발하는 정치인들의 각성이 우선되어야 하겠다. 아울러 각종 선거를 통해 그들에 대한 국민의 현명한 선택과 엄격한 심판이 시급한 현실이다.

평균적으로 각 집안에 한 명 정도는 공무원으로 재직하고 있음이 현실이다. 그런데도 공무원에 대한 국민의 보편적 시각은 항상 비판적이고 부정적이다. 그래서 국민 여론이 공무원을 대상으로 하는 정책 집행에 미치는 영향은 어마어마하다.

그런 연유로 최대 고용주인 정부는 공무원 처우에 대한 정책 결정 시에는 그 파급 효과에 신경을 곤두세울 수밖에 없다. 전체 근로 시장에 미치는 파장이 엄청나기에 더욱 어려운 것이다. 하지만 우리의 경제 규모가 세계에서 10위 수준이고 1인당 GNI(국민총소득)가 33,565달러에 이르지 않는가. 그런 만큼 시대 상황에 걸맞게 공무원 봉급 체계의 조정 등으로 실질적인 처우 개선이 반드시 이뤄져야 하겠다.

돌이켜 생각해 보면 정부 수립 이후 현재까지 공무원 봉급이 박봉 아니었던 시절이 있었던가! 그래도 공무원들에겐 직업의 안전성과 퇴직 후 공무원 연금으로 노후 생활은 보장해 주었다. 그런 정책으로 박봉에도 버틸 수 있는 유인책이 되었음은 물론이다. 더하여 공무원으로서 소명 의식과 국가에 헌신해야 한다는 사명감이 공직을 견인하였음은 물론이다. 어떻든 높은 경제 성장을 성취한 데는 공무원들의 기여가 적지 않았다는 자부심으로 의연해질 수 있었음이 아닌가!

이제 '베이비부머'들의 시대는 물러가고 MZ세대가 경제 주체로 떠오르고 있다. 더해서 우리 경제는 세계에서 유례를 찾아볼 수 없을 정도로 괄목할 만한 성장을 달성한 상태다.

　상황이 이러하니 도리어 공무원들이 사기업 보수와 처우에 민감하게 반응하게 된다. 작금엔 공무원 연금의 불확실성이 대두되고, 업무 강도는 날로 점점 세지고 있다. 거기에 반해 박봉은 여전하여 상대적 박탈감이 어느 때보다 크다. 그 결과 상대적으로 우수한 고급 인재들이 사기업으로 쏠리는 현상이 두드러지고, 공무원들 이직률마저 높아지는 것은 당연한 일이다. 정책 입안자들도 공무원들에게 막연히 소명 의식과 사명감만 강요해서는 아니 될 것이다. 국가 경제 규모에 걸맞은 근무 환경과 처우 개선을 제시해 근로 의욕도 고취해야 한다. 아울러 그것이 공염불에 그치진 않아야 하겠다.

　가까운 장래에 새내기 공무원들이 첫 봉급 수령 날, 일한 만큼 대우를 받았다는 만족감과 공직에 자부심을 가질 수 있는 사회가 되길 응원한다.

　첫 봉급 받은 다음 날, 회식 베풀어 주시며 박봉에 주눅 들지 말라고 다독여 주시던 삼촌 같았던 과장님과 큰형님 같았던 계장님이 불현듯 그립다. 서둘러 하늘나라로 먼저 가셨지만, 후배들에게 베푸셨던 동료애와 큰 믿음은 항상 마음속에 따뜻하게 살아 숨 쉰다. 아들과 같은 새내기들 곁에도 동기 유발을 견인해 주고 본이 되어 주는 그런 어른들이 계셨으면 참 좋겠다. 그들에게 먼 훗날 첫 봉급에 대한 추억이 아름답고 주머니마저 넉넉했으면 더욱 좋겠다. (2023. 4.)

지키지 못한 약속들

K는 초등학교부터 고등학교까지 줄곧 함께한 친구다. 초등학교 5~6학년 때는 같은 반이기도 했다. 6학년 전체가 수학여행을 떠났을 때, 여행 경비를 감당하지 못하여 나와 학교에 달랑 남은 두세 명 중 한 명이었던 친구이기도 하다.

그는 일찍 선친을 여의고 홀어머니 밑에서 가난하게 자랐다. 그러나 착하고 정직했으며 항상 웃음을 잃지 않고 명랑했다. 많은 이들은 그가 그저 평범한 가정에서 성장한 것으로 기억하는 친구다. 그는 C시에 있는 인문계 고등학교에서 화학 교사로 근무하다 2년 전에 정년퇴직했다. 그리고는 평소 취미인 사진 촬영을 열심히 하며 은퇴 후의 여유를 즐기고 있었다. 그러던 중 직장암이 발병해 투병 중이란 소식을 접한 것은 그리 오래되지 않았다. 그런데 오늘 갑자기 그의 부음을 접하게 되었다. 둔기로 뒤통수를 세게 한 대 얻어맞은 것처럼 충격을 받았다. 삼가 고인의 명복을 빌었다.

물론 먼저 간 친구가 그만이 아니라 더러 있기는 하다. 그래도 K의 안타까운 죽음으로 우리 머리맡에서 죽음의 그림자가 어른거릴 나이가 되었다는 생각이 들어 무상함을 느끼게 된다. 또 그의 죽음으로 인해 생뚱맞게도 그전에 유명을 달리한 친구 두 명의 유족에게 지키지 못한 약속이 불현듯 뇌리를 스쳤다.

오래전에 교통사고로 유명을 달리한 친구 S가 소환되었다. 그는 여덟 명의 죽마고우가 함께한 친목 모임의 구성원이었다. 그가 어느 날 교통사고로 졸지에 유명을 달리했다.

아비 죽음과 그 의미도 모른 채 장지에서 천방지축으로 뛰어놀던 세 살 난 어린 딸을 두고 어떻게 편히 눈을 감을 수 있었을까? 지켜보던 모두는 눈물을 훔쳤다. 너무 슬펐다.

친구를 산에 묻고 돌아서며, 딸 교육은 우리가 책임지겠다고 굳게 약속했었다. 그 후 그의 죽음은 쉽게 잊혔다. 그가 간 지 35년이 지났는데 그의 딸이 그 후 어떻게 살았고, 어디에서 어떻게 지내고 있는지를 아무도 모른다. 아니, 알려는 노력이 있기나 했는지? 먼저 간 친구를 그리며 그저 따뜻한 마음 한 자락 나누고자 한 것인데. 우리의 약속이 허망하고 화가 난다.

1980년대 초, 취업은 확정되었으나, 발령이 쉽게 나지 않았다. 그때 고등학교 동기들을 규합하여 견실한 동기회로 만들겠다고 전국 순회에 나선 적이 있었다. 많은 동기가 있는 서울에서 출발하여 대전, 구미, 대구, 포항, 울산, 부산, 문경을 거쳐 상주로 돌아오는 10일간의 대장정이었다. 친구들이 근무하는 시간에 이동하고 그들이 퇴근한 후에 회동하였다. 식당에서 소주를 곁들이며 동기들 단합의 필연성과 당위성을 논하다 보면 의기투합하여 만취는 필수였다. 피로가 누적되어 포항에서 K가 있는 울산으로 가는 버스에서 코피를 쏟을 정도의 강행군이었다. 뜻한 대로 성과가 있어 동기애(同期愛)로 똘똘 뭉쳤고, 모임은 동기들 소통의 장으로 활성화되어 견실하게 유지 발전되고 있다.

그때 총무로서 모임의 활성화에 견인차(牽引車) 역을 성실히 했던 S가 갑작스러운 발병으로 유명을 달리하였다. 그때도 자녀들 교육엔 발 벗고 나서 도움이 되자고 굳게 약속했었다. 그러나 그들이 지금은 결혼까지 했을 나이인데, S가 하늘나라 간 뒤 그의 가족 근황을 아는 동기가 없다.

회비 통장엔 수천만 원이 적립되어 있지만, 누구도 그 친구 자녀에 대한 언급이 없어 안타깝다. 동기들에게 이 상황을 거론치 않는 나의 침묵이 가증스럽다. 수차례(數次例) 던진 건설적(?) 제안이 받아들여지지 않는 분위기에 맞설 용기가 내겐 없음이다.

다른 글 '아픈 기억'에서도 대충 언급하였고, 지금은 많이 달라졌지만, 80년대 직장 문화는 학연으로 줄 세우기가 일반적이었다. 인사이동 때, 명문고 출신들은 자신이 어느 곳으로 간다고 연락하면 선배들이 보직까지 알아서 챙겨 줄 정도였다. 그러나 내 모교는 소도시에 있는 데다 인문계 고등학교여서 국세청에는 동문이 드물었다. 그마저 늦게 취업한 내가 몇 명 되지 않는 동문 중 선배 그룹에 속하였다. 그렇기에 이끌어 줄 선배를 찾을 수 없었지만, 후배들에겐 소수자의 소외감에서 벗어날 수 있는 전환점을 만들어 주고 싶었다. 지금은 모두 퇴직하였지만, 열정적이고 모교 사랑이 넘쳐 나는 여섯 명의

지키지 못한 약속들

동문이 의기투합하여 '국세청 상주고 동문회'를 결성하였다. 30여 년 전 이야기다. 지금은 전국에서 국세 공무원으로 근무했거나 근무하고 있는 50여 명을 포함하는 동문 모임으로 발전하여 끈끈한 정을 나누고 있다. 이제 조직에서 마음만은 결코 소수자가 아니다. 고향과 출신 학교뿐 아니라 직장마저 같은 곳에 몸담고 있다는 게 보통 인연은 아님이 분명하다.

호사다마(好事多魔)라 했던가! 좋은 일만 이어지던 동문 모임에서 후배 한 명이 독직(瀆職) 사건에 휘말렸다. 오랜 법정투쟁에도 불구하고 불명예 퇴직하는 불미스러운 사고였다. 몹시 안타까웠다. 후배의 죄 없음과 진실이 왜곡되었음을 믿는다. 딸린 식솔들이 당해야 할 고초가 안타까웠다. 회원들을 설득해서 우리 힘이 미치는 데까지 돕겠다는 약속을 하려다 멈췄다. 또 하나의 지켜지지 못할 약속을 만들까 경계해서다.

우리는 살아가면서 많은 약속을 한다. 더구나 65년을 살아오면서 얼마나 많은 약속을 했던가. 그런데 그 약속의 무게에 대해서 진지하게 고민한 적이 있었던가? 부끄러움의 부피가 한없이 두꺼워짐을 느낀다. 작은 약속도 바위처럼 무겁게 받아들여야 할 일이다. 지키지 못한 소소한 약속이 한두 가지일까? 위에서 언급했던 지키지 못한 약속 두 가지가 납덩이처럼 마음을 짓누른다. 특히 지키지 못한 약속들이 결과적으로 모임의 구성원으로서 무심코 던진 약속이 되어 크게 반성한다.

말은 한 발씩 앞서 나가는데 마음은 한 발씩 뒷걸음질 치는 게 항상 문제다. (2020. 8. 『돈키호테의 길』에서)

세금 도둑

1. 친구와 점심 식사차 E식당에 갔다. 염소탕이 일품이라고 세인(世人)의 입에 오르내리는 식당이라 가끔 들르는 곳이다. 명성에 걸맞게 제법 규모가 크고, 손님이 붐빈다. 염소탕 2인분을 주문하고 메뉴판을 유심히 보았다. 염소탕 1인분에 20,000원이다. 작년 이맘때는 11,000원이었던 것으로 기억하는데 올려도 너무 올렸다. 식재료비와 인건비가 올랐으니 어느 정도 올리는 것은 일견 이해가 된다. 그러나 이건 아니다 싶었다. 물가가 오르는 것을 용인하는 사회 분위기에 편승하여 아예 폭리를 취하고 있어서다.

아르바이트 직원도 두지 않고 주인장 내외가 주방일과 홀 서빙을 도맡아 하는 것은 전과 다름이 없었다. 친절도나 손님에 대한 배려가 낙제점인 것 또한 전혀 변하지 않아 보였다. 반면 음식 맛은 담백하고 걸쭉한 게 입에 딱 맞다. 입소문이 날 만도 하였다. 고객들이 주인장의 불친절과 제멋대로인 음식값을 감수하며 이 식당을 찾는 이유지 싶다.

계산을 위해 신용 카드를 내밀었다. 주인장은 카드가 아닌 현금 결제를 부탁한다. 왜냐고 물어봤다. '국가가 강도처럼 세금을 너무 많이 빼앗아 가고 카드사 수수료도 장난이 아니라 이문(利文)이 없어서'라고 한다. 주인장의 경우(境遇) 없음과 지나친 사실 왜곡에 실소를 금할 수 없다. 현금이 없지 않았지만, 카드 결제를 고집했다. 내가 왜 이럴까? 이럴 때 피가 역류하는 느낌이 들고 사람이 싫어진다.

카드 결제로 인하여 미수에 그쳤지만, 주인장은 우리에게 염소탕 두 그릇을 팔고 소득세는 차치(且置)하고라도 부가가치세 3,630원을 도둑질하려 한 것이나 진배없다. 그는 세금 도둑이다. 권리는 꼬박꼬박 챙기면서 의무는 팽개치는 사람들이 없는 사회를 소망해 본다.

2. 만 보 걷기 코스에는 준공하였지만 개관하지 않은 스포츠 센터가 있다. 예산 부족 탓인지 건축만도 2년 넘게 끌어왔다. 그런데 준공하고도 개관을 미루고 있어 그 이유가 늘 궁금했다.

아침에 그 주위를 걷고 있는데 센터 건물에서 화재 경보가 울리고, 화재 발생 방송이 이어진다. 큰일이다 싶어 뛰어가 건물 출입문을 당겨 보니 잠겨 있었다. 연기나 불은 보이지 않고 화재 경보와 방송만 계속 이어졌다. 아무래도 이 상황이 이해되지 않았다. 구미 시설 공단 전화번호를 조회해서 전화를 걸었다. 전화를 받은 직원에게 현 상황을 설명했다. 현업 부서라서 자기는 모른다며 상황실 전화번호를 알려 주고는 전화를 끊는다. 달리 방법이 없어 상황실로 전화를 걸었다. 전화를 받은 상황실 직원은

"구미시에서 아직 이관되지 않아 우리 소관이 아니니 시청으로 연락해 보세요."

라고 응대하고는 전화를 끊는다. 비상 상황에 소관 타령이라니. 이쯤서 머리 뚜껑이 열릴 만큼 노여움이 치솟아 구미시청 전화번호를 찾아 전화를 걸어 상황을 설명하니 담당 부서로 돌려 준다. 이번엔 '체육 시설 관리과'에서 전화를 받는다. 앵무새처럼 또다시 상황을 설명하니, 알아보고 처리하겠다고 하였다. 몹시 지친 상태라 알아서 처리하라며 전화를 끊었다.

공무원 출신인 나마저 이 상황이 도저히 이해되지 않았다. 공무원들의 한계지 싶다. 주인의식 결여와 책임 회피 그리고 복지부동이 문제다.

지난 폭우 때 '오송 지하 차도 참사'와 이번 '새만금 세계 스카우트 잼버리'에서의 부실 운영 등도 무너진 공직 사회의 기강 해이 탓 아닌가. 한심하다는 생각뿐이다. 언제나 이런 행태가 개선되려나?

E식당 주인처럼 탈세하는 납세자는 분명 세금 도둑이다. 그렇다면 급여 꼬박꼬박 챙기면서 공복으로서의 책임감은 출장 보내고, 일이 터지면 남 탓만 하며 책임 회피하는 공직자는 무얼까? 이들 또한 국가에 도움은 안 되면서 세금만 축내는 세금 도둑과 진배없다.

요소요소에 세금 도둑이 넘쳐 나니 이 일을 어찌한다!

대오각성할 일 아닌가! (2023. 8.)

아름답게 잊히기

"구마적들 한 번 모이도록 하자."

라는 회원들의 희망 사항을 소집책 역할을 도맡아 했던 K에게 전하기로 한 S가

"형님! K가 '구마적' 쪽 사람들에게서 마음이 완전히 떠났다고 하네요. 형님께도 마찬가지라 하구요."

그러면서 K는 '인맥 가지치기 중'이라고 전했다. 전혀 예상치 못한 전언에 할 말을 잃었다.

여기서 '구마적'이란 '**구**미세무서에 **마**지막 **적**을 두었던 사람들 열 명이 하던 모임'의 호칭을 축약(縮約)해서 일컫는 말이다. 어느 직장이든 흔히 있는 고운 인연으로 맺어진 사람들의 친목 모임이다. 우리는 가끔 모여 소주잔 기울이고 정담을 나누는 것으로 삶에 일락(一樂)을 더하곤 했었다.

다른 여느 모임과 마찬가지로 '코로나19 팬데믹'을 전후해서 여러 해 만나지 못했었다. 그래서 '코로나19 엔데믹'이 선언된 이참에 모

임을 한 번 가지기 위해 의견을 나누던 중이었다.

K는 이 모임의 태동(胎動)에 크게 기여하고, 줄곧 총무 역할을 성실히 수행해 온 적극적이고 누구에게나 살가운 회원이었다. 그런데 갑자기 탈회(脫會)하겠다고 폭탄선언을 하였으니 놀라지 않을 수 없는 일이다.

어떤 이유에서건 누군가에게 단단히 마음이 상한 것으로 판단되었다. 먼저 나 자신이 가해자는 아닌지 돌아보게 된다. 그의 탈회 의사가 워낙 완강해 회원 중 누구도 만류하자는 의사를 개진하지는 않았다.

누구도 그에게 섭섭한 언행을 한 적이 없어 보이는데 왜 특정인이 아닌 전체 구성원들을 상대로 폭탄선언을 한 것일까? 혼자 있는 시간에 K가 했다는 말을 곱씹어 보았다. 폭탄선언으로 인한 충격이 바위처럼 무겁게 마음을 옥죄어서다. 내게도 마음이 떠났고, 가지치기한다는 인맥에 포함되었을 것이니 곧 그에게서 잊힌 사람이 될 것이다.

우리는 긴 인생행로에서 수많은 사람과 인연을 맺게 된다. 하지만 가끔은 그 인연을 잘 갈무리하지 못해서 누군가에게서 잊히게 되는 경우와 마주한다. 이유 여하를 막론하고 슬픈 일이다. 그것은 마음에 깊은 상처를 남기기가 십상이고 치유가 쉽지 않기 때문이다.

나이 들어 직장을 그만두게 되면 그때까지와는 비교가 되지 않을 정도로 세월은 빠르게 흘러가는 느낌이다. 그 세월의 흐름 속에서 자신의 의지와 상관없이 주위 사람들에게서 차츰 잊히게 된다. 그것은 자연스러운 현상이기에 속수무책이다. 그때부터는 새로운 것을 얻으려고 아등바등할 것이 아니라, 가진 것을 하나씩 아낌없이 내려놓는 연습을 해야 할 것이다.

그런데 아직은 인맥을 쌓아 가고 잘 관리해야 할 한창의 나이인 K는 왜 서둘러 인맥에 가지치기를 시작한 것일까? 삶이 얼마나 허망하고 인생이 얼마나 덧없는지 체감하기엔 아직 어린(?) 나이일진대, 설사 그에게 무슨 피치 못할 연유(緣由)가 있다고 해도 참으로 안타까운 일이 아닐 수 없다. K가 누군가에 상처를 받았다면 용서의 미덕을 발휘하고 조속히 치유하길 응원해 주고 싶다. 자신의 둘레에 너무 강고한 벽을 쌓아 스스로 고립의 길을 자초하진 않아야 할 터인데. 인생 선배로서 아쉬움이 깊다.

국세청을 떠난 지 9년 차고, 경제 활동에서 완전히 손 떼고 칩거한 지도 어언 4년째다. 빠르게 흐르는 세월은 넘쳐 나던 건강과 에너지, 일과 의욕 그리고 희망찬 미래 등을 시나브로 앗아 갔다.

30여 년 넘도록 다니던 정든 직장을 명예퇴직이란 허울로 포장하고 도망치듯 떠나올 때, 무엇보다 고운 인연들로부터 소외당하고 잊히게 되는 것이 가장 아쉽고 두려웠다.

혹자는 명예나 지위는 아침 햇살에 사라지는 이슬과 같은 것이라 했다. 그런 것마저 가져 본 적 없는 나를 바쁜 일상에서 누가 그렇게 애틋하게 기억해 줄 것인가? 그렇기에 잊힘은 필연이다.

예단치 않으려 하지만 어디엔가 숨어 있던 외로움과 고단함 그리고 늙음의 허무함이 한꺼번에 스멀스멀 기어 나오는 기분이었다. 나이가 들어 가며 고집은 세어지고 자존심은 누그러지지 않는데 어떻게 처신해야 하는 건지 막연했다. 기왕에 잊힐 일이라면 지저분하지 않고 아름답게 잊힐 수는 없을까?

오래되고 고운 인연들로 맺어진 친구와 지인들 그리고 직장 후배들의 관심과 배려는 변함없이 이어지고 있다. 참으로 고마운 일이다. 그 덕분에 오랫동안 쌓은 위상이 기억에서 쉬이 사라지지 않고 그곳에 머물고 있다. 그러나 그것이 때로는 독이요, 모두로부터 아름답게 잊히는 데 있어 큰 장애가 될 수 있다. 잊힘은 필연일진대, 과거에 안주(安住)하면 후일 치유가 불가능한 상처로 덧나기가 쉽기 때문이다.

그렇다고 다가오지 않은 미래에 대한 불안함과 무기력함, 생물학적 노화와 사회적 쇠퇴로 인한 두려움의 부피를 키울 순 없는 일이다. 그런 생각들에 함몰되어 줄어드는 여생을 허비할 수는 없는 일 아닌가.

지금부터는 아름다움이 많았던 과거를 기억해 내기보다는 망각하고 포기하는 일에 힘을 쏟기로 한다. 그것이 아름답게 잊히는 전제조건이라 믿기 때문이다.

아울러 은퇴 후에는 욕심은 내려놓고 입은 닫고 지갑은 열어젖힌 채 베풀며 살아야 온전해질 수 있다고 일러 준 선배들의 조언을 실천에 옮겨야겠다.

강하게 부인하고 싶지만, 목전에 다다른 칠십이란 나이는 노년의 범주에 속함은 틀림이 없다. 노년이 되면 일상적이고 소소한 것에서 충만한 즐거움을 찾아야 할 것이다. 무엇인가 자꾸만 더해 갈 것이 아니라, 내려놓고 비워야만 얻을 수 있는 기쁨에 몰입해야겠다. 사실 사람들은 남의 삶에 그다지 관심이 많지 않다. 그럼에도 불구하고 남들을 의식하고 비교하며 스스로 지쳐가는 삶에서 헤어나지 못한다.

때늦은 감이 없지 않지만, 지금부터라도 자존감 고수하며 알고 지내 왔던 모든 분에게서 아름답게 잊히기 위해 아래와 같은 나만의 방책을 세워야겠다.

- 범사에 감사하며 살아가자.
- 어떤 상황에서도 남의 뒷담화는 삼가자.
- 후배들에게 본이 되어야 한다는 부담을 갖지 말자.
- 늙은이라고 소홀히 대해도 섭섭해 말자.
- 불러 주는 곳에는 빠지지 말고, 지갑은 열고 살자.

무엇보다 사람을 대함에 세심한 배려와 친절을 염두에 두어야겠다. 남에게 대접받고 싶은 대로 남을 대접하는 것이 인간관계에서 고금동서(古今東西)를 가릴 것 없는 황금률(黃金律)이라고도 하지 않았던가.

아름답게 잊히기가 가능키는 한 것일까? (2023. 4.)

사라져 가는 미풍양속

 온 산야(山野)에 '앵앵'거리는 예초기(刈草機) 기계음이 넘쳐 나는 계절이다. 산소에서 벌초하는 소리, 아파트와 공원 풀 깎는 소리가 그 진원(震源)이다. 이발한 듯 가지런한 모습에 대한 기대로 시끄럽지 않고 트롯(Trot) 박자만큼이나 친숙하게 들려온다. 가을이 귀뚜라미 울음소리에 더하여 예초기 작동하는 기계음에서 시작되는 느낌이다.

 올해 처음으로 주말을 기해 꼭두새벽에 아들을 데리고 벌초(伐草)에 나섰다. 아버지 생전엔 산지기·묘지기에 이어 소작인이 선영의 농지를 경작하며 벌초를 대행해 주었다. 그런 관습은 급속한 고령화(高齡化)와 세시풍속(歲時風俗)의 변화 등으로 서서히 사라져 갔다. 그래서 최근 몇 년간은 처남의 도움으로 벌초 문제를 해결했었다. 하지만 처남도 환갑이 넘은 나이라 언제까지 그의 도움에 의지할 수는 없는 일이 되었다. 그렇다고 '반거충이'에다 재주가 메주인 내가 도맡아 하기엔 엄두가 나지 않았다. 내년부터는 벌초 대행사에 의뢰하더라도 벌초 과정은 알아야겠다 싶어 직접 나선 것이다.

처남과 동서가 예초기로 풀을 깎고 나면 아들과 갈퀴로 베어진 풀을 깨끗이 뒷정리하는 일을 맡아서 했다. 봉분이 일곱 기인 200여 평의 산소 주위 벌초며 조경에 한나절이 꼬박 걸렸다. 보통 힘든 일이 아니었다. *(다음 날부터 아들과 사흘 동안 몸살을 앓았다. 벌초가 아무나 할 수 있는 일이 아니란 것과 노동의 소중함을 깨달았다.)*

벌초하면서 미래 세대에 '핫이슈'(Hot issue)가 됨직한 문제에 대해 생각해 보게 되었다. 화두(話頭)는 단연 심각해지는 인구문제였다. 또 그것이 미래 세대에 발생할 제반 문제 해결을 위한 첫 번째 실마리가 될 것이다.

기존 인구는 급격히 고령화되고 있는데, 젊은이들은 결혼을 기피하는 경향이 뚜렷하다. 결혼해도 출산을 꺼려 출산율이 0.7에 머문다고 한다. OECD 국가에서 인구가 가장 빠르게 고령화되고, 출산율이 낮은 국가 중 하나가 되었다. 국가 소멸론이 공공연하게 세인(世人)의 관심 한가운데 자리할 정도가 된 것이다. 마치 대한민국이 서서히 가라앉는 거대한 배가 된 듯하다.

출산율 제고를 위해 정부에서는 갖가지 대책을 내놓지만, 백약이 무효다. 이럴 때 한 명의 아이라도 출산하는 젊은 부부들을 보고 있노라면 기특하기 이를 데 없다.

이런 추세면 우리 손자 세대부터 삼촌(三寸)·사촌(四寸) 하는 촌수(寸數) 개념은 차츰 잊히게 될 것이다. 아울러 대를 잇지 못하는 가정이 다반사(茶飯事)가 되고 말 것이다.

그런 환경에선 먼저 문중(門中)과 족보(族譜)가 자취를 감추고 가족 공동체 의식이 무너지는 것은 불문가지다. 이곳저곳에서 무너지고 사라지는 것들이 속출하게 될 것이다.

대가 끊어지는 상황에 제례(祭禮)나 각종 의식(儀式)인들 제대로 이어질 수 있을까? 이미 최근 여론조사에서 명절 차례를 지내지 않겠다는 여론이 50%를 상회(上廻)한다고 야단이지 않은가. 장례(葬禮) 의식이야 이미 화장(火葬)이 일반화되었다. 덕분에 매장(埋葬)이 사라지니 산소 쓸 일 없어진 것은 그나마 다행이다. 산소가 없어지고 추석 전 벌초할 자손도 없으니 당연히 그 전통도 사라질 것이다. 친족끼리 이 산 저 산 어울려 다니며 벌초하고 어려움을 함께하며 조상들 덕담(德談) 나누는 기회도 통째로 사라지는 것이다.

후손 없이 사망하는 사람들이 늘어나면서 장례를 대행하는 새로운 사업이 생겨날 것이고, 호황을 누리지 않을까? 기존의 조상 산소는 파묘(破墓)하고 유골을 화장하여 산하에 뿌리는 집안은 그나마 다행이다. 그냥 방치되어 엉망인 산소가 부지기수가 될 것이다.

인구가 줄면 노동력 감소와 소비 감소로 이어져 경제가 위축된다. 이처럼 현대사회는 각 분야가 톱니바퀴처럼 유기적으로 촘촘히 엮여 있다. 아울러 만고불변(萬古不變)하는 사회현상은 존재하지 않을 터, 이쯤서 변화에 능동적으로 적응하는 것은 자연스러운 것이다.

'베이비부머 세대'에서는 사회가 감당할 수 없을 정도로 인구가 넘쳐 났다. 그래서 남성들이 정관 수술을 하면 예비군 훈련을 면제하는 등 각종 혜택을 부여하는 근시안적인 정책을 시행하기도 했었다. 당시에는 그것이 능동적인 정책이었겠지만 결과는 어떠한가?

인구 문제 같은 거시적(巨視的)인 사안은 지도자 한두 사람에 의해서나, 어느 한 정권에 의해 좌지우지될 수 없다. 국민적 관심과 각성이 선행되어야 할 문제다. 그것이 선행되어도 그 효과는 이삼십 년 뒤에나 나타나기 마련이다.

적령기 남녀는 결혼과 출산을 국민적 의무로 간주하는 각성이 필요한 때다. 인구 감소를 막지 못하면 국가는 소멸하고 민족 고유의 미풍양속을 이어 갈 수 없다.

1인 가구의 속출과 저출산 영향으로 친족의 개념이 사라지고 가족 공동체가 무너지면 어떻게 될까? 반드시 파급 효과에 질식하는 세상이 도래할 것이다. 각종 전통 의식이 변화하고, 인간 중시 사상이 옅어져 극히 이기적인 세상을 맞아들이게 될 것이리라.

더 나아가 동방예의지국(東方禮儀之國)이라 자부하며 대대로 이어져 오던 미풍양속(美風良俗)은 송두리째 사라질 것이다. 아찔해진다.

이쯤 되면 국민적 각성에 이어 미래 세대의 정수리를 지그시 눌러 주며 고언(苦言) 아끼지 않을 존경받는 사회적 스승이 나서야 한다. 그러나 모두 침묵 일색이다. 그런 스승이 우리 곁에 있기는 한 건지?

교사들은 민주화와 참교육 실천을 내세우며, 스승이길 포기하고 근로자로 대접받길 자초(自招)했다. 그들이 교권 추락에 불을 붙였고. 아이 하나만 낳아 유리그릇 다루듯 하는 학부모들의 도드라진 이기심이 불쏘시개 역할을 하였다. 급기야 최근엔 심각한 교권 추락을 감당하지 못하여 극단적 선택을 하는 교사가 적지 않은 게 현실이다. 이런 상황이다 보니 자라나는 세대에게 존경받는 스승이 사라진 지 오래다. 암울한 현실이고 속수무책이다. 이렇다 보니 사회적으로 명망 높은 스승의 지도를 기대하는 것도 난망이다.

어떻든 고령화와 저출산으로 인한 인구 감소를 더는 방치할 수 없는 지경에 이르렀다. 우리의 후손들이 대한민국의 주류로 계속 살아가기 위해 인구 문제를 국가 안보에 버금가는 정책적 우선순위에 올려야 할 때다.

그렇게 해서라도 사라져 가는 우리의 전통과 미풍양속을 유지 발전시켜야 한다. 뿌리가 튼튼해야 가지가 풍성한 법이다.

미풍양속을 연면히 이어 가는 데 있어 다른 한 축(軸)인 여성들의 주장도 소홀하게 다룰 사안이 아니다. 남편의 주장에 순종하던 여필종부(女必從夫)라는 시대착오적인 윤리는 구시대의 유물이 된 지 이미 오래다.

경제 대국화와 민주화 덕분에 여권(女權)이 신장하여 가정사에 대한 여인네들의 입김은 남정네들을 압도하고도 남음이 있는 세태로 진화하였다. 분명 긍정적인 변화이긴 하다.

곳곳에서 제사상 차리기를 거부하는 소위 '며느리 파업' 같은 사례가 발생하고 있다고 한다. 아예 제사상을 대신 차려 주는 업체에 전부 맡기고 집안의 여성들에게는 제사상을 차리게 하지 않는 걸로 타협하는 집안도 있다고 한다. 어차피 피할 수 없는 과정이지 싶다. 가족의 해체요, 국가의 소멸 과정인지도 모르겠다. 사라지는 미풍양속을 부여잡고 떼를 쓰는 고루한 꼰대가 되어 가는 형국이라 씁쓸하다.

우리집에도 내 주관하에 30여 년 넘게 잘 모시던 제례를 동생과 딸애 및 아내의 적극적인 주장에 따라 간소화한 바 있다. 거기까지가 마지노(Maginot)선이었다. 그런데 다른 가정과 단순 비교하며 아내는 끝없이 불만을 토로(吐露)한다. 난감한 일이다. 여인네들 주장의 논지는 간단하고 단순하다.

명절 차례는 생략하고 산소에 가서 성묘로 대신하며, 기제(忌祭)는 모아서 일 년에 한 번만 모시자고 주장한다. 어차피 우리 후대에는 그렇게 할 수밖에 없을 터이니 지금부터 시행하자는 것이다. 극히 우려되는 바지만, 앞에서도 언급하였듯이 출산율 저하로 제꾼이 사라져 가니 일면 이해는 된다. 하지만 도래하지 않은 사안(事案)이 두려워 미리 염려할 바는 아니지 않은가. 그것은 후세들이 그 시대에 맞게 당사자로서 풀어 갈 문제다.

우리까지는 형제간의 관계 유지와 전통적인 관례와 풍습을 지키기 위해 애쓰자고 아내를 설득하였다. 쉽게 수긍하지 못하는 눈치다. 우리집 제례 문제는 언제 점화될지 모르는 휴화산(休火山)과 진배없고 현재 진행형이다.

옛날 책을 접하다 보면 '국비기국'(國非其國)이란 용어와 자주 마주친다. '나라이면서도 나라가 아니다.'라는 뜻인데, 모양만 나라지 나라다운 나라가 아님을 안타까워하는 표현이지 싶다. 여기에 대해서 다산 정약용 선생께선 『흠흠신서』에서 "사람이 사람다울 수 있는 이유는 기본 윤리를 갖추고 있어서이고, 나라가 나라다울 수 있는 이유는 풍속의 교화를 소중하게 여겨서이다. 이런 점이 없다면 사람은 사람답지 않게 되고 나라는 나라답지 않게 될 것이다."(人之所以爲人者 以具倫彛也 國之所以爲國者 以重風化也 無是則其將人不人而國不國矣.인지소이위인자 이구윤이야 국지소이위국자 이중풍화야 무시칙기장인불인이국불국의)라고 일갈했다. 미풍양속이 사라져 가고 있는 작금의 우리에게 시사하는 바가 커서 인용해 본다.

  달랑 낫 한 자루씩 들고 친족들과 이 산 저 산 오르내리며 며칠씩 벌초하면서도 불평 한마디 없으셨던 우리 선조들의 얼과 혼을 그려 보는 하루였다.
  문중의 각 가정을 돌며 차례 지내고, 어른들께 세배드리던 시절이 절로 그립다. (2023. 9.)

인간 본성

 최근 언론보도에 K팝 원조 기획사인 'SM엔터테인먼트'의 경영권 분쟁이 진흙탕 싸움으로 치닫고 있다는 보도가 쏟아졌다. 더구나 S 전 총괄의 처조카이면서 현 경영진인 L 대표가 전(前) 대표 S에 대해 역외 탈세 의혹을 제기하면서 점입가경(漸入佳境)이다.
 적어도 인간이 하지 말아야 할 것 중 하나가 친인척 간의 악의적인 의혹 제기나 민형사상의 법정 공방이라고 믿어 의심치 않는다. 그런데 불행하게도 우리 주위엔 그런 사례가 넘쳐 나니 문제다. 그런 유형의 언론 보도로 휴화산처럼 오랫동안 가슴 저 아래 잠자고 있던 인간 본성에 관한 여러 생각들이 살포시 고개를 쳐들기 시작했다.

 S세무서에서 국세 공무원 5년 차로 근무하던 1988년 가을로 기억된다. 국세청 본청과 조선·동아일보 해직 기자들이 모여 국민주 모금 형태로 그해 5월 갓 창간한 진보 성향의 한겨레신문에 *탈세 제보가 동시에 접수되었다.

그 제보는 S병원에 대한 것으로 세적지(稅籍地)인 우리 세무서로 이첩되었다. 세적 담당인 O 조사관과 내가 조사반을 꾸리고, 제보 내용을 숙지한 뒤 현장에 임하여 현황 파악에 착수하였다.

S병원은 S대 의대를 졸업하고, 그 병원에서 내과 교수로 근무 중이던 분이 퇴직한 후 설립했다. 그때까지 의료 불모지였던 고향 S시를 위해 의료봉사를 하겠다는 야심 찬 의욕으로 설립한 신생 종합병원이었다. 종합병원이라곤 하지만 인근 흑연 광산 광부 출신 진폐 환자가 주된 수입원이었다. 그런 이유로 진료 과목이 호흡기내과에 편중되어 있었다. 또 원장은 진료만 전담하고 그의 처남이 원무 처장으로 병원 운영을 실질적으로 총괄하였다. 업무 분담부터가 특이하게 운영되는 병원이었다.

문제의 발단은 병원 경영에 관한 전권을 오너(Owner)가 아닌 원무 처장이 행사하는 데서 비롯되었다. 처장이 매형을 등에 업고 전권을 행사하다 흑심을 품고 공금에 손을 대기 시작했다. 그 액수가 눈덩이처럼 불어났고, 결국 원장에게 적발되어 분란이 촉발되었다.

급기야 원장은 처남이 병원 경영에서 손을 떼는 조건으로 조용히 문제를 해결하려 하였다. 그러나 처남은 횡령한 공금이 엄청난데도 사퇴 조건으로 또 고액을 요구했다. 자신의 제안에 응하지 않으면 탈세 제보하겠다고 도리어 원장에게 협박까지 하였다. '똥 묻은 개가 겨 묻은 개 나무란다'고, 적반하장도 유분수가 아닌가. 그러나 원장은 세무 회계에 무지해 그 파장에 대한 고려 없이 감정적으로 대처하였다. 세금을 더 내더라도 탈세를 획책한 처남에겐 한 푼도 주지 못하겠다고 맞선 것이다. 결국 처남은 자신이 저지른 탈세 내용을 마이크로필름에 담아 제보하기에 이르렀다. 그는 간호사들과도 결탁하여, 5년에 걸쳐 수십억 원의 가공원가를 계상해 탈세하고 공금을 횡령해 온 것이다.

주된 탈세 수법으로 고가의 주사약이 처방된 산재 환자들에게 저가의 약을 주사하고 원가 계산은 처방대로 하였다. 또 고단백의 식단을 제공하는 것으로 게시하고, 실제는 용량 미달의 단백질원을 제공한 것이다. 역시 원가 계산은 거래처인 식육점에서 실제보다 많은 금액으로 영수증을 받아 처리하는 식이었다. 자신의 죄과가 드러날 경우를 대비해 협박용으로 그런 자료를 사전에 전부 만들어 둔 것이다. 그 과정의 용의주도함에 놀라지 않을 수 없었다.

한 번이라도 자신의 누나가 처할 입장을 고려해 보았을까? 인간이 저지를 수 있는 악행(惡行)의 끝장을 보는 듯하였다.

제보 내용상 증빙이 워낙 계획적으로 사전에 잘 준비되어 더 이상의 조사는 필요치 않았다. 제보된 마이크로필름을 근거로 가공원가를 계산했다. 제보자인 처남과 원장으로부터 확인서를 받는 것으로 조사는 신속하고 원만하게 종결되었다.

개인적으론 30년 넘게 과세 관청에 근무하며 세무조사 시에 담세능력 범위 내의 과세를 기본으로 했다. 납세자가 생업을 계속 유지하며 담세토록 하는 대원칙을 일관되게 지키려고 했다. 후배들에게도 그 원칙을 항상 강조하였고, 현업에서 떠난 지금도 그 원칙이 바람직했다는 믿음엔 변화가 없다. 그러나 고약한 유형의 세무 조사인 탈세 제보에 대한 조사에는 제보자가 시퍼렇게 눈을 부라리고 지켜보고 있다. 그 경우에는 조사자 개인의 신념이나 과세 원칙 같은 게 개입될 여지는 전혀 없다.

결국 S병원엔 감당키 어려운 고액의 세금이 추징되었다. 병원은 세금을 감당치 못하고 부도 처리되어 직권 폐업된 것은 불문가지다. 건물 등 자산은 적십자병원에서 경매로 헐값에 인수하였다. 당시 화폐

가치로는 엄청 고액의 세금이 지방 소도시 세무서에서 추징되면서 사회적 이슈가 되기에 충분하였다.

알곡을 털어 낸 버석버석한 볏짚처럼, 초라한 인간관계가 빚어낸 참상이었다. 그것은 세무 경력이 일천하였던 나에게도 큰 충격으로 받아들여졌다. 그로 인해 인간 본성에 대한 큰 회의가 일었다. 여파로 직업에 대해서도 갈등하게 되었다. 그 후, 가끔 사직(辭職)하고 싶은 강한 유혹과 맞서야 했다. 끝내 실행에 이르지 못하였지만….

그러면서 세월은 흘러 G세무서에서 조사팀장으로 근무하던 시절이었다. 또 한 번의 탈세 제보로 인하여 인간에 대한 실망감이 쓰나미처럼 밀려와 인간 본성에 대한 회의가 커져만 갔다.

그 제보는 무자료거래가 활발하게 이뤄지는 대형 가구점에 대한 것이었다. 사장인 고모부 건강이 나빠져 처조카에게 일정 기간 사업을 대리 경영토록 부탁했다. 그것이 심지에 불을 붙인 부싯돌 역할을 하였다. 사장은 처조카에게 경영을 잘하면 추후 실질적 경영권을 넘겨주겠다는 약속까지 덤으로 하여 잘 타는 불에 기름까지 부은 격이 되었다. 그런데 건강이 회복되자 경영권을 원상태로 돌렸고, 제보자인 처조카는 결국 팽(烹)당했다. 그러자 처조카는 실제 판매 내용이 기재된 비밀 장부와 신고용 거래 원장 및 은행 통장을 증빙으로 첨부하여 탈세 제보를 한 것이다.

탈세 제보의 경우 제보자의 신원은 엄격하게 보호되지만 대부분 근자지소행(近者之所行)이다. 그런 연유로 피제보자도 제보자의 신원을 대충 눈치채게 된다.

어떻든 조사는 진행되었고, 추징 세액이 고액으로 추산되었다. 그러자 피제보자인 사장은 선처를 읍소하였다.

"탈세 제보 건은 제보자가 처리 과정을 지켜보고 있고, 처리 결과를 제보자에게 통지하게 되어 있어 세무 당국에서 선처할 여지가 없습니다."
라고 사뭇 정중하게 설명했다.

그러던 어느 날, 출근 시간에 피제보자가 커다란 물통을 들고 세무서 현관에서 시위를 시작했다. 물통에는 시너(Thinner)가 가득했고, 자신이 너무 억울하므로 선처해 주지 않으면 그것으로 자해하겠다고 협박하였다. 잘 설득해서 위험한 상황은 넘겼지만, 도리 없이 탈세액 전액을 추징했다. 추징 세액은 피제보자의 재산을 압류 후 ***징수유예** 조치하였다. 하지만 내 마음에는 큰 어둠을 남겼다.

국세 공무원으로 근무한 기간에 유사한 형태의 탈세 제보 등으로 인간 본성에 대한 회의가 좁은 머릿속을 꽉 채웠다.

그런 연유로 인간 본성에 대한 화두가 다시 스멀스멀 머리를 치켜들기 시작했다. 고등학교 윤리 시간에 언급된 이래 반세기가 넘도록 해결하지 못하고 숙제로 남겨 온 것이다.

'인간 본성은 원래 착해 인간 의지로써 바르게 살 수 있다.'라는 맹자의 성선설(性善說)과 '인간 본성은 본디 악해 예를 지켜서 순화시켜야 한다.'라는 순자의 성악설(性惡說) 중 어느 것이 옳은지에 대한 판단이 그것이다. 긍정적이고 낙천적인 사고를 지향하였기에 일관되게 성선설에 무게를 두어 왔다. 심지어 국가도 형법상 가족의 화평을 위해 친족간 재산상의 범죄에 관해 국가 권력이 간섭하지 않는, 즉 친족간 문제는 친족 내부에서 해결하도록 한 ***친족상도례(親族相盜例)**까지 두어 성선설에 무한 신뢰를 부여하였다고 믿었다.

하지만 위에 예를 든 세 가지 사례, 즉 처조카가 이모부를 또 처남이 매형을 그리고 조카가 고모부의 행위를 각본에 의해 의도적으로 굴레를 씌워 비난하고 국가 권력에 고발하는 작태를 어떻게 이해해야 할까?

지금도 곳곳에서 자행되고 있는 각종 끔찍한 만행들, 즉 친부가 계모와 공모해서 자식을 학대해 죽음에 이르게 하는 일, 자식이 재산을 노리고 부모를 살해하는 금수보다 못한 악행이 끊이지 않는 상황에 대해 어떻게 설명해야 할까?

그렇다고 성악설에 힘을 싣기엔 넘쳐 나는 미담들로 인해 무리라 생각된다. 또 불의에 맞서 목숨까지도 헌신짝처럼 버리는 의인(義人)들의 선행이 가볍지 않기에 자신이 없다.

종국엔 탄탄하게 다져진 인문학적 소양의 뒷받침도 없이 인간 본성이란 화두에 접근하는 우를 범하고 말았음을 인정하게 되었다. 어쩌면 인간 본성에 대한 명확한 정의를 얻는 것은 애초부터 불가능했는지도 모를 일이다. 맹자와 순자 그리고 서양 철학자들인 칸트와 흄 등의 이론도 온전한 정의를 얻지는 못하지 않았던가!

성선설에 대한 선입견과 애착을 떨쳐 버리지 못하고 인간 본성의 명확한 정의를 구하겠노라고 그것에 천착한 시도가 더없이 실없게 되었다. 사실 실생활에서 피상적으로 마주한 화두에 막연히 의문을 가짐은 공염불에 지나지 않을 것이다. 나아가 공염불임을 깨닫고도 헤어나지 못하는 나는 ***염불 못하는 중이 아궁이에 불을 때는 것**'과 진배없음이 아닐까! 참으로 씁쓸하고 마음이 차갑다.

으레 그러했듯 오늘처럼 마음이 시리고 헛헛할 때는 윤동주 시인의 서시를 읊으며 내 감정의 회로가 더는 망가지지 않도록 달래야 하겠다.

인간 본성

서시(序詩)

죽는 날까지 하늘을 우러러
한 점 부끄럼이 없기를,
잎새에 이는 바람에도
나는 괴로워했다.
별을 노래하는 마음으로
모든 죽어가는 것을 사랑해야지
그리고 나한테 주어진 길을
걸어가야겠다.
오늘 밤에도 별이 바람에 스치운다. (2023. 2.)

---

* **탈세 제보(脫稅提報):** 특정 개인이나 법인의 탈세 사실을 뒷받침할 수 있는 구체적인 내용 및 증빙을 탈세자의 인적 사항과 함께 인터넷, 서면, 전화 등의 방법으로 과세 당국에 제공하는 것.

* **징수유예(徵收猶豫):** 소관 세무서장이 납기 개시 전에 납세자의 일정한 사유로 국세를 납부할 수 없다고 인정하는 경우에 납세의 고지를 유예하거나 결정한 세액을 분할 납부하도록 하는 것.

* **친족상도례(親族相盜例):** 8촌 내 혈족이나 4촌 내 인척, 배우자 간 발생한 절도죄·사기죄 등의 재산범죄에 대한 형을 면죄하거나, 고소가 있어야 공소를 제기할 수 있도록 한 제도.

* **염불 못하는 중이 아궁이에 불을 땐다:** 염불을 못하기 때문에 법당에 들어 떳떳한 중 행세를 하지 못하고 아궁이에 불이나 때고 있다는 속담으로, 사람이 무능하여 아무 일도 못하며 누구나 제 능력에 따라 일을 하게 되고 또 대접도 받게 된다는 말.

직장 내 갑질

퇴직 후, 1년도 지나지 않아 다녔던 직장에 관심이 없어진다는 사람들이 의외로 많다. 친정이나 마찬가지인 곳에서 일어나는 일에 전혀 흥미를 느끼지 못하기 때문이다. 쉬이 믿기지 않지만 사실이다. 그런 분들 앞에서 옛 직장에 관해 언급하게 되는 경우가 가끔 있다. 그러면 퇴직한 게 언젠데 여태까지 시시콜콜 그쪽 집에 관심을 가지냐는 핀잔을 듣게 되고는 한다. 하지만 나는 그쪽 돌아가는 상황에 관심이 많다. 오랫동안 동고동락(同苦同樂)해 온 정든 후배들이 그곳에 많이 남아 있어서다. 길지 않은 생(生)에 있어 30년 넘게 명암(明暗)을 남긴 친정집과 진배없는 곳을 쉽게 잊는다는 게 도무지 이해되지 않는다. 주변의 이 일 저 일에 관심이 많고 참견하기 좋아하는 오지랖 넓은 성격도 그런 유형의 관심을 떨치지 못하는 데 한몫 톡톡히 했을 것이다. 어떻든 아련한 추억이 켜켜이 쌓여 있는 그곳에 두고두고 관심을 가질 것이다.

최근 그곳의 관심은 대부분 직장이 그러하듯 '직장 내 갑질'이 주(主)를 이루고 있었다.

직장에서 업무 성과를 내거나 효율성을 높이기 위해 구성원의 업무에 관한 관심과 진행 상황에 대한 적정 범위 내의 질책은 정당한 행위일 것이다. 물론 인격 모독에 해당할 정도로 과도하거나, 업무상 정당한 근거나 이유 없이 질책하는 것은 경우가 다르다. 부당한 질책이 지속하여 반복되는 등 사회적 통념을 벗어난 수준이라면 괴롭힘이 되어 '직장 내 갑질'이라 할 것이다.

우리 때는 그런 유형의 괴롭힘이 빈번히 발생했으나 별반 사회적 이슈(Issue)가 되지 않았다. 산업화 과정으로 업무 효율성만이 판단의 척도가 되었기 때문이다. 그리고 서열이 높은 사람은 아랫사람을 가르칠 권리와 의무가 있다는 사회 분위기도 일조하였다. 아울러 직장 내 윤리 의식이 왜곡되어 직장 내 갑질과 괴롭힘이 일상적인 업무 지시로 인식되는 경향도 없지 않았기 때문이리라.

그러나 민주화로 인해 사회 분위기가 반전되었다. 산업화의 주역이던 베이비부머(Baby boomer) 세대가 퇴장하고 인권 의식이 높아졌기 때문이다. 그런데도 직장 내 갑질이 적지 않게 발생하는 게 작금의 실상이다.

급기야 직장에서 괴롭힘을 금지하는 방향으로 근로기준법이 개정되어 '직장 내 괴롭힘 금지법'까지 등장했다. 그나마 숨통이 트일 구멍이 만들어진 셈이다. 그렇지만 공직사회에서야 수많은 아랫사람에게 상사의 갑질은 일부분 현재 진행형이다. 법은 갑질하는 상사보다 항상 멀리 있기 때문이다.

'직장 내 갑질'은 반드시 조직의 위계질서라는 명분을 앞세우고 자행된다. 조직의 위계질서가 지위의 격차를 분명하게 만들기 때문이다. 결국 상사는 위계질서라는 명분을 뒷배 삼아서 갑질을 하기에 하급자는 속수무책이 되기가 십상이다.

공적 조직에는 상급 기관장이 사전 예고 후나 불시에 하급 기관을 방문하는 초도순시(初度巡視) 관행이 있다. 그때는 항상 직원들을 격려하거나 사기 진작을 위한다는 명분을 앞세우기 일쑤다. 직원들이야 기관장 방문에 대비해 환경 정리나 의전으로 분주해지는 것이 번거롭다. 그래서 가만히 있어 주는 게 격려가 되고, 사기 진작이 될 것이다. 하지만 신임 기관장이 하부 기관의 실태를 파악하기 위한 수단으로 초도순시는 정당하고 필요하다. 그러나 그것이 잦아지면 본래 의미가 퇴색하고 본질이 왜곡될 수 있다.

어떤 기관장이 초도순시 때 업무 보고 자리에서 간부들의 준비된 답변이 고갈되어 말문이 막힐 때까지 질문을 하였다고 하자. 그러고는 준비가 부족하고, 관리자들이 업무 현황도 제대로 파악지 못했다고 질책까지 했다면 어떨까? 그로 인하여 분위기가 싸하게 되는 것은 당연할 것이다. 그래야 직성이 풀리는 그 기관장은 어떤 목적을 가지고 순시하는 것일까? 이쯤 되면 '직장 내 갑질'의 일례로 부족함이 없을 것이다.

그런 기관장이 명예퇴직이라도 한다는 소식이 전해지면 직장 내엔 안도감으로 술렁일 것이다.

순간 생뚱맞게도 45년 전 군(軍)시절 사단장 초도순시 때 일이 오랜 기억에서 소환되었다. 그곳에서 난생처음 '직장 내 갑질'에 눈을 뜨게 된 이력이 있어서다. 갑질을 판별하는 데 단연 선구자가 된 사연이다.

군의 특수성으로 인해 인권이니 갑질이니 하는 용어 자체가 생소하기만 한 시절이었음은 물론이다. 심지어 의문사까지도 사회적 이슈가 되지 못하였던 1970년대 중후반이었으니까. 그 엄혹한 상황에서 갑질에 관해 관심을 가질 수 있었던 건 사회 현실에 상당히 냉철한 비판 의식을 가지고 있었기 때문이었다.

1979년 어느 봄날, 수도 기계화 보병 사단(맹호부대) 사단장으로 부임한 L 소장이 내가 복무 중인 808포병 대대를 초도순시하게 되었다.

그는 경남 의령 출신으로 6.25 전쟁 때는 18세 나이에 사병으로 참전하였었다. 특별한 군 이력으로 월남전 파병 초기에는 갑종 간부후보생 출신 대대장으로 참전하였던 6척 장신의 천생 무인이었다.

순시 중에 우리 부대에서 오찬을 하게 되어 있었다. 그때 사단장 메인테이블(Main table)에는 여단장, 대대장과 위관장교 한 명, 그리고 부사관과 사병 각 한 명이 동석하는 시나리오가 준비되었다.

대대 간부회의에서는 인사과 행정병이며 군경력 20개월 차였던 나를 사병 대표 동석자로 결정하였다. 외모는 현역병보다는 방위병이 제격일 듯 작달막하나 피부도 뽀얗고 제법 눈치코치 살필 수 있을 짬밥 수준이었기 때문일 것이다. 그런 연유로 선발 자체는 제법 그럴듯했다. 그러나 사단장과 같은 테이블에서 식사한다는 부담감에 주눅이 들어 질식할 것 같은 상황이었다.

업무 보고가 끝나고, 마침내 오찬 시간이었다. 대대장만도 하늘같이 높은 분이라 버거운데, 여단장에 사단장까지 테이블을 채우니 숨이 막힐 지경이었다. 좌석이 채워지자, 여단장이 마뜩하지 않은 표정으로 나를 지켜보다가

"귀관은 주특기(보직)가 뭣인고?"

라 물었고,

"옛, 상병 강신태! 인사과 병력계입니다."

라고 답변하자 여단장이 대대장을 향해

"류 중령! 사단장님 앞엔 전투병을 앉히지. 웬 놈의 행정병이야."

라며 노골적으로 불만을 표(表)했다. 순간 여단장의 언어폭력에 심한 모멸감을 느껴 어디론가 숨어 버리고 싶었다. 원해서 이 자리에 앉은 것도 아닌데. 그때

"여단장! 별소릴 다 한다. 전투병이면 어떻고, 행정병이면 어때. 모두가 고생하는 우리 사병인데. 허 참."

사단장이 나서 어색하고 머쓱한 상황을 정리했다.

사병들 피복과 먹거리가 오찬 시 대화의 주요 주제였다. 대화 끝부분엔 사단장이 권 중사와 내게 고향과 양친의 생존 여부 등 질문 몇 자락을 던졌던 것으로 기억된다. 그렇게 밥이 입으로 들어가는지 코로 들어가는지도 모를 정도로 긴장되고 힘들었던 오찬 시간은 종료되었다.

그 상황이 조직 생활에서 상사의 높은 지위로 인해 당한 최초의 '직장 내 갑질'이었지 싶다. 혹자는 '그 정도가 무슨 갑질?'이라 할 수도 있을 것이다. 그때까지만 해도 갑질이나 직장 내 괴롭힘이란 단어조차 생소하기만 했던 시절이라 내 마음에만 슬픈 울림을 남긴 채 무심하게 세월은 흘러갔다.

다시 45년 후인 현실로 돌아온다.

얼마 전, 우연한 기회에 옛 동료들과 즐겨 찾던 식당에 후배 여럿이 모였다. 오랜만에 허리끈 풀어 제치고 통음(痛飮)하며 많은 대화를 나눌 수 있었다.

지난해 이맘때쯤 그들과 만났을 때는 그들 기관장에 대해 주워들은 뒷담화로 술안주를 했다. 그로부터 일 년이 훌쩍 지났지만, 대

화는 그때 나눴던 뒷담화 언저리를 벗어나지 못하고 있었다.

그때까지 거쳐 간 기관장들 대부분은 직원 친화적이고 민주적 리더십(Leadership)을 발휘했다고 들었다. 그런데 뒷담화의 대상이 된 분은 일면식도 없지만, 부정적인 일화가 넘쳐 났기 때문이다. 밖에 있는 내가 귀동냥한 것만도 밤새 이야기를 할 수 있는 분량은 족히 될 정도였으니 화제의 중심에 설 수밖에.

극소수이긴 하나, 기관장 중 일부는 부잣집에 태어나 좋은 대학을 나와 고시에도 패스한 선택된 사람들이다. 그들은 보직 관리도 잘 되어 꽃길만을 걷게 된다. 그런 분들은 우월적인 지위에 있어 자신을 과대평가하고, 그의 가치관이나 신념이 절대적으로 옳다는 아집과 편견에 빠질 개연성이 크다. 또 그것을 무기로 부하 직원을 과소평가하게 되는 독선으로 무장하기가 십상이다. 그들은 기관장으로 부임하기 전 연고지 관내 일선 세무서 과장과 지방청 국장의 이력을 쌓게 된다. 그래서 기관장으로 부임할 때는 그의 성향을 직원들이 사전에 속속들이 파악할 수 있다. 그런 기관장의 등장만으로도 감당하기 쉽지 않은 스트레스가 되기에 충분할 것이다.

그런데 그 기관장에게 불려 가거나 결재 들어가면 1시간 이상 선 채로 자기 과시와 지적질로 이어지는 상황을 소화해야 하는 경우가 부지기수였다면 어떨까? 그런 연유로 멘붕이 되어 나올 때는 출구를 찾지 못하고 헤매게 되는 분까지 있었다면?

그런 분위기에서 기관장이 지방청 근무를 독려했으나 일선에 남기를 원한 과장들이 적지 않았다면 당연한 결과가 아닐까?

또 한 번 더 일선 서장으로 근무한 뒤 명예퇴직하겠다는 국장도 있었지만, 기관장에게 배척당해 꿈을 접은 사례가 있었다고 한다면?

더하여 본청과 타 청에서 근무했던 시절의 명성(?)까지도 전해질 정도가 되면 직원들이 느낄 두려움은 어떠했을까! 불문가지였을 것이다. 그런 유형의 기관장이 유임될 것이라는 풍문까지 돈다면 직원들의 낙담과 두려움의 깊이는 더해질 것이다. 이렇듯 기관장 한 명이 그의 임기 동안 자행한 갑질이 차고 넘쳤다면 믿어질까? 실로 어이가 없다.

돌이켜 보면 특수 집단인 군대든 공직 사회든 '직장 내 갑질'이란 업무를 효율적으로 하자고 만든 위계질서를 사람 괴롭히는 데 쓰는 셈이다. 지위로부터 주어진 권위를 부당하게 휘두르는 행위이기도 하다. 이럴 때 하급자는 분노하는 게 당연하다. 분노는 저항을 부르게 마련이다. 하지만 수직적 위계질서하에서 낮은 지위에 있는 사람은 쉽게 저항하지 못한다. 가해자인 상사가 부하 직원의 밥그릇을 쥐고 있기 때문이다. 결국 피해자인 하급자에겐 극한 모멸감과 쉽게 치유되지 않을 상처만 가득 남게 된다.

이럴 때 피해를 최소화하는 게 최선이다. 최소한 자신이 당한 갑질을 주변에 알려 공론화할 수 있어야 한다. 또 갑질의 내용을 세세하게 작성해 두고 자료도 수집해 둘 수 있어야 할 것이다. 만일에 대비하기 위함이다. '직장 내 괴롭힘 금지법'도 그러라고 만들어진 것이 아닌가!

하지만 무엇보다 가해자가 될 지위에 있는 상사들의 선의(善意)와 각성이 선행되어야 하겠다. 이럴 때는 눈물을 쏙 뽑아낼 정도로 훈육하고도 따뜻하게 보듬어 주던 자상한 선생님 같은 관리자를 가끔 그려 본다. 관리자가 하늘 같았던 시절을 겪어 보지 못한 새내기들이 감당할 수 있기나 할지 모르지만….

그런데 위에 예시한 관리자는 자신의 우월감으로 직장 내 괴롭힘을 자행하고 있다고 생각지 못하기 일쑤다. 부하 직원을 선의로 계도(啓導)하고 있다고 착각하는 것이다. 애초에 따사로운 시선으로 부하 직원을 바라보고 보듬어 주는 게 그렇게 힘든 것일까?

기관장의 전횡과 갑질에 대해 진정성 있는 진언(進言) 한 번쯤 할 수 있는 강단 있는 참모가 없는 경직된 조직 문화에도 문제가 있음이 아닐까?

어떻든 상사나 부하 직원 모두는 상생해야 할 동료다. 그들이 진흙탕 싸움에 휘둘리는 최악의 상황은 절대로 피해야 하겠다.

뒷담화의 대상이 된 기관장은 선의로 한 언행이 인식의 오류로 인해 괴롭힘으로 오해를 불러일으켰을 것이라 믿고 있을지도 모른다. 아니, 이런 문제가 거론되고 있었음을 알기는 할까? 혹여 지금쯤 잘못을 깨닫고 반성한다고 한들 소 잃고 외양간 고치기와 무엇이 다를까!

그나저나 국세청은 기관장이 정기적으로 교체되는 인사시스템이라 1년쯤은 견딜 만도 하다. 그런데 선출직 기관장을 둔 지방 자치 단체 등은 때에 따라 기관장이 세 번 연임까지도 가능하니 기관장의 '직장 내 갑질'이 자행된다면 어떻게 대처할 것인가?

이런저런 상황을 반영하여 조심스럽게 '직장 내 갑질'에 대한 소견을 언급해 보았다. 일부 관리자들이 마음에 새겼으면 좋을 듯한 글을 적어 보겠다고 야심 차게 시작한 글이 누더기 수준이 되었다. 용기가 많이 부족해서다. 참으로 비겁하다. 이것이 직장 내 갑질에 대해 언급할 수 있는 한계지 싶다. (2023. 7.)

소아 청소년과 진료 대란

근래 '**소아 청소년과 진료 대란**', '상급 종합병원 소아 청소년과 전공의 모자라 급기야 입원 진료 중단' 등의 타이틀을 단 기사가 심심찮게 언론의 첫머리를 장식한다. 필수 진료과인 외과, 흉부외과, 산부인과, 소아 청소년과(이하 소청과)가 비인기과가 되어 전공의가 태부족인 게 의료계 현실이다. 그래서 머지않아 외국에서 비인기과 의사를 수입하는 사태가 올지도 모른다는 경고가 있었던 것은 어제오늘 일이 아니다.

각 분야에서 '***워라밸**'을 지향하는 것이 대세다. 따라서 의료인들이 돈과 시간이 되는 인기과로 쏠림 현상이 일어나는 것은 당연한 일이다. 그런 점에서 최근 인기과로 급부상하는 정신 건강 의학과, 재활 의학과, 영상 의학과 등을 선호하는 의료인들을 탓할 수는 없다.

비인기과 중에서도 '소청과'가 가장 먼저 사회적 이슈로 등장하는 것은 왜일까? 저출산과 코로나 여파, 저(低) 수가(酬價) 및 의료 사고 부담 등이 그 원인으로 흔히 지적된다. 무엇보다 턱없이 낮은 수가에다 의료 사고라도 나면 의료진 과실이 아니어도 의사를 구속해 망신 주는 걸 이 사회가 당연하게 여긴 결과가 아닐까? 의료 관련해서 문외한(門外漢)이지만 쉽게 수긍이 가는 적절한 지적이다.

그러나 코로나는 일시적 현상이고, 저출산 문제 제기는 어제오늘 일이 아니어서 근본적인 원인으로 꼽기에는 다소 괴리감이 있지 않나 싶다.

요즘 부쩍 거론되는 '소청과' 문제에 관심이 유별난 것은, 평소 의료계 동향에 유의(留意)하고 있어서다. 아울러 딸아이가 국립 대학교 병원 '소청과' 의사이기 때문이기도 하다.

딸아이는 재수나 유급 과정 한 번 겪지 않고 예과부터 전공의까지 11년간 수련 과정을 거쳐 전문의가 되었다. 전문의 8년 차인 임상 교수임에도 전공의가 부족해 현장의 교수들이 이삼일에 한 번씩 당직을 서며 온몸으로 진료 공백을 막는 실정이란다. 딸아이가 2011년 전공할 과를 선택할 때 다른 과에 관심을 가졌었다. 딸아이는 평소 아기들을 유난히 귀여워했다. 그런 딸아이가 힘든 과를 선택해서 고생하지 않기를 바라 '소청과' 선택을 권유했었다. 다행히 딸아이는 내 의견을 수용해 주었다.

내가 아는 한 2017년 '이대 목동 병원 신생아 집단 사망 사고' 전엔 '소청과'도 전공의가 미달하는 사례는 거의 없었다.

딸아이는 600g인 미숙아에게 ***삽관**하고, 800g인 미숙아의 주치의로 시달리면서도 소명 의식과 보람으로 버티고 견디어 왔다고 한다. 끊임없는 자기 절제와 꾸준한 노력이 있어서 가능한 일이기도 하였으리라.

그런데 현재 '소청과' 건강 보험 수가는 선진국의 3분의 1 수준이라고 한다. 똑같은 수술이라도 아이는 어른보다 손이 더 많이 가는데, 수가는 오히려 낮다고 하니 말이 되는가? 소아들은 약물 투여 횟수나 각종 검사 빈도마저 어른들에 비해 적어 수입도 물론 적다고 한다. 병원 측 입장으로는 소아 환자가 많을수록 적자가 느는 구조인 게다. 뭐니 뭐니 해도 정책 당국의 불합리한 저수가 정책이 오늘의 '소청과' 진료 대란을 가져온 첫 번째 원인일 것이다.

보도에 따르면 산모 고령화로 저체중 출생 아기는 날로 늘어만 간다고 한다. 이런 아기들이 많이 찾게 되는 '소청과' 외래 진료비는 환자 측 부담률이 5%라고 한다. 통상 아이 진료비가 12,000원 정도여서 보호자들 부담은 600원이니 500원과 100원짜리 등 동전으로 진료비를 내게 될 것이다. 차라리 저출산 시대에 보호자 부담은 무상으로 하지! 600원에 진료받고 돌아가는 보호자들은 그 진료 자체를 몇백 원짜리로 보지 않을까! 그래서 의사들의 자괴감은 깊어지기 마련이다. '소청과' 의사들 사이엔 커피 중에 '소청과' 진료비보다 저렴한 것은, 아마 레쓰비 파란색 캔 하나 정도란 자조 섞인 이야기가 돌 정도라고 한다.

지금처럼 의대생들의 '소청과' 지원이 두드러지게 감소한 직접적인 두 번째 원인은 무엇일까? 2017년 '이대 목동 병원 신생아 집단 사망 사고'가 큰 영향을 미쳤다고 본다. 당시 사고 책임을 물어 의사들, 특히 아무 내용도 모르는 전공의들까지 구속하였었다. 법적 다툼이 지루하게 진행되는 과정을 지켜보던 의대생들이 '소청과'를 기피하게 된 것은 너무도 당연하다. 일은 두 배 더 힘든데 대우는 최저고 위험도 두 배 이상이다. 그러니 국가적으로는 중요해도 개인으로서는 '소청과'를 선택할 이유가 전혀 없다.

더 심각한 문제인 부모들 폭언과 온라인 갑질 등도 소청과 기피 원인 중 하나에 포함될 것이다. 소리 지르고 협박당하는 일은 잊을 만하면 어김없이 한 번씩 겪게 되는 게 '소청과' 의사들의 일상이라고 한다. '맘카페' 등의 갑질도 '소청과' 기피 원인의 하나로 꼽힌다고 보도되지 않는가!

출산율이 낮아서 '소청과' 지원을 기피한다는 것은 근시안적이고 사실과 동떨어진 원인 분석이지 싶다. 요즘 아기들 한 번 올 것 세 번, 네 번 '소청과'에 온다고 한다. 트림 두 번 했다고 오고, 모기 물린 자국 사흘 간다고 올 정도라니까. 또 미숙아, 선천성 질환, 만성 질환의 급증으로 환자군의 크기와 진료량은 예전과 별반 다르지 않다는 것이다.

결국 전국 수련 병원 '소청과' 전공의 지원 비율이 17%대에 머무는 상황을 낳았다. 낮은 수가와 의료사고라도 나면 과실이 아니라도 의사를 구속해 망신 주는 걸 이 사회가 당연하게 여긴 결과일 것이다. 이런 상황에서 누가 과연 '소청과' 등 필수 진료과를 선택할까?

소아 진료의 수가는 정책 당국이 건강 보험료 본인 부담금 비율을 조율해서 적정하게 상향 조정해야 한다. 또 명백하게 고의가 없는 의료 행위로 인한 불상사는 형사 처벌을 면제하거나 국가가 책임져야 한다. 또 불가항력적 손상의 배상도 국가가 떠안게 하는 등 대책을 세워야 한다. 그러면 현실감각 내어다 버리고 우리 딸처럼 애들 예쁘다며 소청과 지원하는 전공의들 널리고 널렸을 것이다.

'소청과' 진료 대란을 두고 ***백가쟁명**(百家爭鳴)식으로 각계의 의견이 분분하다. 그러나 의료계와 양식 있는 언론 그리고 사랑하는 내 딸아이 의견을 종합해 얻어진 결론이다.

'소청과'뿐 아니라 필수 진료과 전공의 기피 현상의 원인은 대동소이하다. 그런데 의대 증원 확대 등의 카드만 만지작거리는 당국의 처방은 본질과 너무도 괴리가 크다. 근본 원인이 해소되지 않고서 증원으로 늘어난 인력이 과연 필수 진료과를 선택할까? 부디 현명한 정책적 판단이 있길 기대해 본다. (2013. 1.)

* **워라밸(Worklife balance):** 일과 삶의 균형

* **삽관(揷管):** 기도나 창자 따위에 관을 삽입하는 방법. 후두가 좁아졌을 때 코안 또는 입으로 여러 가지 관을 삽입하여, 질식을 막고 액을 빨아내고 인공호흡을 돕기 위하여 쓰는 의학 용어

* **백가쟁명(百家爭鳴):** 여러 사람이 자기주장을 내세움. 많은 학자, 문인 등 지식층의 활발한 논쟁

퇴행성 척추관 협착증

지인 여럿에게 뜬금없이 신체적 고통을 화두(話頭)로
"살아가며 특정 신체 부위의 발병으로 고통을 당해 보지 않은 사람이 있을까?"

라고 가볍게 던져 보았다. 한결같이 무슨 귀신 씻나락 까먹는 소리냐? 라는 반응이다. 화두의 내용이 모호하고 지극히 주관적이어서 그들 반응이 오히려 당연한지 모른다. 그러나 잠시만 곱씹어 보면 누구나 한두 번은 경험해 보았을 듯한 답변들이 봇물 터지듯 할 것이다.

내 경우로 국한하면, 단기간에 경험했던 병증 중 대상 포진이 가장 고통스러웠음을 숨길 수 없다. 신경통과 함께 작은 물집이 생기기 전에는 병명도 몰랐다. 그러면서 서서히 느끼게 되는 통증은 경험해 보지 않은 사람은 상상도 할 수 없을 지경이었다. 그러나 두고두고 오랫동안 그 통증으로 고생한 병증으로는 '퇴행성 척추관 협착증'만 한 것도 없었다. 그 병명을 진단받는 데까지도 오랜 시간이 필요했었다.

지난해 초부터 허리에 통증이 느껴지더니 어느 순간부터 엉덩이를 거쳐 항문 쪽이 찌르듯 아프기 시작했다. 시간이 흐르며 통증은 다리의 감각 장애를 유발하였고, 방사통으로 이어졌다. 평지를 걸어도 2~300m를 걸은 뒤 잠시 쉬지 않고는 통증 때문에 더는 걸을 수 없었다. 더 나아가 밤중에는 다리에 방사통으로 인해 수면 장애가 극심했다. 이 와중에 엄마의 건강이 위중한 상태가 계속 이어져 병원을 찾을 여유를 가질 수도 없었다.

왜 살아야 하는 걸까? 극심해지는 통증으로 삶의 의미마저 찾을 수 없을 정도로 삶의 질이 형편없어질 즈음, 엄마가 하늘나라로 이사 가셨다.

엄마를 하늘나라로 배웅하고, 마음을 추서는 데만 한 달이 휙 지나갔다. 9월이 되어서야 척추에 발병하는 병들을 비수술적 치료로 잘 낫게 한다고 입소문이 난 K정형외과를 찾았다. X-Ray, 척추 초음파 및 MRI 검사를 차례로 실시한 결과 '퇴행성 척추관 협착증'으로 진단되었다.

주치의는 한 주 간격으로 기본 10회 주사(注射)하는 '프롤로테라피'(Prolotherpy) 시술을 권하였다. 치료 효과는 시술 시작 후 3~4주부터 10%씩 허리 인대의 강도가 증가하고, 6개월에서 1년 뒤엔 50%까지 인대가 강화된다고 하였다. 그 뒤 '무중력 감압 치료'를 20회 이상 받으면 시술이 완전히 종결된다고 했다. 완치 여부에 대해선 언급이 없는 참으로 애매한 권유였기에 쉽게 호응할 수는 없었다. 하지만 척추 수술만 피할 수 있다면 무엇이든 못할까? 물에 빠진 사람 지푸라기라도 잡는 심정으로 시술에 응하기로 했다.

주치의가 외래를 보는 동안 환자들은 연이은 4개의 치료실에 차례로 대기하였다. 말이 치료실이지 칸막이로 된 두 평 정도의 방에 엎드려 주사 맞을 정도의 침상 하나가 전부인 공간이다. 순간 실험실 '*모르모트'가 된 기분이었다. 각 치료실에 환자가 가득 찬 것이 확인되면 간호사가 의사에게 알린다. 그러면 잠시 외래 진료를 중단한 주치의는 제빵사가 제빵기에서 빵을 구워 내듯이 제빵기처럼 된 치료실에 대기 중인 환자의 허리에 차례로 네 방의 주사를 놓고 사라진다. 매번 대기하며, 공포에 잔뜩 젖어 있던 나는 주사 후 허리에 가해지는 통증을 감당해야 하는 시술 10회를 2개월 만에 마쳤다. 곧이어, 3개월에 걸쳐 감압 치료도 단 한 번 땡땡이치지 않고 성실하게 받았다. 태생적인 모범생 기질이 유감없이 발휘된 것이다.

건강 보험 혜택도 없는 고가의 시술에 성실하게 임하였건만 전혀 차도가 없었다. 아니, 시간이 흐를수록 통증은 더 심해졌다. 혹시나 했는데 역시나 효과가 없어 자포자기의 심정만 견고해졌다. 이제 수술만이 해법일까?

생각하다 못해 고등학교 동기와 국세청 입사 동기 단톡방에 아래와 같은 글을 올렸다.

「동기님들께 도움을 청합니다. 제가 1년 넘게 '퇴행성 척추관 협착증'으로 고생하고 있답니다. 지난 9월부터 올 설 직전까지 5개월 이상 정형외과에서 '프롤로테라피' 시술과 '무중력 감압 치료'를 마쳤습니다. 그런데도 전혀 차도가 없답니다. 증상은 오른쪽 다리에 방사통이 심하고 엉치뼈 부근까지 통증을 느낀답니다. 숙면도 취하지 못해 삶의 질이 형편없지요. 책 읽고 글 쓰는 게 일상사인데, 요즘은 책상에 앉아 있는 것마저 힘겹습니다. 소파에 의지하면 다소 통증이 완화되고, 누워 지내는 시간이 길어지지요. 병변(病變)이 퇴행성이라 이미 경험해 본 분들도 계시지 싶고, 시술이나 수술로 좋은 효과를 본 분도 계시지 싶습니다. 그런 분들은 효험이 있었던 병원이나 치료 사례 등을 이곳 동기 단톡방에 게시해 주시면 고맙겠습니다. 저를 비롯하여 모두가 공유할 수 있어 유익할 것입니다. 우리가 건강을 챙겨야 할 나이가 되었습니다. 모쪼록 건강 잘 챙깁시다, 감사합니다. 강신태 드림」

이런 식으로 누구에게나 발생할 개연성이 있는 사안에 대해서 지인들에게 까발리길 주저하지 않았다. 그 결과 건강 염려증 환자로 오해받기를 불사하면서다. 이번 사안과 종합 건강 검진 결과까지도….

동기들이나 지인들에게 건강에 대한 경각심도 고취하고, 덤으로 유익한 정보를 얻을 수 있는 방편이기도 해서다.

논어(論語) 술이(述而) 편에 *삼인행필유아사(三人行必有我師)라고 하지 않았던가. 동기 중에 스승이 있을지도 모른다는 기대가 생긴다.

어쨌거나 많은 동기가 따뜻한 위로와 좋은 의견을 주었다. 의외로 '퇴행성 척추관 협착증'을 앓고 있거나 앓은 경험이 있는 분들이 많았다. 여섯 번이나 척추 수술을 한 동기부터 여러 형태로 아픔이 많았던 친구들이 여럿 있었다. 내 아픔을 내세우기가 부끄러울 정도였다.

'수술은 절대 반대다.' '거꾸리에 매달리면 좋다.' '퇴행성 척추관 협착증이 아니라 대퇴골두 골괴사증일 수도 있으니 다른 병원에서도 진료를 받아 보게.'라는 의견도 있었다.

반대로 '거꾸리를 이용하는 것은 허리 근육을 약하게 해서 치명적인 결과가 올 수 있으니 피해라.'라는 의견을 준 친구도 있다. '체중을 줄여서 허리에 과부하가 발생치 않도록 하여야 한다.' '맨발 걷기가 효험이 있다.'라는 의견도 줄을 이었다. 아울러 치료에 보탬이 된 유명 병원을 알려 주는 친구도 있다. 모두 귀한 정보였다. 그러나 '비수술적 치료 후 몇 개월이 지난 뒤에 효과가 나타나는 경우가 있었다.'라며 허리 근육을 강화하는 스트레칭을 꾸준히 하면서 기다려 보라는 친구의 의견을 일단 수용하고 기다려 보기로 했다. 역시 병은 여럿에게 알려 좋은 정보를 공유하는 게 유익하다는 확신을 얻게 되었다. 친구들의 관심과 성원에 감사드린다.

이제 수술밖에는 더 할 수 있는 게 없다고 믿게 된 터라, 동기들의 조언 중 신뢰가 갔던 스트레칭과 만 보 걷기를 쉼 없이 했다. 특히 걸을 때 *신전 동작으로 만들어진 *요추전만 자세를 유지하는 데 특별히 유의하였다.

그러던 차에, 시술 후 4개월이 지난 올 3월 초 어느 날 아침엔 이상하리만치 몸이 가볍고 어떤 통증도 느껴지지 않는 게 아닌가. 아니, 이건 뭐지? 의외의 신체 변화에 스스로 놀라며 지금껏 그 결과에 반신반의하고 있다. 그동안의 투병 과정을 정리해 보니 큰 기대 없이 응했던 '프롤로테라피' 시술이 효과를 발휘한 듯하다. 더하여 동기들이 전해 준 스트레칭과 통증을 참아 가며 꾸준히 한 만 보 걷기도 큰 보탬이 되었음이 분명하다. 그러나 이 병증이 완치될 성격의 증상도 아닐뿐더러 완치되었다는 확신은 없다. 그저 현재 상태에 감지덕지(感之德之)하며 혹시나 통증이 재발할까 숨죽이며 조심하고 있다. 하지만 치유하기 위해 쏟은 일련의 과정이 무의미하지는 않았다는 확신은 있다.

  똑같은 증상의 병도 어떤 의사를 만나 어떤 치료를 받는가에 따라 진행 과정이며 결과까지 다르게 나타나는 수가 많다. 그렇더라도 두서없이 펼친 내 투병기가 '퇴행성 척추관협착증'을 앓고 있거나 혹여 앞으로 앓게 될 수도 있는 많은 분께 조금이라도 도움이 되길 기대하며 이 글을 썼다. (2023. 8.)

* **모르모트:** 실험에 쓰이는 동물이나 사람을 비하하는 단어. 동물 모르모트가 실험용으로 자주 쓰인다는 점에서 기인하였다.

* **삼인행필유아사(三人行必有我師):** 세 사람이 길을 가면 그중에 반드시 스승이 있다는 뜻

* **신전 동작:** 편안히 서 있는 자세에서 허리를 뒤로 젖혀 요추전만을 만드는 자세

* **요추전만 자세:** 척추가 일직선이 아니라 배 쪽으로 커브를 그리며 꺾여 있는 상태로 척추가 S자로 되어 있는 자세

제3부

슬플 애

아쉬움과 슬픈 단상들!

건강 염려증

재주가 메주

남산, 그곳에 서면

회초리

애물단지

본인상(喪)

어떻게 지내십니까?

아픈 기억들

지방직 공무원

이별 연습

하늘나라 가신 엄마

청도 반시

건강 염려증

"형님은 건강 염려증 환자세요! 웬 건강 검진을 그렇게나 자주 하시지요? 위내시경 검사는 도대체 얼마마다 하시는 거예요?"

"맞아요. 형님은 미래의 건강을 위해 현재 소중한 것을 너무 많이 포기하는 것 아니세요?"

술좌석에서 술잔을 만지작거리고만 있었더니 S와 K가 술기운에 농(弄)을 섞어 던진 뼈 있는 이야기였다.

시끌벅적하던 주위의 이목이 순식간에 내게로 쏠렸다. 최연장자이자 두주불사(斗酒不辭)하던 사내가 술잔을 들었다 놓았다만 거듭하고 마시지는 않자 모두 의아해하던 터였지 싶다. 몹시 당황스러워 뭐라고 한마디 하지 않을 수 없는 상황이 연출되었고, 분위기도 가라앉아 있었다.

"사실 1주일 뒤에 매년 하는 종합 건강 검진이 예약되어 있어서…."

라고 궁색한 변명을 늘어놓았다. 그 한마디가 의도와는 상관없이 모두로부터 매를 버는 도화선이 되었다. 참석자 모두가 이구동성으로 내 잦은 병원 순례(?)를 힐난하기 시작했다.

L 서장의 명예 퇴임과 세무사 개업을 축하하기 위해 마련된 자리가 한순간에 건강 염려증 성토장으로 돌변한 것이다.

사실 나는 지병인 '본태성 고혈압'으로 고혈압 약을 장복(長服)하고 있다. 몇 년 전부터 복부 초음파 검사 결과 쓸개에는 담석을 동반한 용종(茸腫)과 신장에서는 작은 물혹이 발견되기도 했다. 그것이 일정한 크기로 자라면 제거 수술이 필요해서 매년 초음파 관찰을 해야 한다.

심전도, CT, 심장 초음파, 운동 부하 검사 등 심혈관계 검사에서도 유의미한 정황이 발견되어 '관상 동맥 중재술'을 시행하였다. 결과 혈전 용해제(=아스피린)를 복약하고 있으며, 2년마다 정기 검진을 받아야 한다.

맑은 정신과 건강한 몸으로 살기를 원하기에 이만하면 큰 위기가 아닐 수 없다. 게다가 최근에는 '퇴행성 척추관 협착증' 발병으로 삶의 질이 엉망이다.

얼추 인연의 길이가 20~30년 이상 되는 참석자들이지만 이런 병력을 모두 다 알 수는 없는 터이다. 그러니 잦은 병원 순례를 규탄(?)하고 건강 염려증 환자로 몰아가는 것도 무리는 아니다. 그렇다고 가족 못지않게 진심으로 건강과 안녕을 응원할 그들에게 병력을 까발려 새로운 걱정을 얹을 필요는 없는 일 아닌가.

건강이란 사전적 의미로는 '정신적으로나 육체적으로 아무 탈이 없고 튼튼함. 또는 그런 상태'라고 한다.

70여 년 동안 지탱해 온 육체는 노화로 인하여 낡고 닳아 건강 상태를 온전하게 유지하지 못함이 오히려 당연할 것이다. 육체적 쇠퇴의 한 과정인 노화는 세월의 흐름과 함께 진행되기에 멈추게 할 수는 없다. 천하의 명의였던 *편작이나 허준 선생이 환생하여도 분명 그러할 것이다.

그러므로 사전적 의미의 건강을 유지하고 노화를 더디게 할 대책을 찾아 실행함이 현명하지 않을까! 하나의 방편으로 지병인 고혈압의 개선을 위해서 오래전부터 하루에 만 보 이상을 거르지 않고 걷고 있다. 혹자는 부단히 걸으면 관절에 무리가 있지 않을까 염려도 한다. 하지만 걸으면서 사색하고, 결과적으로 고혈압 개선에 효과가 있기에 만 보 걷기를 멈출 의향은 전혀 없다.

다행히 의사인 딸애 내외가 있어 건강검진을 챙겨 주는 것도 큰 도움이 된다. 어쩌면 딸아이는 나에 관해서 더 심한 건강 염려증이 있는지 모른다.

머리부터 발끝까지 MRI나 초음파, CT 등 의료기기의 도달이 가능한 곳은 딸애의 계획과 예약으로 전부 훑은 바 있다.

건강 검진이 마냥 즐겁고 반가울 리는 없다. 대장 내시경을 위해 대장 청결제를 복약하고, 밤새 설사하고 금식하는 등 사전 준비는 무척 성가시다.

가족력이 있는 위에는 이상이 없을지? 쓸개의 용종과 신장의 물혹이 더 자라 절제 시술을 해야 하는 건 아닐까? 등등 결과를 기다리는 동안 생기는 두려움 또한 생각보다 간단치가 않다. 하지만 우리 인간들의 궁극적인 목표는 '좋은 죽음'이 아니라 마지막 순간까지 '좋은 삶'을 사는 것이다. 그러기에 성가심을 참고 두려움을 견디는 것이리라.

'좋은 삶'이란 나 자신에게만 국한되는 것은 아니다. 가족과 나를 아껴 주는 지인들의 '좋은 삶'에도 일정 부분 긍정적인 역할을 할 것이라 믿는다.

건강 관리를 잘해서 '좋은 삶'을 오래도록 유지하는 것은 반드시 지켜야 할 소중한 가치다.

딱히 병원을 찾아 확인하지 않아도 우리 또래의 늙은이들과 벗하려는 퇴행성 질환은 부지기수다.

50대 초반부터 노안이 찾아들어 돋보기에 의지하게 되고, 치아가 부실해져 부쩍 자주 치과를 찾게 된다. 한두 개쯤 임플란트 시술을 하지 않은 친구는 그나마 다행인 편이다. 뒤이어 귀에는 경도 난청 등이 함께하자고 찾아와 보청기에 의지하는 친구들이 늘어나기 시작한다. 여기까지는 나이 탓으로 돌리면 그나마 위로가 될 수는 있다.

고혈압과 당뇨를 동무하는 친구들도 늘어나기 시작한다. 나아가 최근에는 나이에 상관없이 치매, 파킨슨(Parkinson)병 등이 위협하고 있다.

몸도 기계와 같은 원리로 작동되지 않는가. 칠십여 년간 사용했으니 닳고 고장 나는 것은 자연스러운 현상일 것이다. 병원을 정비공장처럼 생각하며 부품을 바꾸고 새롭게 고쳐 가며 살 일이다.

이유야 어떻든 건강 염려증 환자라며 관심 가져 주고 걱정해 준 S와 K에겐 내심 고마운 마음 가득하다.

그래도 그들에겐 '넌 늙어 봤니? 난 젊어 봤다.'라는 말을 꼭 들려주고 싶다. 고(故) 이어령 박사가 젊은이들에게 전하고자 했던 메시지로 많은 이들에게 언급되고, 가수 서유석 씨가 부른 노래 제목으로 유명했기에 설득력이 있을 것이다.

'늙어 보지 아니하고 늙은이를 우습게 보지를 마라.'라는 의미에 빗대어 '지금 아프지 않다고, 건강 염려증 우습게 보지 마라. 곧 너의 차례다.'라고 경고하고 싶다.

영국의 낭만파 시인 키츠(1795~1821)는 '죽음은 종말이 아니라 성숙의 결정'이라고 미화하였다.

하지만 옛 속담에 '개똥밭에 굴러도 저승보다는 이승이 낫다.' 하지 않았던가. 인간으로 살면서 아무리 비천하고 괴로워도 죽는 것보다 낫다는 뜻이리라.

'바람처럼 와서 구름처럼 머물다 가는 것이 인생이다.'라고 많이 인용하지만 머무는 동안 건강을 잘 지켜야 하지 않겠나.

생활의 질 향상과 의학의 발달로 인간의 수명이 점점 늘어나고는 있다. 하지만 건강을 위한 투자를 부단히 하지 않고는 건강이 거저 얻어지진 않을 것이다. 우리는 흔히

"건강이 최고입니다. 늘 건강하게 오래 사세요."

등 건강을 바라는 인사말을 많은 이들에게 건넨다. 건강에 유념하라는 인사말은 분명 덕담(德談)이지만 건강을 잃어 보지 않은 사람에게는 소귀에 경 읽기다. 건강은 건강할 때 챙겨야 한다. 건강 염려증 환자 소리를 들을 만큼….

어제 충남대 병원에서 받은 종합 건강 검진 결과를 딸애가 나름 분석해서 전화로 알려 왔다.

"아빠! 검진 결과를 종합적으로 분석해 봤어요. 그런데 담석이 전

년보다 조금 커진 것 외에는 작년 검진 결과보다 나빠지지 않았어요. 일주일 뒤에 주치의 선생과 검진 결과에 대해 상담하고 결과를 기록한 책자는 등기우편으로 보내 드릴게요. 만 보 걷기 게을리하지 마시고, 약주도 좀 줄이셔야 해요. 계속 관리 잘하세요!"

이제껏 불안이 눈 녹듯이 사라지고 찾아드는 안도감으로 정신이 맑아지고 기분이 좋다. 오늘은 주저하지 않고 캔맥주 한 캔을 마셔야겠다. 하지만 S와 K에게는 극비(極祕)로 하리라. 검진 결과를 알면 더욱 거칠게 건강 염려증 환자로 몰아갈 것이기 때문에….

한 곳이라도 탈 나면 종합병원이 필요할 정도로 각 장기가 한계 상황임을 잊어선 안 될 일이다.

어떻든 건강관리 잘하여 사랑하는 가족, 지인들과 오래도록 즐겁게 교류하며 행복하게 살리라. (2023. 2.)

* **편작:** 중국 전국시대의 명의로 오장을 투시하는 경지에까지 이르렀다고 전함.

재주가 메주

　최근, 고등학교 동기들과 정담(情談)을 나누던 중, 반세기를 거슬러 올라가 교련 시간과 교련 선생님에 대해 회고할 기회가 있었다.
　1968년 1월 21일 '청와대 무장 공비 침투 사건'을 계기로 그해 향토 예비군이 창설되었다. 그 이듬해 고등학교와 대학교에 교련 과목도 신설되었다. 1972년에 고등학교에 입학한 우리도 주당 두 시간씩 군사 교육과 위생 및 구급법이 주된 교련 수업을 피할 수 없게 되었음은 물론이다. 1993년에 폐지되었지만, 당시 국가 안보가 백척간두(百尺竿頭)의 위기에 처했기에 불평 없이 교련 수업에 임하였다.
　중증의 '몸치'이자 '재주가 메주'라 각개 전투 훈련과 제식훈련 및 총검술이 너무 힘들고 싫었다. 특히 M1 소총 분해 결합은 난공불락(難攻不落)이었다. 옆 급우가 하는 과정을 훔쳐보고 더듬어 가면서 일단 분해까지는 겨우 진도가 나갈 수 있었다. 그러나 거듭해도 결합은 이루어지지 않고 총기가 망가지기 직전의 상태까지 가고는 했다.
　단정한 중위 계급장 군복 차림의 교련 선생님 '분노 게이지'가 한

계점까지 이르게 하기에 충분하였다. 수업 분위기마저 얼음 상태로 만들어 급우들마저 곤혹스럽게 했었다.

반대급부는 필수여서 지휘봉으로 맞기도 많이 했다. 총을 거꾸로 든 채 팔을 머리 위로 올리고 버티는 얼차려도 참으로 많이 받았다. 그래도 미운 정 고운 정이 많이 들었던 선생님이셨다. 그런데 세월이 너무 흘러 우리 악동(惡童)들은 선생님의 함자(銜字)마저도 기억하질 못했다. 세월의 무상함에 묻혀 버린 기억력만 탓하고 아쉬워했다. 생존해 계신다면 90세는 되셨을 것이다. 동기들 모두 이구동성으로 한 번쯤 뵙고 싶어 했다.

'몸치'와 '재주가 메주'란 말은 마치 나를 두고 생긴 것처럼 여겨졌다. 음치여서 노래 부르는 것을 극히 기피하고 춤은 춰 본 적조차 없다. 그래서 음치와 몸치는 이곳에서 논외로 한다.

어릴 적부터 아버지께서는 집 안에 무엇인가 수선할 일이 생기면 장남이라는 이유만으로 자주 시키셨다. 그때마다 깨트리거나 망가프려 못쓰게 만드는 일이 다반사였다. 그럴 때면 아버지께선

"허 참! '재주가 메주'인 녀석! 쯧쯧!"

하시며 잠시 머뭇거림도 없이 수선하는 대표 선수를 동생으로 교체하곤 하셨다.

한번은 집 안에 정전 사태가 발생하여 수선 작업하는 선수에 선발로 기용되었다. 텅스텐으로 만든 정품 퓨즈가 없어 여느 때와 마찬가지로 가는 철사로 녹아 버린 퓨즈를 대체하고 두꺼비집을 닫으면 되는 간단한 작업이었다. 온 가족이 지켜보는 가운데 퓨즈를 손보아 두꺼비집을 닫자마자 펑 하며 불꽃이 튀고 전기는 들어오지 않았다. 순

간 당황하고 두려운 마음을 진정하며 계속 시도했지만 끝내 성공하지 못하였다. 여느 때처럼 동생으로 선수를 교체하고서야 성공하였다.

그 뒤로는 아버지 생전에 수선할 일이 생긴 경우 단 한 차례도 나를 선수로 기용하지 않으셨다. 영구(永久)히 수선(修善) 선수 자격을 박탈당하고, 퇴출당한 것이다.

세월이 흘러 결혼을 한 뒤엔 아내마저도 내가 '재주가 메주'인 것을 눈치채고 수선할 일이 있으면 처남을 부르거나 본인이 알아서 해결한다. '재주가 메주'란 트라우마(Trauma)의 포로가 되어 여태껏 그것으로부터 도망칠 수 없다. 교련 시간에 선생님마저 '재주가 메주' 되는 데 일조하셨으니, 트라우마는 더욱 고착되지 않았나 싶다.

아버지께선 어떤 경우에도 당신 욕심을 실어 자식들에게 특정 목표를 성취하라고 강요하신 적은 없으셨다. 항상 스스로 결정하여 능동적으로 추구하도록 분위기를 띄워 주셨다. 그런데 유독 내겐 '재주가 메주'란 말씀을 달고 사신 이유는 무얼까? 장남에 대한 욕심을 버리지 못하신 것일까? '칭찬은 고래도 춤추게 한다.'라는 말을 미처 기억하지 못하신 게 아닌가 하는 아쉬움을 가질 때가 있다. 그래도 아버지가 자주 그립다.

우리 아이들은 '재주가 메주'인 나를 닮지 않아 참으로 다행이다. (2023. 6.)

남산, 그곳에 서면

 요즘처럼 싱그러운 진초록빛 녹음이 뚝뚝 떨어지는 듯한 1968년 5월 하순의 어느 날 초저녁이었다. 초등학교 6학년이었던 나는 4학년인 동생의 손을 꼭 잡고 남산 정상에서 개운리 저수지를 내려다보고 있었다.

 보름을 갓 지난 밝은 달빛이 은은히 내려앉고 있는 저수지는 검푸른 빛을 드리운 채로 잔잔하게 일렁이고 있었다. 마치 내 마음을 아는 듯 모르는 듯 몹시 평화롭기만 했다.

 일요일인 그날 아침에 부모님 이혼 서류에 도장을 받으러 동생을 데리고 엄마가 계시는 예천에 갔다. 어른들은 그 서류 쪽지가 자식들 마음 다치는 것보다 중요한가 싶었다. 용기 내어 서류를 내밀었더니

 "얘야! 엄마가 지금 이혼 서류에 도장을 찍으면 우리는 남이 되고 만단다."

 라는 엄마 말씀이 슬프게 마음을 파고들었다. 어떻게든 불쌍한 엄마를 보호하는 게 중요하다고 생각되어 엄마의 슬픈 눈빛만 한가득

가슴에 쓸어 담고 돌아왔다.

　집에 와서는 엄마를 만나지 못했다고 둘러 되었다. 뒷감당은 오롯이 내 몫이었다. 으레 그러했듯 아버지는 어딘가로 자리를 피하셨다. 엄마와 아버지에 대한 새엄마의 갖은 욕설만이 예리한 흉기가 되어 가슴을 찔렀다.

　"이혼 서류에 도장 받아 오기 전에는 집에 들어올 생각을 하지 마라."
　라는 새엄마의 최후통첩과 함께 우리 형제는 저녁 식사마저 거른 채 집 밖으로 내쳐졌다. 가난한 집에 제삿날 돌아오듯 익숙해진 연례 행사였다. 하지만 그 저녁에 갈 곳이 없어 남산에 서게 된 것이다.

　어린 마음에 더 살 이유나 여유도 없고 삶이 버겁게만 느껴졌다. 그러자 우리가 죽어 없어지는 것이 최선이라는 극단적 생각이 마음에 똬리를 틀고 들어앉았다.

　겨우 열세 살 된 아이가 세상에 뿌리를 두고 살아온 12년 10개월의 생을 마감하고자 개운리 저수지 가는 지름길을 찾아서 오른 것이다. 마치 동생의 생명마저 위임받은 것처럼 고민과 동요도 없었다. 마침 그때

　"형아! 춥고 배고프다. 그만 내려가자."
　라고 동생이 칭얼거렸다. 낮에는 초여름 같은 날씨지만 밤공기는 제법 한기를 느끼게 하였다. 형이 하자는 대로 무조건 따르는 동생이었지만, 그는 왜? 무엇을 하기 위해 이곳에 왔는지조차도 모르고 있지 않은가. 이제 갓 9년 6개월 살아온 동생의 생명마저 좌지우지할 권한이 있는지 의문이 일었다. 더구나 죽음 앞에 섰다고 생각하니 어린 마음에도 새엄마의 폭언과 폭행보다 죽음이 분명 큰 두려움으로

다가왔다. 염치 불고하고, 고향 화동에서 시내로 유학 나온 중학생인 N형 자취방으로 기어들었다. 그런 슬프고 아린 기억이 그곳 남산에 묻혀 있다.

상주 시민들에게 사랑받는 남산은 시내 남서쪽 변두리에 자리한 해발 200m에도 미치지 못하는 야트막한 야산이다. 어디서나 마주할 수 있는 마을 뒷산과 진배없다. 그곳에 서면 시내와 상주 앞뜰이 한 눈에 들어온다. 유구한 상주의 역사를 자신만이 속속들이 기억하는 양 도도한 자태를 뽐내는 산이기도 하다. 상주에서 나고 자란 사람이라면 누구나 그곳에 에피소드 한 쪽씩은 묻어 두고 있을 정도다. 또 엄마의 가슴만큼이나 포근하고 친숙한 산이다.

지방 자치 시대가 열리고 얼마 되지 않아 산 둘레에 우레탄과 시멘트로 포장된 둘레길이 생기고 산 전체에 아름다운 조경이 이루어졌다. 봄에는 개나리, 진달래, 벚꽃과 영산홍에 이어 산철쭉과 아카시아며 장미가 경쟁하듯 차례로 활짝 피어난다. 그래서 마치 산 전체가 화려한 꽃밭처럼 변한다.

마지막 근무처가 된 상주세무서에 근무할 때 관사가 바로 이곳 남산자락에 있었다. 그래서 새벽녘이면 둘레길 따라 걸으며 운동도 하고 사색에 잠기기도 했었다.

그곳에 서면 옛 시절의 추억이 아련해진다. 유년기의 시린 아픔이 켜켜이 묻어나기도 하지만 청년기의 로맨스가 숨어 있기도 한 곳이다.

1970년대는 내남없이 가난에 쪼들리던 시절이었다. 특히 나는 결손 가정(缺損家庭)의 철부지에다 사춘기마저 찾아들어 삼중고(三重苦)를 겪을 무렵이었다. 어디론가 도망가고 싶었고 외로웠으며, 부딪히는 현실에 절망스러웠다. 암울한 현실로부터 탈출구가 절실하게 필요한 때이기도 했다.

그즈음 자주 찾던 친구들 자취 집에서 두 살 아래인 한 여학생을 만났다. 남산 바로 밑에 있던 친구들 자취 집은 그녀의 이모 댁이기도 했지만, 그녀의 집 바로 곁이기도 했다.

부쩍 그 집을 뻔질나게 드나들었고, 비례해서 그녀와 마음의 거리는 급속히 가까워졌다. 그녀는 초등학교 1년 후배이기도 하여 대화의 소재도 차고 넘쳤다. 주말이면 주위의 시선을 피해 남산에서 만나 쉼 없는 우리만의 대화로 시간을 죽여 나갔다. 황량한 사막 위를 걷다 뜻하지 않은 곳에서 오아시스를 만난 기분이었다. 친구들에게도 복잡한 가정사며 어려운 사정들을 좀처럼 이야기하지 않았는데, 그녀에게만은 고주알미주알 많은 것을 털어놓았었다. 그녀는 나의 유일한 탈출구였다. 사람에 따라서 크거나 적게 겪을 뿐이지 누구의 삶에나 고통은 있다고 했다. 제법 어른처럼 찌들고 지친 마음에 용기를 심어 주려고 애썼다.

우리는 함께 남산의 사계(四季)를 일곱 번 넘게 지켜보며 먼 미래까지 약속하였다. 그녀는 친구이자 누나 같았고 때로는 엄마의 역할까지 하는 1인 3역을 마다하지 않았다.

그러나 군에서 제대할 때가 임박해서야 얼음처럼 차디찬 현실 앞에 움츠리지 않을 수 없었다. 나는 과년한 한 여인네를 책임질 위치에 있지 못했다. 미래가 암울한 백수 상태였기 때문이다.

사춘기 시절의 이성 교제가 미친 영향을 스스로 평가하라면, 일면 부정적이다. 무릇 모든 과정에는 다 때가 있는 법, 학창 시절엔 공부가 우선이기 때문이다.

반면 망가지지 않고 굳건히 버틸 수 있도록 그녀가 이바지한 역할에 대해선 긍정적이고 후한 평가에 주저하지 않는다. 후회도 없다. 더구나 내겐 질풍노도(疾風怒濤)의 시기가 아니었던가!

어떻든 제대와 동시에 남산에서 엮었던 많은 날의 추억을 가슴에 담아 두고 각자의 길로 돌아섰다.

그날도 오늘처럼 여름을 재촉하는 봄비가 부슬부슬 내렸었다. 용광로처럼 뜨거운 발열로 시작한 첫사랑이 차가운 이별의 오한으로 막을 내린 것이다.

우리가 과거 일에 집착하는 것은 현재가 자신 없고 미래가 불안하기 때문이라 믿기에 가슴 찢어지는 아픔을 묵묵히 감수해야만 했다. 누군가 만남의 기쁨은 머리에 오래 남지만 헤어짐의 슬픔은 더 오래 가슴에 남는 법이라 했겠다.

서둘러 문경 대승사로 숨어들어 이별의 아픔을 치유하며 취업 준비를 시작했다. 하지만 마음은 오랫동안 절집 밖을 하염없이 서성거렸다. 가슴엔 그녀와의 첫사랑 여진이 계속 일고 있어서였다. 그러면서 시리고 아팠던 첫사랑 여인과 이별의 열병은 서서히 치유되고 있었다.

또래의 젊은이들이 통과 의례처럼 앓고 지나가는 첫사랑의 진통이 나에겐 유난히 길었고 유별났다.

첫사랑은 내 생애 많은 부분에 긍정적인 영향을 미쳤다. 그러고는 고마움과 아쉬움의 흔적만 남긴 채 쓰나미처럼 왔다가 썰물처럼 스러져 갔음이다.

사람들은 가끔 아무도 몰래 혼자서만 찾아가 보고 싶은 곳이 있게 마련이다. 내게는 상주 남산이 그런 곳이 아닐까!

그곳에 가면 다시 돌아오지 않을 열정의 날과 다시는 만날 수 없는 첫사랑의 여인과 함께한 운명과도 같았던 순간순간들과 마주하게 된다.

아울러 그곳에 서면 함께 늙어 가고 있는 60대인 동생이 열 살 난 아이로 다가와 하나이면서 둘의 모습으로 시야에 들어온다. 가끔은 성능 좋은 지우개로 빡빡 지우고 싶은 아픔의 흔적이 아직 그곳에 그대로 머물러 있어서다.

또 지금은 곱게 익어 행복한 노년의 삶을 엮어 가고 있을 정숙한 모습의 그녀가 그곳에서 나를 바라보며 서 있는 듯하다. 그녀도 누구에게나 첫사랑은 설익고 풋풋한 채로 완성된 사랑의 마중물로서 소명을 마치게 되어 있다는 것을 절절히 깨닫고 있었으리라.

2023년 5월, 퇴직하고 9년 만에 다시 선 남산에는 나뭇가지를 흔들어 대는 스산한 바람만이 처연하다. 마음은 소싯적 5월의 그때를 그대로 품고 있음인데. (2023. 5.)

회초리

　중국 춘추 전국 시대 사상가 장자(莊子)의 '지북유(知北遊)'에 다음과 같은 대목이 있다. '인생천지지간 약백구지과극 홀연이이.'(人生天地之間 若白駒之過郤 忽然而已) 풀이하자면 사람이 하늘과 땅 사이에 살아가는 것은 마치 흰 망아지가 달려가는 것을 문틈으로 보는 것처럼 순식간이다. 즉 인생이나 세월이 덧없이 빠름을 묘사한 것이다. 맞는 말이다. 세월이 빠른 건지 내가 급한 건지 아니면 삶이 짧아진 건지. 세월이 유수와 같이 흘러간다.
　이쯤서 조선 시대 말 가객 박효관이 짓고 '가곡원류'에 전해지는 '세월이 유수로다'라는 시조가 생각나 옮겨 본다.
　「세월(歲月)이 유수(流水)로다. 어느덧 또 봄일세.
　구포(舊圃)에 신채(新菜) 나고 고목(古木)에 명화(名花)로다.
　아이야 새 술 많이 두었어라. 새 봄놀이 하리라.」
　세월이 빠르게 흐름을 탄식하면서도 새봄을 기쁘게 맞이하는 선인(先人)의 여유가 한층 돋보여서다.

2022년 8월을 온통 무채색으로 채색했던 엄마의 죽음. 코로나에 확진되어 격리된 채 엄마의 죽음을 부정(否定)(?)하던 나. 마치 세월이 유수와 같음을 확인하듯 금방 한 해가 지났다. 가족들이 한 줌 재로 남겨진 엄마를 선산(先山) 주목나무 밑에 묻고 돌아선 게 엊그제만 같다. 그런데 벌써 1주기 기제(忌祭)를 모시려고 우리 삼 남매가 모였다. 슬픈 마음은 가슴에 묻고, 엄마 없이 보낸 365일 중 밝고 아름다운 기억을 각자 마음으로 전하며 제(祭)를 마쳤다. 음복(飮福)하며 엄마에 대한 덕담을 나누었지만, 모두의 마음에는 찬 바람이 분다. 엄마의 장례식 때와 오늘 1주기 기제에도 막냇동생이 참석하지 않아서다. 누구도 입 밖에 내지는 않지만, 그를 곁으로 끌어당기지 못한 것이 우리에겐 ***아킬레스건**이다.

삼십여 년 전 막냇동생을 결혼시켰고, 내게서 분가하여 새엄마 모시고 잘 살았다. 아니, 그렇게 믿었다. 덕분에 안심할 수 있었다. 그런데 십 년이 더 지난 어느 날 고관절(股關節) 이상으로 하반신이 부자유스럽게 된 새엄마를 대학 병원에 입원시켰단다. 그 사실은 그로부터 일 년 넘게 그가 종적을 감추었었다는 소식과 함께 병원 채권팀을 통해 알게 되었다. 그가 이혼했고 조카딸은 제수(弟嫂)가 양육하고 있음도 우리는 그 무렵에서야 알게 되었다.

지금처럼 노인 복지가 잘 이루어지기 전이라 널리 수소문하여 대학 병원에서 요양원으로 새엄마를 모셨다. 그렇게 또 이십 년이 흘렀고, 새엄마는 아내가 죽 뒷바라지하고 있다.

그 후 누구도 막냇동생을 만나지 못했다. 새엄마의 건강이 나빠져 연락을 취해도 그는 깜깜무소식이었다. 어릴 적 그는 참으로 착한 동생이었다. 좀 어려워하긴 했지만 내 뜻을 거역한 적이 없었다. 우리는 이복(異腹)동생이라는 이유로 소외감을 느낄까 염려되어 유리그릇 다루듯 했다.

주위를 둘러보라. 이처럼 다소 굴곡(屈曲)진 내력 없는 온전한 집안이 어디에 있는가? 사람 사는 게 다 거기서 거기 아닌가! 그런데 우리 가정사가 이 정도로 꼬인 것은 왜일까? 이쯤서 할 말을 잃게 된다. 모든 게 내 책임 같아서다.

어떤 징후도 전해지지 않은 탓은 있지만, 막냇동생이 정작 어려울 때, 난 어디에 있었던가? 그가 어떻게 지내는지를 알려고 관심을 가지기나 했었던가? 그가 하는 일들이 꼬여 갈 때 비집고 들어갈 여지를 찾아 보기나 했던가? 더 나아가 그의 언행에 흥분하고 만나기만 하면 책망할 자세로 무장하기에 분주하진 않았던가?

이쯤서 글의 방향을 전환해 본다.

누나가 미용사와 노점상까지 하며 어렵게 교육한 생질녀 둘은 회계 사무실과 공직에서 성실히 근무하고 있다. 그곳에서 짝을 만나 가정을 이루고 예쁘게 살아가고 있음은 물론이다. 또한, 생질 내외는 국내 유수의 기업인 S전자㈜에서 자신들의 위치를 공고히 하며 재미있게 살고 있다.

동생네 큰조카 역시 S전자㈜에서 근무하며 성가(成家)하였고, 둘째는 굴지의 통신기업에 입사하여 열심히 근무하고 있어 몹시 자랑스럽다.

우리집도 딸애 내외가 대학 병원 의사로 근무하며 두 명의 아이를 두고 화목하게 살고 있다. 아들 역시 공직에 성실하게 봉직하고 있다. 그렇다고 어디 내놓고 크게 자랑할 만큼은 아니다. 그냥 모두 건강하고 큰 걱정 없이 지내는 게 오로지 조상들의 음덕이라 믿어 왔다. 아울러 우리 남매들이 마음 모질지 않게 쓰며 치열하게 살아온 덕분이라 자부하고 있었다.

(이쯤 되면 나도 헷갈리고 멋쩍어진다. 결과적으로 내 의도와 달리 한껏 자랑질한 것 같기 때문이다. 필자는 선친의 회초리질을 피하고자 함이지만, 독자들은 분명 자랑질이라고 질책할 것이기 때문이다.)

그런 연유로 내 죽어 저승에서 아버지를 뵙게 되면 칭찬까지는 아니라도
"그래. 큰애야! 집안 대소사(大小事) 두루 살피느라 애썼다."
라는 정도의 격려 말씀은 듣게 되리라 확신하고 있었다. 그러면서 자만하여 막냇동생이 어려울 수도 있을 것이란 데에 의도적으로 무관심하였는지도 모른다. 이쯤서 어떻게 하는 것이 최선일까? 가슴이 답답해지며 마음 한가득 두려움이 인다.

저승 가서 아버님을 뵙게 되면 격려 말씀이 아니라, 되레 격노(激怒)하셔서서 "어리석은 동생 하나 바르게 인도하지 못한 부실한 놈. 아랫도리 걷어라." 하시며 회초리를 드실 것만 같다. 어떻게든 아버지께 불호령과 회초리를 면할 수 있는 묘책을 찾아야겠다.

아마도 막냇동생은 새엄마를 책임 지운 자격지심에 우리를 피한 것이라 짐작한다. 그러나 진정으로 그를 마음에서 원망하거나 질책한 적이 없다.

부모는 능력 되는 자식이 모시면 되는 것이고, 나는 장남 아닌가! 단지 가정 파탄 내고 그 자책감에 자신을 더 어두운 곳으로 몰아가 자포자기하여 몸 상할까 걱정되고 두려울 뿐이다. 부디 마음을 열고

온전한 정신으로 우리 곁으로 돌아오길 간절히 기대한다. 우리가 형제임을 누구도 부정할 수 없는 일 아닌가. 아버지 회초리 피할 수 있게 조금 도와주면 좋겠다.

남은 여백에 누님 칠순과 동생 회갑에 즈음하여 오래전에 전했던 축하 메시지를 옮기며 마음의 안정을 찾으려 한다. 이 또한 은근히 공명(功名)과 찬사(讚辭)를 구하는 노력으로 비칠까 염려된다.

사랑하고 존경하는 누님께!

건강하게 칠순(七旬)을 맞게 되는 누님께 축하(祝賀)의 박수를 보냅니다. 사랑하는 매형(妹兄)과 누님께서 애지중지하는 삼 남매 등 식솔들과 즐겁고 의미(意味) 깊은 날을 갖게 되실 것을 생각하니 제 마음에도 훈풍이 입니다.

누님이 지나온 날들이 얼마나 힘들고 어려웠는지 저는 잘 압니다. 그러나 이제 건강만 하시면 좋은 날들이 기다릴 것이니 항상 건강 관리에 각별한 관심을 가지세요.

누님의 칠순 날 제가 중국 광저우에 머물게 되어 함께할 수 없음이 아쉽습니다. 약소하여 부끄럽지만, 누님의 칠순에 즈음하여 제 정성을 보태니 오롯이 새 형님(=자형)과 의미 깊게 사용하시면 좋겠습니다.

부디 건강 관리 잘하셔서 누님과 함께 오래오래 할 수 있길 항상 응원하겠습니다. 거듭 축하드립니다.

누님이 우리 누님이어서 너무너무 자랑스럽습니다.

누님의 칠순을 기리며
큰동생 신태 올림

사랑하는 아우에게!

회갑(回甲)을 맞은 자네에게 축하(祝賀)의 박수(拍手)를 보내네. 더하여 가족들이 모두 모여 건강한 모습으로 의미 깊은 날을 축하하게 되어 행복하고 고맙단 말을 전하려 한다네.

우리가 함께했던 힘들고 어려웠던 지난날들이 주마등처럼 뇌리를 스치네. 잘 극복해 준 동생에게 고맙다는 말을 전하고 싶구나. 그래, 수고했다.

이제 건강만 유지한다면 좋은 날들이 자네를 기다릴 것이니 건강 관리에 각별한 관심을 가지게나.

약소하나마 내 정성을 보태니, 제수(弟嫂)씨와 함께 의미 깊은 곳에 사용했으면 좋겠구나. 나이 들수록 아내가 최고의 절친한 친구(親舊)가 되어야 한다고들 하지. 제수씨께 소홀하지 않아야 하겠다.

부디 건강 관리 잘하여 좋은 날들만 누리길 다시금 응원하마.

축하한다. 내 아우의 회갑을.

       동짓달 초이틀날에 형이 적었다.

엄마 1주기에 즈음하여, 언제나처럼 집안일만큼은 독단적이어도 불평 한마디 없이 든든한 뒷배가 되어 준 그들에게 고마움이 한가득 넘쳐 난다. 그들로 인하여 어려움이 반감되곤 하였다. 지금은 각각 육십 대와 칠십 대 중반이 된 동생과 누님이 늘 행복하길 응원한다.

아버지께는 막냇동생을 올바르게 계도(啓導)하는 일에 게을렀고, 따뜻하게 품어 주지도 못하였음을 용서 빌어야겠다. 회초리질과 질책을 마다하지 않고 감당할 일이다. 부디 어리석고 부족함이 많은 내게 맑은 지혜가 깃들기를 고대한다. (2023. 9.)

* **아킬레스건**: 치명적인 약점을 비유적으로 이르는 말

애물단지

돌이켜 보면 참으로 철없던 30대 초반이었다. 이미 두 아이 아빠가 되어 부모님 모시고 고향에서 직장 생활 하던 때이기도 했다. 삶의 무게와 책임감으로 버거워진 두 어깨가 축 처질 즈음이기도 했음은 물론이다. 그렇지만 미래에 대한 비전을 준비하거나 고민과 자아 성찰도 없이 천방지축으로 세월만 허비했다. 지천으로 널려 있는 친구들이며 또래의 직장 동료들과 퇴근 시간 이후 몰려다니다 보면 자정이 넘어서야 귀가하는 날이 비일비재하였다. 참으로 혈기 방장하고 철없던 시절이었다.

그날도 자정이 넘어서야 귀가를 서둘렀다. 언제나처럼 대문은 굳게 잠겨 있어 키 높이보다 훨씬 높은 담장을 넘어 집으로 잠입을 시도해야만 했다. 억지로 기어올라 용케 우측 다리를 담장 위에 걸치는 순간, 대청마루에서 팔짱을 낀 채 우두커니 서서 노려보고(?) 계시는 아버지 눈과 내 눈이 마주쳤다.

"쯧쯧, 저놈은 언제나 철이 들려나?"

하시며 아버지께서는 안방으로 들어가셨다.

그럴 때면 으레 '저 노인네는 잠도 없으신가?'라고 투정과 불평을 반쯤씩 섞어 투덜거리며 계면쩍고 불편한 심기를 달래곤 했었다.

그로부터 오래지 않아 아버지께선 다시 돌아오실 수 없는 먼 곳으로 소풍을 떠나셨다. 아버지 가시고도 더 많은 세월이 흐른 뒤에야, 아버지 흔적을 가슴 시리도록 그리워하고 있는 자신을 발견하게 되었다. 귀가가 늦는 날마다 아버지께서 잠 못 이루셨음을 간과했었다. 아들의 귀가를 확인하시고 안도하시며 하루를 마감하셨는데, 그것도 모르고 관심마저 두지 않았던 것이다.

이제야 아버지의 애달프기 짝이 없었을 심정이 오롯이 마음에 와 닿아서 가슴이 찡하다. 나는 언제나 뒷북만 치는 구제 불능의 얼간이었음이 분명하다.

혹여나 며느리가 깨어 듣기라도 할까. 또 그것으로 인해 며느리에게 아들의 자존감이 훼손되기라도 할까. 노심초사하시며, 늦게 귀가하는 못난 자식을 소리 내어 꾸짖지도 못하시고

"저놈은 언제 철이 들려나?"

혀를 차시며, 그래도 자식의 무사 귀가를 확인하시고 안도하시던 아버지가 너무도 뵙고 싶다. 칠순을 목전에 둔 이 자식의 눈가에 이슬이 맺히는 주말 밤이다.

예전의 나처럼 오늘도 밤 11시가 넘은 시간임에도 귀가하지 않은 아들 녀석에게

"아들! 뭐해? 이제, 그만 들어오지."

라고 카톡에 문자를 남기고 억지로 잠을 청했다. 얼마를 잤을까? 얼핏 잠에서 깨어 시계를 보니 새벽 세 시다. 아차 싶어 아들의 안전한 귀가를 확인하려고 아들놈의 방문을 조심스레 열었다. 그곳에선 여름밤의 후덥지근한 공기만 불안감을 증폭시키며 나를 맞는다.

35년 전, 아버지가 그러셨듯 조용히 거실에 앉아서 아들의 안전한 귀가를 기다리면 될 터인데, 아들에게 노기 띤 음성으로 전화를 걸었다. 이미 동료들과 함께 술기운에 푹 찌들어 있는 녀석에게 당장 들어오지 못하냐고 다짜고짜 고함부터 질렀다. 그것이 얼마나 고지식하며 꼰대다운 행동만 부각할 뿐인 것을 알려고도 하지 않는 아빠로 돌변한 것이다. 이제껏 잔소리에 대꾸 한 번 않던 녀석이

"아빠는 제 나이가 얼만데 지금껏 감시 감독을 하세요?"

라며 자기주장을 주저리주저리 늘어놓기 시작했다. 아마도 녀석은 오래도록 마음에 담아 두었던 불평불만을 밤새워 전부 쏟아 놓을 태세다. 참을성이 한계점을 넘어 전화기를 내동댕이치고 말았다.

얼마의 시간이 더 흐른 뒤, 녀석의 귀가가 곧 이루어지리라 믿으며 집 밖으로 나갔다. 대리운전하여 돌아와 주차할 만한 곳에 자리를 잡고 여명이 밝아 올 때까지 기다렸다. 혹시 다른 곳으로 돌아올지도 몰라 이곳저곳 주위도 서성거렸다.

그러나 그날 밤 녀석은 끝내 귀가하지 않았다. 녀석은 생후 처음으로 아빠를 향한 시위를 한 것이리라.

가까운 훗날 할아버지 계신 곳으로 먼 소풍 길에 오른 이 아비의 행적을 돌아보며, 녀석은 오늘을 어떻게 기억할까? 절대로 후회하거나 눈물 흘리는 일은 없었으면 좋겠다.

애물단지

아들은 오후 늦게서야 축 처진 모습으로 귀가했다. 마음 같아선 크게 질책하고 싶었지만 애써 진정하였다. 무사히 귀가한 녀석을 확인하고 나니, 잔뜩 속상하고 애처로움으로 일그러져 있던 마음 한구석에 안도감이 깃들어서다. 아울러 이내 평정심을 되찾을 수 있게 된 자신을 다독이고 위로하며 그 옛날 아버지가 그러셨듯 조용히 안방으로 몸을 숨겼다.

어떻든 아들 녀석은 내게 ***애물단지**임이 확실하다. 버릴 수도 없어 계속 끼고 살아야만 할 애물단지!

누군가 '자식은 전생에 받지 못한 빚을 받으러 온 채권자'라고 말했다지! 그렇다면 아버지란 존재는 전생에 지독한 악성 채무자였음이 분명하다. 채권자인 아들놈의 채무 탕감 처분만을 기대하고 있어야 하려나.

하늘나라로 소풍 떠나신 지 35년 되신 아버지가 또 마음 한편을 녹여 내릴 듯 서럽게 그립다. 아주 많이. 나도 당신께는 악덕 채권자이자 버릴 수 없는 애물단지였으리라.

아버지! 크게 잘못했습니다. 살아 계실 때 채권을 탕감해 드리지 못해 죄송합니다. (2022. 8.)

---

* **애물단지**: 몹시 애를 태우거나 성가시게 구는 물건이나 사람을 낮잡아 이르는 말.

본인상(喪)

이른 새벽, 휴대폰 벨이 요란하게 울린다. 'L 계장님'으로 저장된 번호에서 걸려 온 전화다. 늦은 밤이나 이른 새벽에 걸려 오는 전화는 별로 반갑지 않다. 발신자가 누구든 대개 사람을 놀라게 하는 내용이어서다. 이 전화 역시 느낌이 좋지 않았다.

"예! 형님."

긴장은 되었지만, 반가운 듯 전화를 받았다.

"죄송해요. 형님이 아니고 L의 아내 되는 사람입니다."

"아! 네, 형수님!"

"그이가 오늘 새벽에 저승으로 갔습니다. 평소에 각별하신 듯하여 연락은 드려야겠다 싶어…."

"아! 형님께서 가시다니 어쩌죠? 제게 연락하시는 건 당연하죠. 상가는 어디에…?"

"코로나도 심하고 해서 상가는 알리지 않기로 했습니다."

그러고는 전화가 끊겼다. 갑작스러운 전화에 제대로 위로의 말씀도 전하지 못해 아쉬웠다.

'L 계장님'은 직장 생활에 있어 첫 번째 직속 상사로 무척 다정다감하셔서 큰형님 같은 분이셨다. 퇴직 후에도 계속하여 40년 가까이 인연을 이어 온 분이다. 뇌출혈에 이어 대장암으로 투병 중이면서도 틈틈이 안부 전화를 주시곤 했었다.

며칠 전에도 친구 H의 본인상 부음을 그의 휴대 전화 문자메시지로 접하였다. 따님이 보낸 것이다. 고등학교 동기인 H는 중견기업 D제약의 임원으로 근무하다 최근 퇴직하였었다. 그가 재직 중일 때, 가끔 상경하는 기회에 연락하면 어떻게든 시간을 내어 반갑게 만나주던 살가운 친구였다. 뇌출혈로 투병 중이란 소식을 듣고는 있었지만 이렇게 빨리 유명을 달리하리라고는 꿈에도 생각지 못했다. 급하게 동기회 카톡방에 부음을 옮겼다.

살아 있던 가까운 분들의 전화번호로 그들의 죽음을 접하는 일은 여전히 쉽게 익숙해지지 않는다. 더구나 가까운 이들의 부음을 접할 때마다 담담해지지 못한다. 나이 탓으로 생각하여 드러내지는 않지만, 마음속 깊이까지 스며드는 서늘한 바람은 피할 수 없다.

어쨌거나 가까운 두 분의 부음을 접하고도 코로나 방역 4단계 적용으로 상가를 찾아 술 한 잔 올리지 못했다. 부의(賻儀)만 전하고 고인의 명복을 빌며 혼자 쓴 소주잔을 비웠다.

아! 인생무상이다.

최근까진 지인들 '부모상' 부음과 자식들 결혼 청첩이 밀려들었다. 그런데 어느 순간부터 그것들이 뜸해진 대신 '본인상' 부음이 주를 이룬다.

돌이켜 보면 학업과 군 복무를 마친 뒤, 우리는 친구들 결혼식을 부단히 찾아다녔다. 곧이어 자녀들 백일과 돌잔치의 주빈이 되었다. 한참 뒤 친구와 지인들 부모상 조문객으로 위치가 바뀌더니, 어느새 '본인상' 상가의 단골이 되기 시작하였다.

삶이 얼마나 허망하고 인생이 얼마나 덧없는지 깨닫게 된다. 아울러 사용할 수 있는 세월의 여분이 이 순간에도 턱없이 줄어들고 있다는 자각에 몸과 마음에 한기가 잔뜩 스며든다.

다소 생뚱맞기는 하나, 『개미』의 작가로 국내에 널리 알려진 프랑스 소설가이자 저널리스트인 '베르나르 베르베르'의 장편소설 『웃음』 속의 한 구절을 이곳에 옮긴다. '본인상' 부음을 본인의 휴대 전화로 접하고 느낀 우울감과 상실감을 떨쳐 버리고 싶은 욕심에서다.

소설 『웃음』에서 인생의 구간별 자랑거리를 다음과 같이 꼽은 적이 있다.

'2세 때는 똥과 오줌을 가리는 게 자랑거리고, 3세 때는 이가 나는 게 자랑거리, 12세 때는 친구들이 있다는 것이, 또 18세 때는 자동차를 운전할 수 있다는 게 자랑거리, 20세 때는 섹스를 할 수 있는 것이 자랑거리며, 35세 때는 돈이 많은 게 자랑거리다.'

그런데 더 살면 자랑거리가 뒤집힌다. 마라톤에 빗대면 반환점을 돌고 거꾸로 달린다고 해야 하나.

'60세 때는 섹스를 할 수 있는 게 자랑거리, 70세 때는 자동차를 운전할 수 있는 게, 75세 때는 친구들이 남아 있는 게 자랑거리, 80세 때는 이가 남아 있는 게 자랑거리, 85세 때는 똥과 오줌을 가릴 수 있는 게 자랑거리'라고 작가는 썼다.

그러나 쉽게 마음이 진정되거나, 위안이 되지 않는다. 가신 분들과 동고동락하던 시절의 기억들마저 무채색으로 마음을 덮어 버린다. 참으로 심성이 고운 분들이셨는데….

삼가 고인들의 명복을 빈다. (2022. 1.)

어떻게 지내십니까?

국세청에서 퇴직한 지 9년째를 맞았고, 마지막 직장을 떠난 지도 벌써 4년 차로 접어들었다. 이런 상황에 나이 일흔을 목전에 둔 늙은이가 어떻게 지내는가는 대충 불문가지(不問可知)일 터. 그런데도 지인들을 만나면 흔히 던지는

"어떻게 지내십니까?"

라는 인사말이 지금껏 마음에 무게를 더한다. 물론 그렇게 말한 분은 은퇴 후의 내 근황이 딱히 궁금해서 던진 말일 수는 있다. 하지만 대부분은 극히 의례적인 인사말일 뿐 답을 꼭 바라서 던지는 질문이 아니라는 것을 잘 안다. 하물며 내가 백수라는 사실을 확인코자 던진 말은 더욱 아닐 것이다. 그래도 인사성 질문을 도외시하고 그냥 넘길 수 없는 일이라 곤혹스럽다. 더구나 짧은 시간에 근황을 고주알미주알 설명할 수는 없는 일 아닌가. 어떻게 설명하는 게 적절한지 몹시 궁색하고 구차해서다. 대부분

"예, 백수 생활 뭐 다 그렇지요."

라 짧게 답하고 실없는 웃음으로 넘기고 만다. 시시콜콜하게 일상을 다 들려줄 수는 없는 일이기에.

 공직을 내려놓은 분들 대부분이 나름의 취미 생활로 여유 시간을 활용하고 있을 것이다. 이제 그들은 해야 할 일들에 눌려 살기보다 하고 싶은 일들을 해 볼 수 있는 자격이 충분히 주어진 분들이다. 취미 생활로 색소폰(Saxophone)이나 기타(Guitar) 등 악기를 배워 연주하는 분, 탁구나 파크골프 등 운동을 즐기는 분, 혹은 내외분이 함께 춤을 배우는 등 분야가 아주 다양하다. 그러면서 '백수가 과로사한다'고들 아우성친다. 아주 보기 좋은 모습임이 분명하다.
 각자 자기 분야에서 30~40년을 성실하게 봉직하고 퇴직한 분들이기에 더욱 그러하다. 그들 모두가 또다시 경제적으로 생산성 있는 분야 주위를 배회할 필요는 없지 않은가. 어디에서건 막연하게 세월을 죽이지 않고 유익하게 시간을 활용하는 모습은 보기 좋고 자랑스럽기 때문이다.

 어쩌면 나도 과로사 직전의 백수 무리에 포함된다.
 아침 6시쯤 잠자리를 털고 일어나면 간단한 스트레칭과 입안을 헹구고 하루를 연다. 먼저 인터넷을 통해 조선·동아일보와 경향신문 등 보수와 진보성향의 신문 서너 가지의 머리기사와 사설을 대충 훑어본다. 그 후, 간단하게 조식을 들며 TV에서 '인간극장'이란 휴먼 다큐를 빠트리지 않고 시청한다. 곧이어 만 보 걷기를 하면서 순간순간 일상에서 걸어 올린 소소한 주제를 가지고 글을 쓴다. 그렇게 해서 65세가 되던 해엔 산문집 『돈키호테의 길』을 출간했듯, 칠순이 되는 내년에 출간할 두 번째 산문집을 준비하고 있다. 『돈키호테의 길』은 그동안 죽 써 놓은 글을 모아 펴낸 책이다. 반면에 두 번째 산문집은 단기간에 집중해서 원고를 준비해야 하기에 덩달아 마음이 바쁘다.

점심을 먹고는 1시간 반 정도가 소요되는 속칭 '만 보 걷기' 시간을 갖는다. 동네 앞 '문성지' 여섯 바퀴를 돈다. 정확히 7km 거리다. 공직에서 내려선 뒤 거의 빠트린 적 없는 일상이다. 이 시간에 지천으로 널려 있는 글밭에서 건져 올린 글의 소재거리가 대부분 정리되곤 한다. 육체적·정신적 건강에 가장 유익한 시간이다. 지병인 고혈압에 걷기는 가장 효율적인 치료제이기도 하다.

어느덧 오후 3시가 되고, 넷플릭스에서 제공하는 영화를 가끔 한 편 감상한다. 이를 위해 2년 전에는 77인치 대형 TV를 일부러 사들였다. 독서처럼 글의 소재거리를 얻는 데 영화감상은 제격이다.

저녁 식사 시간까지는 오전의 글쓰기를 보충한다. 저녁 식사 후, 잠자리에 들기 전까지는 주로 독서로 시간을 보낸다. 물론 친구나 지인들과 점심·저녁 약속과 각종 모임도 자주 가진다. 그때면 낮술도 마다하지 않는다. 단조롭지만 어김없이 엮어지는 일상이라 시간이 얼마나 급하게 흐르는지, 지겹거나 한가할 틈은 없다.

같은 시간에 경제 현장에서 열심히 부(富)를 일구는 분들에겐 나의 일상이 극히 소모적이고 가소롭게 비칠 수도 있을 것이다.

나는 작은 일에도 쉽게 상처받고, 또 내가 누군가에게 아주 작은 상처라도 주지 않았는지 늘 전전긍긍하는 타입이다. 남이 나를 어떻게 생각할까? 남이 나를 어떻게 바라볼까? 또 남이 나를 어떻게 평가할까? 에 연연하는지 모른다. 그렇기에 남들이 지나가는 인사치레로

"어떻게 지내십니까?"

라고 던지는 말 한마디에 위축되고 소심해지는 것이리라.

사람은 누구나 이기적이고 자기중심적으로 살 수밖에 없는 존재임을 인정해야 하겠다.

일상의 많은 시간을 잡문 나부랭이나 토해 내는 식의 글쓰기 작업이 부(富)를 창출하지 못하는 것은 사실이다. 그래도 팍팍한 일상이 글쓰기를 매개로 다소 위로받을 수 있다면 지인들 앞에서 주눅 들 일은 아닐 것이다.

그래도 집 안에 머무는 시간이 길어지니 생각이 많아지고 버거운 것은 사실이다. (2023. 1.)

아픈 기억들

'국세청 상주고등학교 동문회' 상반기 모임 일정을 통보받았다. 같은 고을에서 태어나 같은 학교에서 공부했고, 직장마저 함께한 귀한 인연들의 모임이다. 그런 연유로 동문 선후배들과의 만남을 앞두면 언제나 마음 설렌다.

더구나 외진 시골의 인문계 고등학교라 1980년대의 국세청엔 극소수의 동문만이 근무해 불모지나 다름없었다. 그런 연유로 항상 소외되고 쓸쓸했던 기억을 후배들에겐 물려주고 싶지 않았다. 그래서 동문 대여섯 명과 동문회를 결성하여 50여 명이나 되는 모임으로 키우는 데 열정을 쏟았던 터라 더욱 애착이 간다. 이제는 40년 이상 어린 후배들까지 다수 있어 꼰대(?)가 되어 버린 내가 모임에 참석하는 게 조심스러운 면도 있다. 그래도 빠지지 않고 참석한다. 아직은 오랜 추억을 공유하는 후배들이 많고, 그들이 불러 주면 산증인으로 쓰임이 있을 수도 있다는 자부심도 얼마간 남아서지 싶다.

살아가노라면 누구나 자의 반 타의 반으로 여러 유형의 모임에 가입하는 게 불가피하다. 나도 예외는 아니어서 학교 동문 모임과 직장 동료들 모임, 또 여러 인연으로 맺어진 지기들 모임이 열 손가락으로 꼽기엔 넘쳐 난다. 그런데 쓸 수 있는 인생의 시간은 턱없이 줄어들어 칠순의 나이를 목전에 두었다. 또 체력도 고갈되어 모든 모임을 소화하기엔 역부족인 상태가 되었다. 차제에 몇몇 모임에서 탈퇴하거나 모임 자체를 해산하기로 마음먹고 실행에 착수했다. 다소 아쉽기는 했지만, 감수해야만 하는 고육지책(苦肉之策)이었다.

우선 둘 이상의 모임에 중복해서 가입된 구성원이 가장 많은 모임에 사정을 밝히고 양해를 구한 뒤 탈회(脫會)하였다. 그들 대부분은 다른 모임에서도 함께할 수 있기 때문이다.

또 한 모임은 구성원 간의 정은 두텁지만, 술친구들 모임인지라 만나면 과음으로 힘겨웠다. 차제에 모임 자체를 해산하는 것으로 의견을 모아 실행하였다.

젊을 때는 가능했지만 나이 들어 가면서는 모든 사람과 잘 지내며 자신에게도 충실한 삶을 사는 게 생각만큼 쉽지 않다. 그것을 체감하면서 결행한 최선책이었다. 두 모임에서 해방되자 일단은 과음할 기회가 줄어들어 몸과 마음이 한결 가벼워져 좋았다.

그냥 모임에 적을 두고 명목상 잔류하는 것도 선택지로 유효하였다. 하지만 자신이 속한 모임엔 최선을 다하는 성격이라 명목상 잔류는 마음이 허락하지 않았다.

남자들에게 각종 모임이란 삶의 한 양태이자 방편이다. 그렇기에 중요도에 다소 경중은 있을 수 있지만 모임은 소홀히 할 수 없는 중요한 자산이기도 하다. 모임에서의 탈퇴와 해산에 아쉬움과 서운함의 여운이 남는 것은 그런 연유에서 비롯되기도 할 것이다.

이쯤서 오래전 가슴 저 아래 묵혀 두었던 마음 아린 이야기보따리가 머리를 내밀기 시작했다.
불알친구 다섯과 중고등학교 시절 친구 세 명 등 여덟 명으로 구성된 각별한 친목 모임이 있었다. 나와의 학연으로 결성되었지만 모두 오랜 불알친구 못지않게 혼연일체가 되어 청년기를 함께했다. 또 군 시절도 잘 건너뛰고 차례로 가정을 이루면서 의리와 우정으로 하나가 된 자랑스럽고 모범적인 모임이었다. 모임에 불참하는 친구가 있을 수 없었다. 또 모든 결정은 만장일치제였고 일사불란(一絲不亂)했다. 심지어 배우자 선택에도 친구들의 묵시적 동의가 필요할 정도로 순수했었다. 우리의 우정에 대해 한 점 의구심이 없었다. 구성원 여덟 명의 결혼도 모두가 참석하여 축하해 주는 가운데 한 명씩 치러졌다. 단칸방인 신혼집에 우르르 몰려가 빠짐없이 집들이도 하였다. 아이들 낳아 식구도 불어났고, 부부 모임으로 발전하였다. 그들이 있어 행복했고 우리의 견고한 우정이 더욱 자랑스러웠다.
그렇기에 20년 이상 한결같았던 모임이 아내들로 인하여 균열이 일고 문제점이 불거지리라고는 전혀 예측하지 못했다.
우정 하나면 어떤 난제도 해결하지 못할 게 없다고 믿을 정도로 순수하기만 했던 게 문제라면 문제였다.
아내들은 단지 남편들로 인해 수동적인 구성원이 되었을 뿐인데, 이를 간과(看過)한 것이다. 우리는 그들도 우정의 테두리 안에 당연히 흡수된 것으로 착각하고 있었다.

모일수록 그녀들은 서로가 비교 대상이었지 친구가 될 수는 없었나 보다. 이쯤서 남편들이 눈치를 채고 남자들만의 모임으로 빠르게 전환했어야 옳았다.

친구들 대부분은 아내들 잔소리와 불평을 달래며 참석을 이어 온 속사정이 있었다. 하지만 한 친구는 그러지 못하고 이 핑계 저 핑계를 대며 불참이 잦아졌다. 우정에 금이 가는 소리가 나기 시작한 것이다.

어느 해 겨울 속초에서 모임의 재기(再起)와 결속(結束)을 다지는 부부 동반 모임이 있었다. 그런데 불참이 잦던 친구가 연거푸 또 불참하자 참석한 친구들의 불만이 활화산처럼 폭발하여 비난 일색(一色)이었다. 종국엔 뒷담화로까지 비화되기에 이르렀다.

이럴 때는 '이성의 판단에 순종하면 오류가 없고, 가슴의 부름에 응답하면 후회가 없다.'라는 데로 생각이 미쳤어야 했다. 그런데 이미 감정의 회로가 고장이 나서 이럴 거면 차라리 제명하자는 주장이 불거져 나올 정도가 되었다. 아무리 감정이 격앙되어도 이건 아니다 싶었다. 우리가 함께한 세월이 얼마였던가!

"야! 우리 우정이 이 정도밖에 안 되었단 말이냐?"

라고 고함을 지르다 흥분이 가라앉지 않아 자리를 박차고 일어섰다. 그길로 영문도 모르는 아내를 닦달하여 택시를 불러 구미 집으로 향하고 말았다. 중간중간

"신태야! 제발 진정하고 돌아와."

라는 친구들의 간절한 설득 전화가 이어졌다. 그러나 격해진 감정을 스스로 제어하지를 못했다.

그날따라 영동 지방엔 폭설이 내려 택시비도 부르는 게 값이었다.

평상시 두 배 정도의 택시비를 치르고 밤을 택시 속에서 밝히며 11시간이 넘게 걸려 집에 도착했다. 그것으로 20년 이상 유지되어 온 불알친구 모임은 갈기갈기 찢어지고 말았다.

그 후에도 모임을 복구하려는 친구들의 시도가 여러 차례 있었지만 호응하지 않았다. 결국 그 모임은 영원히 사라졌다. 물론 지금도 개별적인 우정엔 변함이 없다. 그러나 개별적인 관계 유지와 모임을 통한 결속력에는 엄연한 차이가 있다.

돌이켜 생각해 보면 무결점 무오류에 천착한 일부 친구들 의견과 열린 자세를 견지하지 못한 내 짧은 식견이 어우러져 빚어낸 참사였다. 어떻게든 갈라진 의견을 즉시 봉합하고 치유했어야 했다. 그것이 제일 아쉬운 대목이자 아픈 기억이다.

무엇보다 이탈한 친구가 돌아올 때까지 인내력을 발휘해 기다려 보자는 의견을 고수해 오지 않았던가. 그럼에도 불구하고 모임의 해체를 결정하는 데는 왜 그렇게 즉흥적이었을까? 못내 아쉽고 마음 시린 부분이기도 하다.

우정의 농도가 우리만 못하지 않았을 그 친구에게 말하지 못할 사정이 있었을 수 있음도 고려했어야 했다. 너무도 아쉬움이 큰 대목이다. 단순히 한 친구마저 잃지 않겠다는 아집이 원죄였으리라. 모두 자기 분야에서 유능했고 다정다감했던 살가운 친구들이다. 나의 아집과 독선이 빚어낸 참사로 기억하며 크게 반성한다.

비슷한 사안에 대한 시행착오는 한 번으로 족했을 터, 본의 아니게 또 하나의 모임을 해체하는 주범이 된 이력이 있다.

초등학교 5~6학년을 같은 반에서 동문수학(同門修學)한 친구 9명이 모임을 결성했었다. 분기마다 정해진 순서대로 유사(有司)가 되어, 그 집에서 모임을 개최하여 즐겁고 보람된 시간을 가지는 식으로 운영되었다. 어려웠던 시절의 기억을 공유하기에 오랜 공백을 극복하고 유쾌한 시간을 보내는 나름 유익한 모임이었다. 성인이 되어서 모임을 결성하였기에 무게감도 있고 튀는 친구가 없어 좋았다. 모두가 마음을 나눌 수 있는 편안한 대화 상대였다. 아울러 궁색하지 않을 만큼의 경제력과 행동이 자유로울 만큼의 건강이 뒷받침되는 친구들이어서 더욱 좋았다.

그런데 참석자 대부분은 모임의 뿌리라 할 수 있는 담임 선생님에 대해 무결점 무오류의 잣대를 들이대고는 몹시 부정적이었다. 반면 나는 선생님은 그 자체로 존경받아야 할 분이지 제자들이 평가할 대상이 아니라는 확증편향에 기울어 있었다. 그러하니 자유 토론만 하면 격하게 부딪히게 되었다. 더구나 담임 선생님께서 오늘의 나를 있게 해 주신 은인임을 그들은 모두 알고 있었다. 그럼에도 한결같이 부정적이었다. 또 선생님을 심판대에 올리고 흔드는 것을 도저히 용인할 수 없다는 것까지도 그들은 잘 알면서 나를 시험에 들게 하였다. 급기야

"아무래도 난 너희들을 이해할 수 없어. 선생님을 비난하기가 일쑤고, 존경하는 마음이 전혀 없는 너희들과 함께하기엔 정서적으로 무리다."

라며 탈회를 선언하고 자리를 떴다.

누가 선생님과 친구 중 한쪽을 선택하라고 강요한 것도 아니었는데, 참으로 기괴한 이유를 들어 탈회를 선언한 것이다. 돌이켜 생각하니 자신도 쉽게 이해가 되지 않는다. 그러나 오래전부터 괴리감(乖

離感)은 있었다. 지금 알고 있는 것을 그때도 알았더라면 하는 아쉬움이 크다.

없었던 일로 하자고 원상 복귀를 설득하는 친구들이 많았다. 하지만 나름 오랫동안 심사숙고하고 결행하였기에 물러서지 않았다. 그 뒤로 개인적으론 등지고 지내는 친구는 한 명도 없다. 하지만 사람들의 기억은 같은 시간, 같은 공간에 있어도 편향되고 왜곡될 수 있음을 인정해야 했다. 그리고 좀 더 유화적이었으면 어떠했을까? 아쉬움이 여운을 남겼다.

구성원 중 한 친구는 지병으로 불귀의 객이 되었다. 또 모임을 주도했던 살가운 친구는 뇌종양이 발병하여 투병 중임을 지켜보며 내 마음은 몹시 착잡하고 슬프다.

한편 올해 '스승의 날' 요양원(주간보호센터)으로 찾아뵌 담임 선생님은 심한 당뇨와 기억력 저하로 새벽에 전화로 했던 점심 약속까지 금세 잊고 계셨다. 무심한 세월의 흐름이 참으로 야속했다. 세상의 모든 선생님도 판단과 결정에 오류와 실수를 할 수 있는 평범한 생활인임을 모두가 인정했으면 참 좋겠다는 생각을 해 본다.

내가 몽니를 부려 파국에 이르게 된, 두 번의 아픈 기억을 다시 들여다보게 된다.

결국 모든 화근은 아집을 떨치고 확증편향에서 벗어나는 훈련이 부족하였음에 귀결된다.

어느 친구의 농담처럼 내가 트러블 메이커(Trouble maker)인가? (2023. 6.)

지방직 공무원

90년대 중반 고향인 상주에서 두 번째로 근무하던 시절이었다. 근로자 연말정산 시즌이라 그날은 국가·지방 자치 단체와 공익 법인의 원천징수 담당자 교육을 마치고 막 사무실에 들어설 때였다. 옆 동료가 바꿔 주는 전화기 너머로 들려오는 음성이 얼마간 흥분된 상태로 다짜고짜

"당신이 우리 시청의 국·실 및 읍·면·동 회계 담당자들 불러 모은 사람이요?"

라는 게 아닌가.

"아! 예, 그런데 불러 모은 게 아니고요. 연말정산 교육이 있으니, 담당자들께서는 오셔서 개정 세법 등 교육을 받으시라고 공문으로 안내해 드렸지요. 그런데 선생님은 누구세요?"

라고 물었고, 그는

"그건 알 것 없고, 무슨 권한으로 세무서에서 시청 직원들을 전부 동원해 가는 거야? 당신 관등 성명이 어떻게 돼? 과장 바꾸세요!"

라 윽박질렀다.

막말에다 당장 뛰어 들어올 것 같은 고압적 기세였다. 황당하였고, 경우 없기는 비할 데가 없었다. 나도 덩달아 음성이 높아져 옥신각신하다가 계장께 전화를 넘기고서야 사태가 마무리되었다. 계장의 전언(傳言)에 의하면 전화한 사람은 시청 총무과 행정계 차석이란다. 읍·면·동 회계 담당자들에게 연락을 취하니 전부 세무서에 갔다고 해서 원인을 알려고 전화했다고 한다.

그때 나는 공직에 입문한 지 10년 차였고, 혈기 왕성한 때였다. 국가직 공무원에게 지방직 공무원이 자기네 읍·면·동 직원 취급하는 게 몹시 못마땅했었다. 지금 되돌아보니 부질없는 자존심의 발로였지만, 일부 지방직 공무원의 권위주의적 사고와 예의 없음에 실망한 첫 번째 경우였지 싶다. 그 선입견이 수십 년간 내 마음의 중앙에 똬리를 틀고 앉아 떠날 줄 몰랐다.

그 후, 아주 드물게 납세자의 공부(公簿)를 발급받기 위해서나 여권 발급 등을 위해 지방 자치 단체 민원실을 방문할 기회가 있었다. 그때마다 직원 개개인의 친절도는 논외(論外)로 하더라도 앞줄의 민원 담당자들은 몹시 분주해 보였다. 반면 뒷줄에 계신 분들은 근무 시간 중인데도 한가하게 신문까지 보고 있는 게 이채로웠다.

국세 공무원들은 고난도의 업무와 폭주하는 업무량으로 혹사당하고 있다고 불만이 많던 시절이었다. 종사 직원 수가 절대적으로 부족하여 전전긍긍하던 우리 사무실과 대비되어 영 마뜩하지 않았다.

시청 직원의 경우(境遇) 없음과 비례(非禮)로 인하여 기왕에 일그러진 지방직 공무원에 대한 비호감의 골이 더욱 깊어 갔다. 나아가 지방 자치 단체에는 쓸데없이 잉여 인력이 많다는 부정적인 이미지가 축적되어 갔었다.

지방직 공무원에 대한 비호감의 골이 깊어진 차에 아들놈이 구미 시청 공무원으로 입문하게 되었다. 지금은 4년 차로 비산동 행정 복지 센터를 거쳐 구미 시청에서 근무 중인 애송이 공무원이다.

그런데 녀석은 평일에도 저녁 10시가 넘도록 근무하는 날이 부지기수였다. 나아가 토요일 등 휴일에도 출근하기 일쑤면서 불평마저 없다. 처음에는 근무 경력이 일천한 탓이거니 했다. 그런데 시청으로 발령이 예고되자, 주말 포함 4일간 업무 인수인계 등으로 새벽 2시가 넘어서 퇴근하고, 아침 7시에 출근하기를 되풀이하였다.

결국 시청으로 처음 출근하는 날엔 체온이 38.5도를 오르내리고 입맛이 없어 음식을 먹지도 못하고 근무하였다고 했다. 이러다간 아들 잡겠다는 생각이 들었다. 그래서 둘째 날에는 무조건 조퇴하고 병원 진료를 받도록 강권하였다.

어느 관리자가 갓 전입해 온 직원이 이튿날부터 진료를 핑계로 조퇴하는 것을 호의적으로 용인하랴! 나 자신이 관리자였던 시절을 되돌아보게 되었다. 그러나 나는 관리자가 아닌 아버지일 뿐이잖은가. 역지사지는 이럴 때 필요한 것인가 보다.

진료 결과는 심한 몸살에 장염 증상이 있다고 하였다. 수액과 영양제를 주사하고 하루를 쉬고서야 기력을 회복하였지만, 계속하여 아들이 격무(激務)에 시달릴 것을 생각하니 두려움과 걱정이 밀려왔다. 역시 좋지 않은 컨디션하에 이번 주에도 4일 연속 자정을 넘겨 퇴근하였다. 인사이동 후, 예정된 각종 위원회 준비를 위해서란다.

이쯤서 국세 공무원이 힘든 업무로 가장 많이 시달리고 있다는 얕은 경험과 오만함을 반성하지 않을 수 없다. 아들의 일상을 통해 자세히 들여다보니, 지방 자치 단체는 국방과 외교를 제외하곤 정부 조직과 마찬가지로 방대한 부서로 구성되어 있다. 그리고 지방직 공무원들 대부분이 열악한 여건하에서 맡은 바 직무에 밤을 낮 삼아 헌신하고 있었다. 그들은 방대한 조직의 어느 부서에 발령받더라도 생소한 업무에 절대 주눅 들지 않는 듯했다. 새 업무의 매뉴얼(Manual)을 익히고, 선임자의 의견을 경청하며 연구하여 생소한 업무를 자기 것으로 만들어 가고 있음이 분명해 보였다. 미욱한 탓에 균형 잡힌 의견에 귀 기울이지 않고 고정 관념의 노예로 살아왔다는 회한이 일었다.

중앙 정부와 지방 정부로 이분화된 정부 조직에 대한 올바른 이해가 부족했었다. 아울러 날로 수요가 늘어나는 복지 관련 업무와 중앙 정부 이관 업무로 인해 지방 정부의 업무량도 이미 포화 상태에 있음을 간과했다. 나아가 업무 영역의 모호성으로 전문성의 경계도 불분명해진 것이 현실이다.

그런데도 국가 공무원이란 울타리 속에 안주하면서도 우리가 더 중요한 위치에 있다고 생각했었다. 근거 없는 우월 의식이 빚어낸 오류의 폐해를 절절히 깨닫는 계기가 되었다. 새로운 팩트(Fact)를 확인하게 되면 종전의 생각과 주장도 달라져야 하는 법이다.

현업에서 떠난 지 오래면서도 편견과 아집의 울타리에 갇혀 빚어낸 많은 오류로 인해 부끄러움의 부피가 늘어났다.

반성의 의미를 담아 다산 정약용 선생이 남긴 노년유정(老年有情)을 옮겨 본다. 선생은 '나이 든 것이 벼슬이 아님을, 그리고 나이 들수록 귀는 열고 입을 닫아야 함'을 구구절절 조곤조곤 읊조리셨을 것이다. 글 한 편으로 부끄러워진 마음을 감추고, 맑은 정신을 누려 보려 한다.

노년유정(老年有情)

밉게 보면 잡초 아닌 풀 없고
곱게 보면 꽃 아닌 사람 없으니
그대 자신을 꽃으로 보시게.

털려 들면 먼지 없는 이 없고
덮으려 들면 못 덮을 허물 없으니
누군가의 눈에 들긴 힘들어도
눈 밖에 나기는 한순간이더이다.

귀가 얇은 자는
그 입도 가랑잎처럼 가볍고
귀가 두꺼운 자는
그 입도 바위처럼 무겁네.
사려 깊은 그대여!
남의 말을 할 땐
자신의 말처럼 조심해야 하리라.

겸손은 사람을 머물게 하고
칭찬은 사람을 가깝게 하고

너그러움은 사람을 따르게 하고
깊은 정은 사람을 감동케 하나니
마음이 아름다운 그대여!
그대의 그 향기에 세상이 아름다워지리라.

나이가 들면서 눈이 침침한 것은
필요 없는 작은 것은 보지 말고
필요한 큰 것만 보라는 뜻이요.

귀가 잘 안 들리는 것은
필요 없는 작은 말은 듣지 말고
필요한 큰 말만 들으라는 것이고

이가 시린 것은
연한 음식 먹고
소화불량 없게 하려 함이고

걸음걸이가 부자연스러운 것은
매사에 조심하고
멀리 가지 말라는 것이리라.

머리가 하얗게 되는 것은
멀리 있어도 나이 든 사람인 것을
알아보게 하기 위한 조물주의 배려이고

정신이 깜빡거리는 것은
살아온 세월을 다
기억하지 말라는 것이니
지나온 세월을 다 기억하면
정신이 너무 괴로울 테니
좋은 기억 아름다운 추억만
기억하라는 것이리라.
(출처: 다산 정약용의 『목민심서』)

구구절절 옳은 말씀이다. 다산 선생의 말씀처럼 나이 든 것이 벼슬 아님은 분명할진대, 나 같은 장삼이사(張三李四)는 나이 들어 가면서 관념의 무서움과 선입견의 해악에서 멀어져야겠다. 더 나아가 고정 관념의 노예가 되지 말고 균형 잡힌 다수의 의견에 귀 기울여야 할 일이다.

국가직 공무원이면 어떠하고, 지방직 공무원이면 어떠한가? 그들 모두 보물인 것을. (2023. 2.)

이별 연습

요양병원 3층에 마련된 '격리실'은 죽음을 앞둔 환자들이 가족들과 마지막 이별을 위해 마련된 방이란다. 그곳 '격리실' 침대 위에 산소마스크와 '콧줄'이라 불리는 유동식 투입 튜브를 삽입한 분이 덩그러니 놓여 있으시다. 우리 엄마다.

요양 병원이 코로나 재확산을 방지하기 위해 면회마저 또 금지하였다. 그래서 아내가 아침마다 간호사실에 엄마의 안부를 전화로 확인하는 일만이 우리가 엄마를 위해 할 수 있는 최선이라니 한심하고 서글펐다.

그러던 차에 갑자기 위중하시다며 보호자가 급히 내원해야 한다는 병원 측의 연락이 왔다. 불안한 마음에 우리 내외는 혼비백산하여 불이 나게 달려온 길이다.

가족의 품을 떠나 생의 마지막 순간을 요양원이나 병원 등의 시설에서 마감하는 것은 더 없이 가슴 먹먹한 일이다. 그런데 가족이 곁에서 지켜보지도 못하는 사이 생을 마감하게 될지 몰라 격리실에 환자를 모셔 놓고 보호자를 부른 것이다. 엄마의 산소 포화도며 혈압과 맥박은 최악의 상태였다. 몰아쉬는 거친 호흡에서만 엄마가 아직은 생존해 계심을 확인할 수 있을 뿐이다. 전혀 의식이 없는 상태였다. 두려움이 몰려오고 왈칵 눈물부터 쏟아졌다.

엄마는 20여 년 전에 혈관성 치매가 발병하여 10여 년 넘게 아내가 돌보아 드렸다. 그러나 전문가의 도움이 필요할 정도로 병세가 날로 나쁜 방향으로 나아갔다. 숫제 십 년 전부터는 요양원에서 생활하게 되셨다. 정신은 다소 온전치 않았지만, 자손들을 알아보거나 의사소통하는 데는 큰 문제가 없으셨다.

그런데 지난 5월 요양원에서 집단으로 코로나 확진 판정을 받아 전담 병원에 격리되셨다. 다행히 곧 완쾌되어 요양원으로 복귀는 하셨다. 그러나 퇴원 후, 이틀 만에 뇌졸중이 발병하여 대학 병원 중환자실에 한 달을 머물러야 했다.

기력이 떨어지고 대사 작용이 극히 약해지기 시작했다. 식욕도 저하되고 자력으론 음식을 섭취하는 것도 불가능해지셨다. 겨우 유동식 투입 튜브를 착용하고 생명을 유지하고 계신 것이다. 언어나 눈짓 같은 작은 표현마저 가능치 않게 된 상태로 50여 일 전에 밀려나듯 이곳으로 옮겨 오셨다.

죽음의 영역은 엄마나 나의 선택지가 아니고 모든 인간에게 찾아오는 자연스러운 사안이다. 그렇기에 집처럼 익숙한 공간에서 사랑하는 가족들의 포근한 숨결을 느끼며 품위 있게 임종을 맞아야 옳을 것이다. 그런데 서너 평 되는 요양 병원 '격리실'에서 엄마의 죽음을 생각하고 있는 게 현실이라니. 도저히 인정할 수도, 받아들일 수도 없다. 더구나 엄마와의 이별 연습이 전혀 되어 있지 않은데 어쩐란 말인가.

정상치에 훨씬 못 미치는 기계상의 수치들은 말하고 있었다. 목숨이란 게 본디 덧없긴 해도 질기고 모진 것인데, 지금의 상태를 엄마가 감당하기엔 너무 고통스럽다는 것을.

"엄마! 편안하게 모시지 못해서 죄송해요. 엄마를 세상 그 무엇보다 제일 사랑하는 것 잘 아시지요? 매일매일 사랑한다고 표현하지 못해 또 죄송해요. 이제 너무 고통스러운데 더 아파하지 마시고 편안하게 가세요. 너무 힘드시잖아요. 엄마 사랑해요. 많이, 아주 많이."

라고 엄마 귀에다 덜컹 말씀드리곤 소스라치게 놀라고 말았다. 효(孝)의 농도가 묽어지고 있음을 누군가에게 들키기라도 한 것 같아서였다.

그러나 평소 멋쩍은 어색함으로 차마 입 밖에 내지 못해 가슴 깊은 곳에 몰래 감춰 두었던 다정한 한마디를 자식 된 도리로 어색하게나마 엄마께 해 드린 것이다. 잠시나마 마음은 후련했다.

그런데 누구 곁으로 가시라고 말씀드릴 수 없어 더 가슴이 먹먹했다. 일찍이 엄마를 버리신 아버지 곁으로 가시라고 말씀드릴 수는 없는 일 아닌가! 그렇다고 엄마가 그렇게 좋아하고 따르시던 이모들 곁으로 가시라고 말씀드릴 수도 없는 일이다. 그곳에는 이모부들이 계시니까. 잠시만 홀로 계시면 우리 내외가 엄마를 따라가 편히 모실 터이니 구태여 말씀드리지 않기로 했다.

한 시간여를 지켜보고 있노라니 기계상의 수치들이 조금씩 제자리를 찾아가기 시작했다. 그러자 병원 측에선 상태가 다소 호전되었다고 보호자들은 집으로 돌아가 연락을 기다리라고 한다. 코로나 확산 때문에 오래 머물 수는 없었다. 기계적인 지시에 서운함만 가득 앉고 떨어지지 않는 발길을 돌려야만 했다.

그로부터 일주일이 훌쩍 지나갔다. 조석으로 전화를 통해서만 엄마 상태를 확인하며, 엄마와의 이별 연습을 할 뿐이다.

생각할수록 죽음에 대한 막연한 분노와 맞닥뜨릴 이별에 대한 슬픔이 가득하다. 엄마를 또 뵐 수는 있기나 할까? (2022. 8.)

하늘나라 가신 엄마

2022년 8월 24일 오후 2시쯤이었다.

"여보! 어떻게 해요. 어머님이 돌아가셨대요."

주방에서 어딘가로부터 걸려 온 전화를 받던 아내가 울음이 반은 섞인 음성으로 다급하게 외치는 소리다.

새벽까지 고열에 시달리다 못해, 동네 의원이 문을 열자마자 가족들과 '신속 항원 검사'를 받았다. 결과는 나 혼자만 '코로나19 확진'이란 판정이 나왔다.

엄마가 오랜 병환 중이라 언제 위중한 상황이 닥쳐올지 몰라 서둘러 4차까지 백신을 접종한 터였다. 그래서 코로나를 잘 피해 오고 있다고 생각했다. 그러고도 외부와의 접촉을 최대한 자제해 왔지만 결국 올 것이 왔다고 받아들일 수밖에 없게 된 상황이다. 그나마 아내와 아들은 음성이란 게 불행 중 다행이라 생각할 수밖에 없게 되었다. 가족들에게 확산을 방지하고자 혼자 격리가 가능토록 집안을 서둘러 정리했다.

그로부터, 세 시간째 누워 고열에 시달리고 있던 참에 병원 측으로부터 엄마의 부음(訃音)을 전해 듣게 된 것이다.

"뭐라고? 당신 지금 내게 뭐라고 했소?"

도저히 믿기지 않는 말이라 제대로 들었으면서도 아내를 채근하였다. 어떻게 이런 일이 있을 수 있단 말인가! 황망하였다. 그러나 그건 엄연한 현실이었다.

자식들 누구 하나 마지막 순간 임종(臨終)도 못 한 채 그렇게 엄마를 하늘나라로 보내 드려야 했다. 머리는 둔기로 한 대 심하게 맞은 듯 띵하고, 눈앞은 캄캄하였다. 그런 상태로 엄마의 운명(殞命) 사실을 감당해야만 했다.

한 달 이상 의식이 없는 상태에 유동식 투입 튜브를 통해 코로 미음을 삼키시며 연명하신 터라 엄마와의 이별을 어느 정도 예견했었다. 또 마음의 준비도 해 왔었다. 하지만 엄마와 이별 준비가 완전한 건 아니었다. 더구나 동생은 코로나로 인해 면회가 금지되어 대학 병원에 입원 중일 때, 한 번밖에 엄마를 뵙지 못했다. 유난히도 눈물이 많은 동생에겐 이 상황을 어떻게 전할 것인가 생각하니 가슴이 먹먹하였다. 눈물도 나지 않고 머릿속은 하얗게 백지상태였지만, 엄마를 계속 우리 곁에 모실 수는 없는 일 아닌가.

침착해야 했다. 엄마의 부재(不在)를 받아들이고, 편안하게 하늘나라로 이사하시도록 준비를 서두르기로 했다. 내가 격리에 돌입한 상태라 당장 집 밖으로 나갈 수 없어 먼저 요양병원 측과 상의하여 장례식장을 정했다. 그리고 누나와 동생에게 이 황당한 상황을 알렸다. 서둘러 장례식장에 도착한 동생이 아들과 사위 및 조카들을 아우르며 일사불란하게 '삼일장(三日葬)'으로 엄마 장례를 진행했다.

오래전, 선영의 선친 산소 앞 공터에 '살아 천 년, 죽어 천 년을 산다는 주목(朱木)' 여섯 그루를 심어 수목장을 준비해 두었었다. 그 첫 번째 주목나무 밑으로 한 줌 재로 변할 엄마의 육신을 정중히 모시기로 했다.

하늘나라로 엄마의 이사를 준비하는 2박 3일간 코로나로 집 안에 머물 수밖에 없었다. 엄마가 이승을 버리셨는데, 살아 보겠다고 발버둥 치고 있는 격이었다. 신약(新藥) '팍스로비드'를 복약한 효과인지 통증도 없는데, 집에 격리해 있는 꼴이 한심했다. 자신에게 격하게 분노를 느낄 정도였다.

장례 기간 내내 마음으로만 애태우며 동생과 아들로부터 진행 상황을 전화로 확인해야만 했다. 엄마와 함께한 68년 중, 기억을 공유하는 45년을 정리하며 홀로 울기만 하였다. 가족들과 남들의 시선을 의식할 필요가 없어 좋았다. 마음껏 소리 내어 울 수 있어 차라리 다행이란 생각까지 하며 하염없이 맘껏 눈물을 쏟았다.

장례식날, 딸과 아들이 번갈아 발인 장면과 화장(火葬)을 시작할 때부터 한 줌 재가 되어 나무 상자에 담겨 나오는 엄마 모습(?)까지를 틈틈이 영상으로 퍼 날라 주었다. 그 덕분에 현장에서 함께하는 듯한 느낌으로 오열하였다. 또 하늘나라로 이사 가시는 엄마를 배웅하지 못하는 불효막심함을 용서 빌었다. 삶과 죽음의 의미며, 그 경계가 어디까지인지에 대한 의문도 마음에 머물렀다.

2022년 여름은 가장 처참하고 슬픈 계절로 기억에 남게 되었다.

보통의 어머니들이 그러하시듯, 엄마는 어릴 땐 장남인 내게 엄청 엄하셨다. 아비 없이 자라서 버릇없다고 남들에게 무시당할까 더욱 그러하셨으리라. 장성한 뒤에는 오로지 내게만 의지하고 살아오신 분

하늘나라 가신 엄마

이다. 나를 마치 남편 대하듯 하셨고, 오로지 최고로 치며 듬뿍 사랑을 주셨다. 또 올곧게 성장해 주었다고 자랑스러워하셨다. 그러면서도 치매를 앓기 전에는 자식을 대하시는 데 무척이나 조심스러워하시고 어려워하셨다. 마음은 그렇지 않으면서도 좀 더 살갑게 대해 드리지 못했던 내 탓이지 싶어 후회하는 마음의 무게가 천근만근이다.

그렇게 엄마는 88년의 이승 생활을 갈무리하시고, 가족들의 배웅을 받으며 하늘나라로 이사를 무사히 마치셨다. 장례를 마치고 돌아온 딸아이는
"아빠! 염습할 때 할머니가 그렇게 평안하실 수가 없고, 화장(化粧)하신 모습이 참으로 예쁘셨어요."
라 전해 주었다.

가난하면서도 베풀기를 게을리하지 않으신 우리 엄마. 법 없이도 사실만큼 착하게 사셨기에 하늘나라에선 편안하게 영면하시리라 믿어 의심치 않는다.

마음과 달리 무뚝뚝한 성정에 더하여 계면쩍은 어색함으로 인해 애정 표현을 차마 해 보지 못했다. 그냥 가슴에 감춰 두었다가 병원에서 '이별 연습' 때도 미처 다 말씀드리지 못했던 엄마를 향한 내 마음을
"엄마! 제가 엄마를 세상의 그 무엇보다 제일 사랑했다는 것 잘 아시지요! 너무도 사랑하면서 엄마께 사랑한다고 자주 표현하지 못해서 대단히 죄송해요. 이제 아파하지 않아도 되는 하늘나라에서 평안하게 쉬세요. 엄마! 사랑합니다."
라고 마지막으로 다정하게 전해 드렸다. 그게 뭐가 그렇게 어렵다고 엄마 살아생전에 자주 못 해 드렸을까?

만시지탄(晩時之歎)이다. (2022. 9.)

청도 반시

여느 해 이맘때처럼 P 세무사께서 청도 반시 한 상자를 보내 주셨다. 그분의 고향이 청도이기도 했지만, 십수 년 전부터 만산홍엽이 노을처럼 화려할 때쯤이면 노인들 드시기에 좋다며 어기지 않고 청도 반시를 보내 주고는 했다.

P 세무사는 드물게 세 곳의 세무서에서 같이 근무했던 동년배의 친구 같은 분이다. 그것도 같은 부서 계장과 계원으로 근무한 특이하고 귀한 인연이 있어 우정이 돈독했다.

매년 보내 주는 홍시는 우리 엄마에 대한 그분의 배려임을 익히 알고 있기에 부담 없이 고맙게 받고는 했었다. 그러면 아내는 홍시를 챙겨 서둘러 요양원에 계시는 엄마께로 달려가고는 했다. 엄마가 드시기 편하도록 도와드리기 위해서였다.

엄마는 홍시 서너 개쯤은 누가 빼앗아 먹기라도 할까 염려되는 듯, 마파람에 게 눈 감추듯 맛있게 드셨다고 아내가 전해 주곤 했다. 그럴 때마다 내 마음에도 흐뭇함이 가득 깃들곤 했었다.

그러나 올해는 청도 반시가 애물단지 취급을 받게 되었다. 두어 달 전에 돌아가신 엄마 생각에 우리 내외는 서로 눈치를 보느라 차마 홍시 꾸러미를 집 안으로 들이지 못하고 현관에 방치하였다. 잊고 지내다 여러 날이 지난 후에야 아내 몰래 홍시 꾸러미를 들춰 보았다. 그새 몇 알의 홍시는 이미 초가 되어 있었다.

보내 주신 분의 성의를 생각할 때 이건 아니다 싶어, 아내 앞에 홍시 서너 개를 말없이 들이밀었다. 그러나 아내는 끝내 홍시에 눈길조차 주지 않는다.

엄마 가신 지 얼마 되지 않기도 했지만, 엄마는 때와 장소를 가리지 않고 우리 내외 앞에 불쑥불쑥 나타나시곤 한다. 엄마 또래의 어른들만 보아도, 또 맛있는 음식만 접해도 엄마는 어김없이 그곳에 나타나신다. 그럴 때마다 우리 내외는 말없이 눈물을 훔치곤 했다.

결국 엄마 생각과 아내의 아파하는 속마음을 헤아리며 아침저녁으로 혼자서 홍시를 꾸역꾸역 입안으로 밀어 넣고는 했다. 그때마다 엄마는 늘 내 마음에 함께 머무신다.

조선 선조 때, 한음 이덕형이 도제찰사로 영천에 머물며 노계 박인로에게 홍시를 보냈다고 한다. 그러자 그 자리에서 중국 삼국시대 오나라 육적의 '*회귤고사'(懷橘故事)를 연상하며 박인로가 '조홍시가'(早紅杮歌)를 지었다고 했다. 그 시조 '조홍시가' 위에 엄마 모습이 실려와 이곳에 옮겨 보려 한다.

부모님을 그리는 효심이야 선인(先人)의 그것에 비할 바 못 될 것이다. 하지만, 노계 선생의 효심을 흉내 냄이 선생을 크게 욕되게 함은 아니리라 믿는다.

고교 시절 국어 시간에 처음 접하고 마음에 담아 두었던 조홍시가를 여기에 옮기노라니 또 돌아가신 엄마 모습이 눈앞에 아른거린다.

조홍시가

반중 조홍감이 고와도 보이나다
유자 아니라도 품음즉도 하다마는
품어가 반길 이 없을새 글로 설워하노라.

매년 귀한 청도 반시를 보내 주신 P 세무사님께 감사하는 마음이 가슴 한가득 넘쳐 난다. 오늘 밤에도 엄마가 사무치게 그립다. (2022. 10.)

---

* **회귤고사(懷橘故事):** 삼국지에 등장하는 인물 중 효심이 가장 뛰어난 사람은 오나라의 '육적'이라 한다. 그가 여섯 살 때 부잣집에 심부름 가서 식사를 대접받았는데, 음식상에 귀한 귤이 놓여 있었다. 육적은 말로만 듣던 귀한 귤을 얼른 먹고 싶었지만 가난한 집에 계시는 엄마가 생각나 드리려고 그 귤을 품속에 넣었다. 식사가 끝난 후, 떠나면서 주인에게 하직 인사를 하기 위해 고개를 숙이다 품속의 귤을 그만 땅에 떨어뜨렸다. 주인이 그 사연을 듣고 기특해서 귤을 몇 개 더 넣어 싸 주었다. 이처럼 육적의 효성스러운 미담을 후세 사람들이 '회귤고사' 혹은 '육적회귤'이라 한 데서 유래하였다.

제4부

즐거울 락

즐거움이 가득한 세상을 꿈꾸며

명랑 골프

외손자와 첫날 밤

해우소(解憂所)

40년 함께한 도반들!

잡문 나부랭이

술꾼의 횡설수설

어느 봄날 아침의 단상(斷想)

사람이 최고의 자산

문우(文友) L형!

'보리각시'에서의 친교(親交)

오지(奧地) 기행

인간극장

못 이룬 꿈, 이뤄야 할 꿈

품격

애니팡

명랑 골프

 뺨을 스치는 공기가 상큼하고 햇볕도 따사롭게 느껴지는 완연한 봄날의 골프장엘 갔다. 봄은 우리 곁을 서성이건만 *페어웨이(Fairway) 잔디는 아직도 한겨울인 양 누른색을 머금은 채 우중충한 모습 그대로다. 그래도 골프의 계절이 골프 마니아(Mania)들 앞에 성큼 다가와 있다. 페어웨이는 골퍼들의 왁자지껄한 함성으로 넘쳐 났다. 겨울방학이 끝났음을 알리는 골퍼들 환호성이다. 골퍼들을 *그린(Green) 위로 부르는 봄의 전령사가 보내온 초청장이자 유혹의 손짓임이 틀림없다.

 나는 지난해 12월부터 추위를 피해 겨울방학에 들어갔었다. 그런데 봄기운에 유혹의 손짓을 뿌리치지 못하고 서둘러 동반자들과 골프장으로 나섰다. 마치 봄바람 난 처녀처럼 설레는 마음 가득 안고서….

 54세 되던 해 골프에 입문하였으니, 나는 구력 15년 차의 중견(?) 골퍼다. 예전에는 외제 차를 타는 사람들과 골프를 치는 사람들을 '부르주아'라 치부하고 고운 시선을 주지 않은 터라 자칭 '프롤레타

리아'로서 골프를 멀리했다. 세상을 바라보는 시각이 편향되어서였는지 아니면 직업 탓이었는지 여하튼 그러했다. 어느 날 동료 S가 어디에서 구했는지 중고 클럽을 건네주며

"형님! 요즘은 골프가 대세인 시대에요. 골프 시작하세요. 나중에 어울릴 사람 없으면 어떻게 하려고요?"

골프 배우기를 강권하는 바람에 늦은 나이에 골프를 시작하게 되었다. 그 시절에는 골프를 귀족 스포츠 취급했었다. 그것이 늦깎이 골퍼가 된 연유이기도 하다.

등 떠밀려 시작하는 일들이 대부분 그러하듯 골프는 큰 애착이나 흥미를 가져다주지는 못했다. 골프에 입문토록 인도한 S의 말처럼 지인들과 어울림의 매개 역할 그 이상도 그 이하도 아니었다. 남들만큼 잘해 보겠다는 억척스러움도 없어 연습마저 게을리했다. 결과는 불을 보듯 뻔했다. 구력은 쌓여 가도 실력은 늘 제자리걸음 아닌가. 그런 자신이 부끄럽다는 생각마저 해 본 적 없는 뻔뻔함만 단연 돋보일 뿐이었다.

골퍼들 사이에서 자주 입에 오르내리는 레퍼토리가 있다. '프로는 본 대로 공이 가고, 아마추어는 친 대로 가는데, 초보는 걱정한 대로 간다.'라는 말이 그것이다. 나는 항상 걱정하는 대로 공이 가는 유형의 골퍼다. 그래서 만년 초보 골퍼 수준임을 스스로 인정한다. 그렇다고 수치심에 얼굴을 붉히거나 당장 연습장으로 달려가는 결기마저 없는 태도가 자신도 이해되지 않았다.

하지만 한때는 후배들의 라운딩에 초대받아 7시 '티오프' 시간에 맞추기 위해 새벽 4시에 구미를 출발 경기도 여주의 '솔모로CC'까지 차를 몰아 간 적도 있다. 때가 언제든 동반자가 누구든 라운딩을 제

명랑 골프

안 받으면 시간이 허락하는 한 거절하거나 사양하지 않았다.

자칭 ***보기 플레이어**(Bogey player)는 된다고 믿었는데, 은퇴하고 보니 '백돌이'가 확실하다. 상대가 형편을 봐주지 않고 치는 데다가 일파만파나 '멀리건/컨시드' 등 후한 매너(Manner)까지 모두 거둬들여서다. 그렇다고 속성 과외라도 해서 실력 향상을 도모하려는 욕심을 가져 본 적은 없다.

단지 동반자들과 라운딩에서 항상 다짐해 두는 나만의 몇 가지 유념 사항이 있다. 먼저 타수에 연연하지 않으면서 동반자들에게 부담을 주지 않으려 애는 쓴다. 실력도 못 미치면서 진행까지 느슨하게 하는 우를 범하지 않기 위함이다.

또 게임에 긴장감을 유지한다며 사행성 내기를 하는 것은 엄격히 지양한다. 다소 게임이 밋밋하고 재미가 덜해도 여유롭고 자유롭게 치고 싶어서다. 내기란 선의로 시작해도 결국 패자에게는 스트레스를 더하기 십상이고, 마음을 상하는 경우가 다반사여서 그렇다. 경기에 지고 돈까지 잃으며 기분 좋은 사람 어디 있으랴.

결과적으로 산책이나 소풍 나온 사람인 양, 마치 만 보 걷기 하는 것처럼 '스코어'에 신경 쓰지 않고 동반자와 즐겁고 편하게 치는 명랑 골프를 구사(驅使)한다.

항상 웃으며 농담하고 편하게 치니 좋게 봐 주면 싱글벙글 골퍼지만, 냉정하게 판단하면 오랜 구력에 비해 항상 '백돌이'를 벗어나지 못하는 심한 골프 ***지진아**(遲進兒)다.

생활하다 보니 당초 구성된 동반자 중 결원이 생기면 대타로 나를 불러 주는 지인이 많다. 골프 규칙을 어기지 않고 게임에 장해(障害)가 되지 않을 정도의 매너를 갖추고 있어서지 싶다. 또 항상 명랑 골프를 구사하는 싱글벙글 골퍼란 입소문도 한몫을 보태서일 것이다. 어떻든 자칭 대타 요원이라며 땜빵 역할을 사양치 않는다.

골프를 치며 가끔 호흡을 가다듬고 곰곰 생각에 잠긴다. 그러면 골프가 사람 살아가는 이치와 빼닮았음을 쉬이 깨닫게 된다. 몇 홀 계속 버디나 파가 이어져 순탄하게 진행되는가 싶으면 골퍼는 곧 방심하고 오만해진다. 그 결과 *오비(Out of bounds)나 *헤저드(Hazard)가 발생해서 쉽게 곤궁에 처하게 된다. 그 상황에 실망하거나 자포자기하지 않고 침착하게 위기를 잘 극복하면 다음 홀엔 사기가 올라 무난하게 경기를 이어 가게 된다.

위기가 닥쳐도 같은 방식을 고집하면 *벙커(Bunker)나 *러프(Rough)에 빠져 헤매게 된다. 포기하지 않고, 진지한 삶의 자세가 얼마나 중요한지를 골프에서 배울 수 있다.

혹자는 타수나 승패에 지나치게 연연한다. 자기 의도대로 샷이 되지 않거나 실수하게 되면 동반자는 전혀 의식하지도 않고 배려조차 않는 경우가 많다. 더해서 신경질을 내거나 도우미인 캐디에게 책임을 전가하며 전체 분위기를 싸하게 만든다. 더불어 살아가는 법을 배우지 못한 독불장군이 따로 없음을 여실히 보여 주는 경우다. 생에 여백을 두고 편견과 아집에 치우침 없이 다소 헛헛하게 살아가는 법부터 깨우쳐야 할 일이다.

나이가 들어 가고 구력은 늘어 가는데 드라이버 비거리는 점점 줄어들고, 타수는 날로 불어난다. 그래도 부끄러워하거나 위축되지는 않을 것이다.

골프 마니아들은 골프가 귀족 스포츠는 아니라고 하지만 제반 비용은 하늘 높은지 모르고 날로 인상된다. 얄팍한 주머니 사정으로 월 3~4회 나서던 것을 3회 이내로 줄여야 할 형편이지만 골프를 그만둘 생각은 추호도 없다.

혹서기와 혹한기에는 건강을 생각해서 방학이라며 골프를 쉰다. 언제나 웃고 떠들며 즐겁게 운동하는 싱글벙글 골퍼로서 명랑 골프를 쉼 없이 이어 갈 것이다. (2023. 3.)

* **페어웨이(Fairway):** 골프에서 티(tee)와 그린(green) 사이에 있는 잘 깎인 잔디 지역

* **그린(Green):** 홀을 둘러싼 지역에 잔디를 짧게 기른 지역

* **보기 플레이어(Bogey player):** 골프에서 18홀을 90타 전후로 마무리하는 선수. 일반적으로 각 홀을 보기로 플레이한다.

* **지진아(遲進兒):** 학습이나 지능의 발달이 더딘 아이 흔히 학업 부진아 따위가 있다.

* **오비(Out of bounds):** 코스 내 플레이가 불가능한 지역을 지칭한다. 보통 골프장이 임의로 설치한 흰색 말뚝으로 표시한다.

* **헤저드(Hazard):** 골프에서의 장애 구역 즉 연못, 강, 도랑, 지표면의 배수로, 하천을 포함한 코스상의 모든 수역과 위원회가 페널티 구역으로 규정한 코스의 모든 부분을 말한다.

* **벙커(Bunker):** 골프장의 코스 중 모래가 들어 있는 우묵한 곳

* **러프(Rough):** 골프장 페어웨이 바깥쪽에 풀을 깎지 않고, 자연 그대로 놓아둔 지대

외손자와 첫날 밤

 딸아이 내외가 오래전 '전주한옥마을'로 여행을 기획했다. 이맘때 여행은 아내의 생일을 축하해 주기 위해 매년 가지는 연례행사다. 가족 모두가 전주(全州)에 모여 하루를 즐겁게 보내고, 한옥마을 '오락당'에서 하룻밤 유숙(留宿)하게 되었다. 잠자리에 들 시간이 되자, 아홉 살인 외손자 태윤이가

 "오늘은 '하삐'하고 같이 잘래."

 라며 오른편엔 제 아빠 왼편엔 '하삐'를 누우라고 했다. 숫제 잠자리마저 지정하였다.

 '하삐'라는 호칭은 녀석이 겨우 말을 배우기 시작할 무렵에 할아버지 대신 부르기 시작한 말로 여태껏 그렇게 부른다.

 모두 의아한 채 녀석의 지시에 따르기로 했다. 한 달에 한 번꼴로 외가를 찾을 때마다 녀석과 함께 잠을 자고 싶어 안달했다. 녀석은 '하삐'의 소망을 들어줄 듯하다가도 정작 잠자리에 들 시간엔 제 엄마·아빠 방으로 도망치듯 달아났다. 무참히 배신(?)해 '하삐'의 마음에 상처(?)만 남기고.

그런데 언제부턴가 등굣길 통학버스에서 휴대 전화로 알아볼 수도 없는 문자를 보내기 시작했다. 그러더니 갑자기 '하삐'와의 잠자리를 먼저 제안하는 것이 아닌가. 녀석의 마음속에 '하삐'가 함께하기 시작했다는 신호라 여겨져 여간 흐뭇한 게 아니었다.

잠자리를 같이하는 상황에서도 잠들면 아빠가 자기만 남겨 두고 갈지도 모른다는 걱정에 쉬이 잠을 이루지 못한다. 녀석이 잠든 듯하여 아빠가 잠자리 옮기기를 시도하자마자 녀석은 귀신같이 눈치를 채고 잠에서 깨어 아빠를 잡았다. 그러길 두세 차례 하더니 도망가려는 아빠를 포기하고

"하삐! 가까이 와."

라며 나를 옆으로 가깝게 끌어들여 손깍지까지 한 후에야 금세 곤하게 잠에 빠져들었다.

태윤이가 태어난 게 엊그제 같은데, 어느새 무럭무럭 자라 월드컵 스타 손흥민 선수를 좋아하는 나이가 되었다. 냉정하게 평가하면 축구엔 재능이 없어 보인다. 그래도 녀석은 제법 손흥민 흉내까지 낼 정도가 되어 우리 모두를 흐뭇하게 해 대견스럽다.

녀석은 세월호 침몰로 300여 명 꽃다운 젊은이들이 남쪽 바다에 수장된 다음 날 엄마의 직장인 충남 대학교 병원에서 태어났다. 태어난 지 얼마 후 외가에 와서 한 달 동안 산후조리하는 제 엄마와 함께 지낸 귀한 외손자다. 하지만 '하삐'와의 잠자리는 철저하게 거부한 아주 맹랑한 녀석이기도 하다.

여느 아이들처럼 잠꼬대가 심하고, 밤새 이불을 걷어차는 등 잠버릇이 고약하다. 덕분에 잠자리가 여간 불편한 게 아니었다. 하지만

이불을 도닥여 주고, 곤히 잠들어 있는 녀석의 예쁘고 의젓한 모습을 훔쳐보며 전부 표현하기 어려운 깊은 행복감에 젖어 들었다.

흔히 하기 쉬운 말로, 옛 어른들은 '외손자를 귀여워하느니 방아깨비를 귀여워하라.' 하셨다. 아무리 귀여워해 봤댔자 남이란 소리를 듣게 되거나, 혹은 베푼 사랑에 비해 돌아올 보답이 없음을 빗대었을 것이다.

하지만 현대의 시각으로는 맞지 않는다. 내남 할 것 없이 아이 낳기를 꺼려 출생률이 0.78에 머무는 저출산 시대에 외손자와 친손자를 구별하다니 말이 되는가? 무엇과도 바꿀 수 없이 귀하디귀한 것을….

태윤이가 장성한 뒤, '하삐'와 함께했던 첫날 밤을 기억하지는 못할 것이다. 하지만 그게 대수랴. 설렘으로 잠 못 이루는 오늘 밤, 점점 그 부피를 키워 가고 있는 행복감에 크게 만족하고 있음인데.

외손자와 잠자리했던 첫날밤의 행복감을 오래오래 간직하고 싶은 욕심의 부피가 자꾸 늘어만 간다. (2022. 12.)

해우소(解憂所)

속초 나들이를 위해 아내와 서울 양양 고속 도로를 달리고 있었다. 도중에 졸음도 쫓고 용변을 보기 위해 휴게소에 들렀다. 어디엔가 소변을 흘리지 말라는 주의 문구 정도는 붙어 있으려니 생각하며 용변을 보게 되었다. 언제부턴가 공중화장실의 변기 앞에만 서면 유사한 생각을 하며 주위를 살피는 버릇이 생겼다. 그런데 옆에서 용변을 보던 사람이 화장실 벽을 바라보면서 실성한 사람처럼 실실 웃음을 흘리고 있었다. 무엇 때문일까? 유심히 주위를 살피게 되었다.

무심코 보아 넘긴 맞은편 벽에 '저를 깨끗이 사용하신다면 오늘 본 것을 평생 비밀로 하겠습니다.'란 글귀가 보초처럼 노려보고 있었다. 통상 '남자가 흘리지 말아야 할 것은 눈물만이 아닙니다.'라거나 '아름다운 사람은 머문 자리도 아름답습니다.' 정도의 문구를 보아 왔는데….

물론 어느 음식점 화장실 변기 앞에 붙어 있던 '귀하가 가진 것은 장총이 아니라 단총입니다. 한 걸음 앞으로 다가서 주세요.' '자신 없으면 한 걸음 더!'란 문구에 실소를 금치 못한 적도 있었다. 이처럼 주의 문구도 기발하게 진화하여 놀라웠다. 이제는 화장실 주의 문구마저 획기적이지 않은가! 위트와 유머가 깃들면서도 교훈적인 의미를 실어야 홍보나 마케팅도 성공할 수 있는 세상이 된 것이다.

  해외여행을 자주 한 편은 아니다. 그래도 서유럽 7개국과 미국 서부 및 브라질·아르헨티나·파라과이 그리고 두 차례에 걸쳐 중국의 쑤저우와 광저우를 다녀온 적이 있다.
  그때마다 국력이 급속도로 신장되고 있음을 우리만 모르고 지내온 사실을 실감하게 되었다. 어느 나라 도로에서나 흔하게 볼 수 있는 현대와 기아 차, 체류국(滯留國) 호텔에서는 삼성과 LG의 TV며 에어컨 등 전자제품이 거의 독보적으로 눈에 띄었다. 또 휴대 전화는 삼성의 '갤럭시' 등이 압도적이었다. 서비스 만점인 인천 국제공항과 안전한 치안 및 잘 정비된 도로 사정 등 우리만의 자랑스러운 것들이 부지기수다.

  그러나 다소 주관적이긴 하지만 대다수 국가에 견주어 가장 자랑스러운 것은 다름 아닌 화장실이었다. 공중도덕을 강조하는 주의 문구가 공중화장실마다 붙어 있긴 해도, 호텔 화장실 못지않게 깨끗한 화장실이 으뜸이었다. 우리 화장실은 어느 곳에서나 인심 후한 식수 제공과 함께 단연 돋보였다.
  서유럽과 미국 등 선진국은 화장실 사용 요금을 받으면서도 우리만큼 청결하지 못하였다. 남미와 중국의 공중화장실과는 비교하기 어려울 정도로 우리 화장실이 더욱 돋보여 너무도 자랑스러웠다. 물론 1988년 서울 올림픽 대회 이전의 화장실 문화는 없었던 일로 치고 싶을 정도로 부끄럽긴 했었지만….

 1960~70년대 시골에는 본채와 뚝 떨어진 외진 곳에 재래식 화장실이 있었다. 쉽게 언급하기조차 꺼리며 집 앞쪽이 아닌 뒤쪽에 가려두었던 '통시' 또는 '뒷간'이라고 불리던 바로 그곳이다. 그곳은 역한 냄새가 진동하였고 불결했다. 또 용변을 마친 뒤에는 볏짚이나 오래되어 낡은 신문지로 뒤처리를 마쳐야 했었다. 가끔 밤중에 뒷간을 이용하려면 무서워서 엄마를 보초로 세우고서야 볼일을 볼 수 있었다.
 도회지의 서민들 주거지에는 드물게 공용화장실이 있어 여러 세대가 공동으로 사용했다. 아침이면 줄을 서야 했었고 불결하기는 마찬가지였다. 기다림이 번거롭고 싫어서 용변을 참았다가 불쾌한 냄새와 청결이 오십보백보인 학교 화장실을 이용하곤 했다. 기차역이나 시외버스 터미널 등 대중 이용 시설의 공중화장실 역시 예외는 아니었다.

 문경 대승사에서 취업 준비를 하던 1980년대 초, 해우소(解憂所)라 명명된 절간의 화장실은 왜 그렇게 넓고 깊었을까? 엉덩이에서 출발한 변(便)이 바닥에 닿아 퍽 소리가 나는 데 한참이 걸렸다. 근심을 푸는 곳이자 번뇌가 사라지는 곳이라는 해우소에선 머리를 숙여 아래를 보지 말아야 했고, 낙서하거나 침을 뱉지 말아야 했다. 또 용변을 마친 뒤에는 헝클어진 옷매무새를 고치고, 손을 씻기 전에는 다른 물건을 만지지 말아야 하는 등의 주의 사항을 지켜야 했다. 그런데 일을 볼 때마다 밑에서 엉덩이나 귀한 고추를 잡아당길 것 같은 두려움이 일었다. 그래서 자꾸 머리를 숙이고 아래를 보게 되곤 했었다.

청결 등 문제투성이였던 화장실이 국력의 신장과 함께 88 서울 올림픽 대회를 계기로 완전히 탈바꿈하였다. 상전벽해(桑田碧海)가 따로 없음이다. 전국 방방곡곡 어디에 가거나 '통시', '뒷간'이나 '변소'로 불리던 불결하고 때로는 무섭기도 하고 냄새나던 재래식 화장실은 이제 더는 찾아 볼 수 없다. 공중화장실엔 수세식 좌변기와 깨끗한 휴지가 비치되지 않은 곳이 없을 정도다.

특히 사찰의 화장실도 '해우소'란 명칭은 그대로지만 완전히 수세식 화장실로 탈바꿈하여 고개 숙여 밑을 내려다보는 일이 더는 없게 되었다. 심지어 강변 체육 시설조차 좌변기를 갖춘 수세식 화장실이 마련되어 있다.

화장실의 청결도가 한 나라의 문화 수준을 평가하는 잣대로 인식되고 있음은 어제오늘 일이 아니다.

여러 요인으로 인해 무역 수지 적자가 계속 이어지고 여행수지 적자도 쌓여 가고 있다지만 해외여행에 사용되는 외화는 아끼기만 할 일은 아니라 믿는다. 밖에 나가 봐야 우리 것의 우수성과 우리의 자랑거리를 제대로 깨달을 수 있다고 믿기 때문이다. 그렇기에 많은 국민의 해외여행을 권하고 싶다.

문득 40여 년 전에 머물며 공부했던 문경 대승사의 해우소가 궁금하다. 지금은 어떻게 변했을까?

엊그제 들른 동대구역 화장실 벽에는 '깨끗하게 사용한 당신 덕분에 참 행복합니다.'란 글이 걸려 있어 참으로 인상적이었다. 한 단계 업그레이드(Upgrade)된 주의 문구 맞지요! (2023. 10.)

40년 함께한 도반들!

밤새 잠을 설쳤다. 이래저래 마음이 설레서다. 오늘은 1982년부터 함께한 국세청 입사 동기 모임이 있는 날이다. 직장 생활을 함께 시작한 50여 명의 동기 중 전직(轉職)을 했거나 유명(幽明)을 달리한 동기를 제외하고 모임에 참여하는 동기가 40여 명이다. 그들은 80년대 초, 군대식으로 신규 교육을 함께 받고 사회생활을 시작한 전우(?)들이다. 그 후 30년 넘게 같은 직장에 기반을 두고 함께 생활했으니, 족히 40년 된 도반(道伴)들이다.

재직 시절부터 분기마다 정기적으로 모임을 하며 우의(友誼)를 다져왔다. 전부 은퇴한 지금도 정기적으로 모여 서로의 건강을 확인하고 안부를 전한다. 그러나 고약한 '코로나 팬데믹'으로 3년 넘게 모임을 열지 못했다. 그래선지 이번 참석을 앞두고는 설렘으로 잠까지 설쳤나 보다.

군대를 다녀온 대한민국 남성들 공통의 경험이겠지만, 전역 후에도 50대까지는 군대 시절 꿈을 자주 꾸었다. 주로 군대를 두 번 가게 되거나, 지긋지긋하게 힘든 훈련을 받던 악몽(惡夢)들이었다. 그런 꿈에서 해방되는가 싶더니, 오늘처럼 입사 동기들이나 옛 동료들을 만나기 전날 밤엔 직장 시절의 꿈을 가끔 꾸게 된다. 역시 즐거운 추억보다는 힘들었던 일들이 악몽으로 나타난다.

어젯밤에는 20여 년 전, 영세한 중소기업의 정기 세무 조사하던 꿈을 꾸었다. 규모가 워낙 작은 제조업 법인에다 정기조사라 부담감 없이 임했다. 그런데 들춰 보니 탈세 규모나 수법이 장난이 아니었다. 탈세 교과서(?)가 따로 필요 없을 지경으로 탈세하는 나쁜 법만 익힌 것 같았다.

언제나 납세자를 존중하고 담세능력을 먼저 고려하는 게 내 조사 원칙이지만 이런 상황에선 상당히 난감하다. 정공법을 택하기로 했다. 납세자는 단호하게 일벌백계(一罰百戒)하고, 세무 경력이 일천(日淺)한 조사 반원에게는 바른 조사법을 전수(傳授)키로 한 것이다. 규모에 견주어 과한 추징 세액이 예상됨을 알리고, 확인서에 서명을 요구했다. 납세자는 땅바닥에 무릎까지 꿇으며 선처를 읍소하였다. 다행히 꿈은 거기에서 멈추었다. 꿈속에서 나는 진땀을 흘리고 있었다. 꿈이어서 천만다행이었지만 혼이 났다.

경험한 바에 의하면 일반적으로 납세자들은 금액이 많고 적음을 떠나 세금 앞에서는 매우 인색하다. 유흥비로 고액을 탕진해도 아까워하지 않으면서 적은 돈이라도 세금을 내는 데는 엄청 구두쇠가 된다. 그들을 전혀 이해하지 못할 바는 아니다. 투전판에서 돈을 잃거나 친구들에게 술은 기꺼이 사지만, 좋은 일에 기부하는 데 인색해지는 것과 다를 바 없기 때문이다.

어떻든 그 조사 결과는 윗선에 액면 그대로 보고되었고, 담세능력을 고려해 과세가 되었던 것으로 기억된다.

먼저 도착한 약속 장소에서 어젯밤 꿈 생각을 하는 차에 그리운 사람들이 속속 등장하였다. 오래된 이는 4년, 최소한 3년 만의 해후(邂逅)다. 반갑기 이를 데가 없다. 서른 전에 맺은 인연들인데 일흔을 앞두었으니 당연한 현상이지만 모두 많이 늙었다. 착잡한 심정을 감출 수 없다.

대화는 온통 건강 이야기다. 고혈압을 달고 사는 경우며, 당뇨를 앓고 있는 동기(同期)나 심장에 스텐트 시술한 친구는 그나마 다행이었다. 이른 나이에 치료 약이 개발되지 않은 불치병이 불쑥 찾아들어 주위 분들을 안타깝게 하는 경우도 드물지 않은 현실에 모두 할 말을 잊었다.

만날 때마다 두주불사(斗酒不辭)하고 걸쭉한 농(弄)으로 분위기를 압도하던 동기도 심혈관에 이상이 있어 스텐트 시술을 했다며 침묵 일색이다. 건배한 술잔의 술이 줄어들지 않고 두 잔을 마시는 이가 드물다.

오랜만의 참석이라 벌주(罰酒)가 많이 돌아올 것을 예단해 기차를 타고 왔는데 다소 아쉬웠다. 말술도 사양치 아니하던 이들이 아닌가. 바람처럼 와서 구름처럼 머물다 가는 게 인생이라지만 허망하고 무상하단 생각을 떨칠 수 없었다.

우리는 국세청에 입사할 때부터 천덕꾸러기였다. 최종 합격 후 1

년이나 지나 신규 교육이 있었다. 교육 후에도 대책 없이 1년여 더 방치되었다. 전두환 정권이 경찰대와 함께 야심 차게 추진한 '국립 세무 대학'의 개교와 맞물려 우리는 항상 찬밥 신세였다.

 겨우 발령 나는가 싶었는데, 예산이 책정되지 않았다고 첫 출근날 되돌아서야 하는 수모도 겪어야 했다. 합격자 발표 후 만 2년이 넘어서야 가까스로 정식 임용되었다. 하지만 이번엔 승진에 있어 심한 홀대를 당해야만 했다. 요즘 후배들은 빠르면 2년 만에 하는 첫 승진을 예외 없이 10년 넘게 걸려야 했었다. 참으로 엄혹했던 전두환 군부 독재 시대였다. 그러나 우리는 주눅 들지 않았다. 자신들의 잘못된 선택으로 빚어진 숙명쯤으로 받아들였다. 그리고 30년 넘게 자신들의 길에 최선을 다했다.

 그러면서 동기들 결혼식에 함께 참석했고, 부모님들 장례식 때 마음을 함께 보탰으며, 자녀들 결혼까지도 하객으로 지켜본 사이다. 그러는 동안 세월이 흘러 머리에는 하얗게 서리꽃이 내렸고, 칠순을 목전(目前)에 두고 있다. 그러나 앞으로 20~30년은 더 함께하는 도반이 되고 싶다. 이들과 함께한 세월이 애틋하며 아름답고 자랑스러워서다.

 3개월 만에야 한 번 볼 수 있는 모임에 게으름 피우지 않고 솔선(率先)해 참석해야겠다. 좋은 인연일랑 알뜰히 챙길 것이다. 도반을 챙기는 것은 의무이자 권리가 아닌가! 모두의 건승(健勝)을 빈다. (2023. 9.)

잡문 나부랭이

 '보내 주신 산문집 『돈키호테의 길』에서 올곧은 인생관, 인정 어린 인간관계와 배려하는 마음을 읽었습니다. 맑은 영혼의 향기를 듬뿍 쐰 느낌입니다.'
 '과장님! 『돈키호테의 길』에 푹 빠져서 단숨에 읽어 내려갔습니다. 읽는 내내 행복했습니다. 어린 시절을 마음에서 함께하면서는 안타까움과 분노를 느꼈고, 국세청에 관한 글에서는 과장님으로 인하여 어깨가 으쓱하였습니다.'
 '강 작가님! 드디어 『돈키호테의 길』을 완독했습니다. 치열한 삶의 여정을 담담하게 기록한 사기(史記)이자 구도자의 길을 보여 주는 명저입니다. 오랜만에 책 한 권 완독할 수 있어 고마웠습니다.'
 짧은 문장력은 도외시하고 의욕만 내세워 빚어낸 내 첫 번째 산문집에 대한 직장 선배이신 K 서장님과 후배 직원 S 및 중고등학교 선배이신 K 님이 오래전 보내온 독후감 일부다.
 졸저(拙著) 『돈키호테의 길』은 생전에 꼭 해 보고 싶은 목마름으로 인해 부끄럼도 모르고 시시콜콜한 신변잡기 위주로 엮어 낸 잡문집이다. 더구나 살아오면서 은혜 입고 도움받은 고마운 분들께 증정하려고 조직 생활을 서둘러 접고 준비한 잡문 나부랭이로 채워졌다. 그런 졸저에서 무슨 큰 감흥을 느낄 수 있으랴만 호평(好評)으로 격려해 주신 분이 적지 않았다. 몹시 고마운 후원군이자 영원한 뒷배들이다. 더 잘해 보라는 격려로 알고 마음에서 우러나는 감사의 뜻을 전했다.

사실 마음을 글에 담아 펼치는 데는 겁 없고 배짱 두둑한 용기가 필요하다. 지극히 어려운 과정도 감당해야만 하므로 뚝심은 덤으로 요구된다. 아울러 남들의 따가운 시선을 오롯이 받아들이고 인색한 평가에도 초연할 수 있어야 한다. 또 때로는 그것들과 맞서는 결기도 필요하다고 믿는다.

거기에 반해 졸저 『돈키호테의 길』은 의욕만 앞세웠을 뿐, 위의 어느 하나 충족하지 못했고 준비도 부족했다. 애당초 타고난 문장력의 결핍이 빚어낸 종합적으로 부실한 잡문집이었다. 더하여 자신만의 신변잡기에 머물지 않고 타인을 소재로 불러들이면서 익명성(匿名性) 보장을 위해 '이니셜' 처리한 것 또한 화근을 불러왔다.

한 친구의 형제간 우애를 소재로 쓴 글에 대해 가벼운 이의 제기가 있어 출간된 1,000여 권의 책을 유통 직전 폐기 처분하는 시행착오를 연출하기도 했었다. 수정된 원고로 겨우 인쇄를 마쳐 제때 출간을 마칠 수는 있었다. 하지만 의도가 순수하고 선의였을지라도 단 한 사람에게도 마음에 불편함을 남길 수는 없는 일이다. 어려운 순간에 내린 신속한 결단이 그나마 다행이었다. 아무리 좋은 글감이 있어도 '이니셜' 처리만으로 익명성이 보장되지 않는다. 그것을 명심하고 창작에 나서야 한다는 깨달음만으로도 좋은 경험이 되었다고 자위하였다. 그 부분 외에도 군데군데 글감이 되어 준 분들을 '이니셜' 처리한 예가 여럿 있었다. 그래도 내 의도를 예쁘게 봐 주고 불편할 수 있는 부분은 눈감아 주신 점 고맙게 마음에 담아 두고자 한다.

 남에게 읽히기 위해 태어난 글이라면 살짝 웃기는 글과 재미있는 글이 잘 쓴 글이라고 믿는다. 그런 점에서 내 글은 무미건조하고 신변잡기 수준에 머물러 공감력이 극히 부족한 잡문 나부랭이 수준에 머물렀다. 또한, 질그릇처럼 투박하기만 하여 좋은 글 근방에도 이르지 못했다. 그것이 명백한 한계였음을 고백하지 않을 수 없다. 그러나 글쓰기로 인해 팍팍한 인생살이가 다소간 위로받을 수 있었다면 좀 못 쓰는 게 대수일까? 나라를 구하는 일도 아닌 것을.
 당장 해야 할 일들에 눌려 사느라, 정작 하고 싶은 일들이 후순위로 밀려나는 게 현실이다. 좋은 글을 써야 한다며 찰거머리처럼 마음을 옥죄는 욕심을 떨쳐 낸 것만도 다행스럽지 않은가!
 글을 쓰는 일보다 출간된 책을 애당초 의도한 대로 배부(配賦)하는 일이 훨씬 더 어려웠다. 1,500여 권의 책에 혼자서 전부 서명하여 포장하고 우편 발송하는 데만 꼬박 한 달 넘는 시간이 걸렸다. 타지(他地)에서 가진 딸애 결혼식 때 관심을 주신 분들과 그 후에 귀한 인연 맺게 된 고마운 분들의 주소를 일일이 확인하는 작업부터 너무 힘들었다.

 2019년 통계 자료에 의하면 우리나라 성인의 44.6%가 1년에 한 권의 책도 읽지 않는다고 한다. 이런 현실에 전문 작가가 쓴 글도 아닌 졸저가 받는 이들에게 마음의 부담만 드릴까 두려웠다. 아울러 활자 공해만 더하고 출판물 홍수 사태만 심화시키지 않을까 하는 염려가 넘쳐 났다. 정말 공연한 짓 하면서 사서 고생하는 것은 아닐까?

이번에 준비하는 산문집 출간 시엔 출간 사실만 알리고 읽기 원하는 분들께만 책을 증정하겠다는 생각을 굳히게 된 동기가 되기에 충분했다.

어떻든 65세 되던 해, 첫 번째 산문집이 세상에 그 얼굴을 빠끔 내민 뒤, 또 4년이란 세월이 총알처럼 빠르게 지나갔다. 살아온 날들보다 턱없이 짧아진 살아갈 날들에 관한 생각이 깊어진다.

아일랜드 작가 '조지 버나드 쇼'의 묘비에 「우물쭈물하다 내 이럴 줄 알았다.」라는 비문이 적혀 있다는 글을 읽은 적이 있다. 어영부영하다 허무하게 삶을 마감치 않기 위해서 육체와 정신의 영역을 활기차게 움직여야 할 것이다. 그런 의미에서 칠순이 되는 내년에 두 번째 산문집을 세상에 내놓기 위해 바지런을 떨고 있다. 앞에서 연출한 시행착오와 미진했던 부분들을 거울삼아 부끄러움과 후회를 줄이도록 애쓸 일이다. 평이하고 진솔하게 쓰인 글을 읽으며 안도할 아내와 아이들 모습을 상정하며 글을 쓰고 싶다.

시답잖은 작품 뒤엔 든든한 뒷배가 되어 주신 분들이 여럿 계신다.

먼저 두 번의 출간에 촘촘한 원고 교정을 마다하지 않은 지우(知友) 이영철 전(前) 서장(署長)의 큰 도움이 있었다. 한층 글이 젊어지고 간결하게 완성도를 끌어올리는 데 크게 일조하였다. 홍어삼합과 걸쭉한 막걸리로 고마움에 보답할 일이다.

아울러 게을러질 때마다 죽비로 마음을 난타하시던 두 분의 은사님이 계신다. 아동문학가로 일가(一家)를 이루시고, 구순의 연세에도 올봄 열두 번째 시집 『힌남노가 오던 날』을 편찬하실 정도로 왕성한 작품 활동과 출간을 이어 가시는 김종상 선생님이 그중 한 분이시다. 선생님의 지도 편달이 늘 함께했다.

향토 시인이신 박찬선 선생님께서도 글에 대한 열정이 시들해질 때쯤이면 부드러운 시선으로 지켜봐 주시며 무언의 채찍질로 의욕을 고취해 주셨다. 요즘도 가끔 뵙게 되거나 전화로 안부 인사를 드릴 때마다 두 분 은사님께선

"나이 들어 가도 쉼 없이 정진하고, 글 쓰는 작업에 더욱 매진하거라."

시며 분발하라는 격려를 아끼지 않으신다. 두 분은 내가 게으름에 야합하지 않고 올곧게 버티도록 하는 영원한 후견인이다. 두 분 은사님의 명성과 인품에 누가 되지 않겠다는 결의를 다져 본다. 내 부족한 글을 읽으시고 넉넉하게 미소 지으실 두 분의 모습을 떠올려 본다.

좋은 글은 저절로 이루어지지 않는 법이리라. (2023. 12.)

술꾼의 횡설수설

 주말에 딸네 식구들이 우르르 몰려왔다. 딸 내외는 대학 병원 교수로, 근무하는 곳이 다르고, 진료 과목도 다르다. 주말에도 각자 일정이 바빠 함께 시간 내기가 쉽지 않다. 그래도 딸애는 식구들과 어김없이 한 달에 한 번꼴로 친정에 온다.
 과수원의 제철 만난 과일처럼 하루가 다르게 쑥쑥 자라는 손주들 재롱을 보고 싶어 하는 마음을 챙겨 주는 딸 내외의 배려와 노력이 대견하고 기특하다. 하지만 이곳에 한 번 오기 위해 그들이 치러야 할 번거로움에 무척 신경이 쓰인다. 그러나 일부러 모르는 체하며 그들을 맞는다.
 '올 때는 반갑고 돌아가면 더 반가운 게 손주'들이라고들 한다. 그래도 그들과 함께할 삶의 여분이 얼마나 될지 모르기 때문에 한 번이라도 더 보고 싶어진다.

 그들이 오는 날이면 손주들이 잠든 시간에 으레 술판이 벌어지곤 한다. 사위에겐 우리 식구가 된 뒤, 십 년에 걸쳐 익숙해진 관행이다. 하지만 식구들이 모이면 술판을 갖는 것은 윗대부터 이어져 온 우리 집만의 오랜 전통이다.

집안에 대소사가 있고 난 다음 날 아침에는 4홉들이 '진로' 병이 사람 숫자만큼이나 대청마루에 수북이 쌓이곤 했었다. 그 당시 소주의 알코올 도수가 25도를 초과하던 시절이었다. 독한 소주의 흔적만이 가득한 아침을 맞는 것이다. 그렇게 드시고도 아무 일 없었던 양 어른들은 아침 식사를 거뜬히 드셨다.

아마도 우리 가계(家系)는 대대로 호주가(好酒家) 집안이었지 싶다. 지금은 아버지의 네 형제분이 모두 작고(作故)하셔서 추억 속에나 아련히 남아 있는 옛일이다.

전통을 이어받아 우리 삼 형제의 주량도 만만치 않다. 아랫대 아이들 남매와 조카들도 같이 대작하기에 부족함이 없다. 술 하나만큼은 대대로 부전자전(父傳子傳)이다.

백년손님이라 일컫는 사위에겐 주량을 정확히 몰라 조심스레 술을 권하지만, 그도 술을 마다하지 않고 대작하기를 피하지 않아 삶에 일락(一樂)을 더한다.

술판 벌어지는 횟수가 거듭될수록, 내 술좌석 레퍼토리는 고장 난 'LP판'처럼 했던 말 또 하기를 되풀이한다. 그래도 아이들은 처음 듣는 이야기처럼 묵묵히 경청하며 때로는 추임새까지 넣어 준다. 늙어가며 마음이 허해지는 아비를 위로하려는 배려임을 잘 안다.

어른들과 술을 마시며 올바르게 주도(酒道)를 익힌 터라 아이들이 술로 인해 실수하거나 주사를 부린 적은 없었던 것 같다.

언제나 아내는

"술 좀 그만 마셔요!"

라고 잔소리를 밥 먹듯 하면서도 공짜 술과 양질의 안주 공급을 마다하지 않으니 절로 즐겁지 아니한가. 매번 사위가 준비해 오는 와인으로 시작해서 집 안에 있는 소주며 양주까지 거덜 나야 술판은 끝이 난다. 중간에 슬그머니 술좌석을 벗어나는 사위의 처신(處身)엔 믿음이 간다. 주량껏 마시는 절제의 미덕이 고맙기도 하다. 그래도 남은 이들은 마신다. 다음 날 좀 힘들어 늘어지는 게 대수인가? 즐거우면 그만이지.

술에 관한 욕심은 끝이 없어 과해지기 마련이다. 이제 겨우 열 살인 손자 녀석이 어서 성장해 할아비와 대작하며 주도(酒道)를 전수(傳受)할 날을 고대하는 끝없는 욕심을 보게 된다.

여하튼 술로 인해 행복해지는 늙은이임에는 분명하다. 내가 행복해지는 것을 시샘하는 사람이야 있으랴마는 오래도록 방해받지 않고 이 행복을 오롯이 누리고 싶다.

초등학교 3학년 때쯤 제사를 모신 뒤, 아버지께서 눈물방울만큼 음복술을 주셨다. 그것이 술이란 놈과 첫 만남이었다. 5학년 때쯤부터 아버지 술 심부름으로 동네 주막을 드나들기 시작하면서 그놈과 제법 친숙한 사이가 되었다. 처음엔 막걸리가 한가득 담긴 술 주전자의 무게가 힘겨워서, 또 때로는 왜 어른들은 술을 맛나게 드실까? 하는 호기심이 일어서 술과의 관계가 돈독해지게 되었다. 시간이 지나며 술 주전자 속의 술에 조금씩 입을 대기 시작했다. 어른들 눈을 속여 그분들 몫을 사취(詐取)했다. 어쩌면 계속되는 나의 일탈을 어른들은 눈감아 주셨는지도 모른다.

중학생이 된 후 매번 제사를 모실 때마다 아버지로부터 제대로 된 음복술이 주어졌다. 그렇게 이어진 술과의 친교(親交)가 중학교 졸업 후에는 주량이 일취월장(日就月將)했다. 서울·대구 등으로 유학 떠나는 친구들 송별회 때는 막걸리 두 주전자를 마시고도 거뜬할 정도의 주량으로 발전하였다. 그런 담금질이 이른 나이에 앞날이 유망한(?) 술꾼의 반열에 오르는 기초가 된 것이 분명하다.

군대에서는 취침 시간에 전우들과 *2·4종 창고에서 몰래 술을 마시고도 티를 내지 않았다. 술을 마시는 자체를 아는 사람이 극소수일 정도로 은밀하게 술꾼의 위세를 누렸다.

직장 생활을 시작하고는 주종과 청탁을 불문하고 두주불사(斗酒不辭)하여도, 다음 날 근무하는 데는 전혀 지장이 없었다. 더 나아가 술좌석 뒷정리와 음주 운전을 하지 못하게 동료들 자동차 키를 압수하거나, 대리운전을 불러 주는 일도 도맡아 하였다. 모범적인 술꾼으로 업그레이드된 것이다.

단언컨대, 술을 극진히 사랑하고 자주 마셨지만, 내 음주 역사에 주취로 직장에 결근하거나 주사(酒邪)를 부리는 등 불미스러운 문제를 연출한 적은 단 한 번도 없었다.

술을 좋아하는 만큼 주위에는 술친구가 항상 넘쳐 났다. 그들은 학교 동기거나 직장 선후배이기도 하고, 업무 관계로 알게 되어 친구가 되고 호형호제(呼兄呼弟)하게 된 사람들이기도 하다. 참으로 소중한 인연들로 맺어진 술꾼 무리다.

술은 양면성이 있어 인간에게 긍정적인 면과 부정적인 면으로 동시에 영향을 미친다. 인간들이 더욱더 술에 은근한 매력을 느끼는 이유다.

의사나 술친구들로부터 '가급적(可及的) 술을 삼가라!'라는 말을 자주 듣게 된다. '가급적'이라는 단어는 얼마나 편리한 말인지 '하지 말라'는 말을 꾸며 주는 척하지만, 슬그머니 '해도 된다.' 편을 들어 주기도 한다. 그래서 '가급적'이라는 말을 전제할 때, 긍정적 의미에 무게를 두어 '해도 된다.'에 힘을 싣고 술을 마신다.

술은 평소 치밀하고 단단하게 무장된 사람을 조금씩 허술하게 만들어서 좋다. 평소라면 잘하지 못했을 말을 허술해진 틈을 타서 술술하게 되는 순간도 좋다. 맨정신으로 할 수 없는 말은 속에 담아 두는 편이 좋은 말도 있고, 밖으로 꺼내는 편이 좋은 말도 있다. 나는 술로 인해 자신이 허술해진 틈을 타서 밖으로 내지르는 편이다. 만만찮은 파장이 일기도 하지만 마음에 담아 두고 끙끙거리는 것보다 우선 시원해서 좋다. 술이 우리에게 주는 유익한 점이리라.

그러나 '술과 매에는 장사가 따로 없다'라는 옛 어른들의 말씀이 하나도 그른 게 없음을 요즘 와서 실감케 된다. 아울러 한 사람이 평생 마실 수 있는 술의 총량이 한정된 것은 아닐까? 라고 최근에 느끼고 있다. 칠순이 목전에 다다른 올해 초부터 급격히 주량이 줄어들기 시작하였기 때문이다. 술을 조금만 마셔도 금방 취기가 오르고, 다음 날엔 전날의 취기(醉氣)로 인하여 종일 헤매게 된다.

오래도록 술과 멀어져도 술을 마시고 싶은 의욕이 생기는 경우가 드물어졌다. 전에는 아내가 색다른 반찬만 준비해도 막걸리 한 잔쯤은 마시지 않고 그냥 지나치질 못했는데 별스럽게 변해 간다. 평생 마실 술을 당겨서 전부 마셔 받아들일 공간이 없어져 버렸나 싶다. 술친구들과의 약속을 미뤄 둔 경우도 적지 않은데 이제 어떻게 할 것인가?

그렇다고 벌써 술과 결별할 의향은 전혀 없다. 앞에서도 언급하였지만, 몸과 맘을 건강하게 단련하여 10년쯤 뒤에 딸 내외 입회하에 손주 녀석과 대작해야 한다. 녀석에게 올바른 주도(酒道)를 전수(傳授)해야 할 책무가 내게 주어져 있다고 믿기 때문이다. 술 마실 참 좋은 핑곗거리다.

아울러 부지기수인 술친구들과 절연할 수도 없지 않은가. 동문수학(同門修學)한 학교 동기들, 직장을 통해서 맺어진 귀한 인연들인 직장 선후배들 그리고 여러 인연으로 인해 호형호제하게 된 지기지우(知己知友)들과 소원해지는 것은 상상 할 수 없는 일이다.

하지만 건강하지 못하면 모든 게 부질없음이 아닐까. ***신외무물**(身外無物)이란 말이 달리 있는 게 아니다.

젊은 시절 청탁불문·하시불문·안주불문·거리불문·노소불문하는 음주 5대 불문율을 자랑으로 여기던 객기는 낙동강 물에 흘려보내야겠다. 지금부터라도 술을 두려워하고 술좌석에 어울림을 최대한 자제하고 절주해야겠다. 오랫동안 술과 친교해 오며 술이 인간에게 미치는 부정적인 면을 도외시했음도 반성해야겠다. *(사실 이 부분에서 스스로 모순을 느끼며 좀 헷갈리는 건 사실이다. 술을 계속 마시겠다는 것인지 말겠다는 것인지?)* 어찌 되었거나 70이 되어서야 철이 좀 드는가 보다.

그래도 비슷한 기질을 가지고 있고, 비슷한 상태가 될 수 있는 술꾼들과 오래오래 교우하고 술 마시며 살고 싶다. (2023. 6.)

---

* **2·4종 창고**: 군대 보급품 중 2종 보급품인 피복류, 개인 장구류 등과 4종 보급품인 공사 자재 등을 보관하는 창고를 통칭하여 2·4종 창고라 한다.

* **신외무물**(身外無物): 몸 외에 다른 것이 없다는 뜻으로 다른 어떤 것보다 몸이 가장 귀하다는 말

어느 봄날 아침의 단상(斷想)

엊그제가 겨울잠 자던 개구리며 벌레 따위가 잠에서 깨어난다는 경칩(驚蟄)이었다. 또 어제는 최고기온이 23도에 이르더니 오늘도 21도까지 오른다는 일기예보가 있었다. 이럴 땐 어디에선가 냉기를 가득 머금고 숨어 있는 꽃샘추위가 한두 번은 더 앙탈을 부릴 것 같은 불길한 예감이 든다.

하지만 완연한 봄이 우리 주위를 맴돌고 있다는 조짐은 차고 넘친다. 동네 앞산인 다봉산 비탈엔 개나리며 진달래 등 봄의 전령사들이 꽃망울 머금고 봄이 왔음을 먼저 알리기 위해 시위하고 있을 것이다. 곧이어 문성지 못 둑에서도 냉이며 쑥과 달래를 캐는 아낙들의 웃음소리가 울려 퍼지리라.

행여 유난히 추웠던 겨울 때문에 봄이 안 오리라고 불안해할 필요는 없었다. 변덕도 자연 질서의 일부일 뿐 원칙을 깨는 법은 없으니까.

"봄이다! 저기 좀 봐. 버드나무에 움이 트고 있네. 완연한 봄이 왔어."

"잘 둘러봐. 어디엔가 봄바람 난 여인네가 손짓하고 있을지도 몰라. 봄은 여자들의 계절이라고 했으니까."

어디선가 친구 L의 음성이 어렴풋이 들려왔다. 꿈이었다. 어제 낙동강 둔치에서 함께 만 보 걷기를 하며 나누던 대화 내용이 꿈속에 나타났다. 그가 먼저 봄을 예찬하고, 내가 화답(和答)했다. 봄바람 난 여인네가 꿈속에 나타났었는지는 기억에 없다.

벽시계는 새벽 4시를 가리키고 있었다. 이른 봄날 아침이지만 엊저녁엔 이런저런 걱정으로 쉬이 잠들지 못했다. 만 35세가 다 되어 가는 아들 녀석은 결혼할 생각을 하고 있는지에 대한 걱정. 분명 녀석도 걱정이 없지는 않을 것이라 믿기는 하지만. 퇴행성 척추관 협착증으로 방사통이 심해짐에 따른 건강 걱정. 틈만 나면 탄도 미사일 쏘아 올리며 핵 위협을 해 대는 북쪽 사람들로 나라 걱정. 오지랖 넓게도 오만 걱정이 태산이다. 더 잠을 청한다는 것은 진즉에 글러 버렸다. 자리를 털고 일어나 컴퓨터 자판과 마주했다.

머리에 서리꽃이 피고, 혼자 지내는 시간이 길어지니 생각만 많아지고 스스로가 무척 버거워졌다. 세월은 빠르게 흘러 나이테가 늘어 갈수록 우울감이 엄습해 와 서러운 날들이 늘었다.

그런데 요즘 들어 매사에 긍정적이고 행복하지 않은 날들이 드물어졌다. 더구나 봄이 가까워지면서 몸과 마음에 부쩍 활기가 넘쳐 난다.

나이 들어 가도 크게 다행인 것은 시력이 더 나빠지지 않아 맘껏 책을 읽고 글을 쓸 수 있다. 노안은 피할 수 없어 돋보기는 필수지만 감사할 일 아닌가. 하늘이 준 축복임이 틀림없다.

퇴행성 척추관 협착증으로 인해 책상에 앉아 글을 읽고 쓰는 것은 큰 고통이었다. 그러나 서서 글쓰기 작업을 할 수 있는 기능성 '스탠딩 책상'에 의지하면서는 큰 불편이 없다. 그것으로 책을 읽고 컴퓨터 자판을 가까이하는 작업이 가능해서다. 건강에도 좋다고 하니 꿩 먹고 알 먹기인 셈이다. 서서 작업할 수 있는 동안엔 책 읽고 글 쓰는 행복감을 두루 누릴 수 있다는 생각에 행복은 배가된다. 한 꼭지의 글이 완성될 때마다 주체할 수 없는 행복감에 절로 콧노래를 흥얼거리게도 된다.

다음으로 충만한 행복감을 선사한 것은 원만한 대인관계다. 때로는 모멸감과 상처를 안겨 준 사람들이 주위에 전혀 없지는 않았다. 그들은 자상한 선배라고 말하지만, 가까이하고 싶지 않은 직장 상사로 극소수의 사람들이다. 사리사욕(私利私慾)에 매몰되어 직원을 사병(私兵)처럼 다루며 모멸감을 심어 주고는 했다. 드물게 내 마음에도 작은 생채기를 남겼다. 그래도 그들에게서 장점 하나씩은 배우려고 애를 썼다. 누구나 장단점이 있다는 믿음으로 그들을 향한 섭섭함과 분노를 삭일 수 있었고 그들의 장점을 내 것으로 만들 수 있어서 일거양득이었다.

아울러 한번 맺은 인연은 돌같이 무겁게 받아들이고 소중하게 간직했다. 감히 단언컨대 나의 무성의와 소홀함으로 인해 소중한 인연이 금이 가거나 파탄 난 경우는 없었다.

함께 호연지기(浩然之氣)를 키워 온 친구들. 나아가 짧게는 수년 길게는 수십 년 동안 함께 직장 생활 하고 퇴직해서도 깊은 연을 맺어 가는 선후배 동료들. 그들의 마음은 순수했고 막힌 데 없이 투명했다. 설사 막힘이 있다고 한들 그게 대수랴. 소주잔 기울이며 역지사지하는 심정으로 소통하면 해결 아니 되는 일이 어디 있던가.

　아울러 직장 생활 중에 만나 교우하게 된 지기(知己)들 또한 변치 않는 영원한 뒷배임이 틀림없다. 일정표를 가득 메운 그들과의 약속 날을 생각하면 기대와 활력이 넘쳐 난다. 사람이 최고의 자산이라는 평소 지론(持論)이 한 치의 일그러짐 없어 마냥 행복한 봄날의 아침이다.

　봄날 이른 아침에 무엇보다 큰 행복감을 주는 것은 모자라는 듯 넘쳐 나는 텅 빈 충만함이다. 더는 비울 것 없다는 믿음에 힘이 실리며 한없이 홀가분해지는 마음 상태가 진정한 행복이 아닌가 싶다.

　누군가 '인생의 황혼기에 노욕을 부리는 삶은 아름답지 못하다.' 했겠지. 맞는 말이다. 남아 있는 날들에 주어진 삶의 의미를 관조하며 인생을 정리하는 것이 현명한 자세이기 때문일 것이다. 나이 들수록 긍정적으로 미래를 기획하기보다는 일상의 반복을 멈추고 세상과 단둘이 마주하고 싶다. 부정적이었던 과거를 무너뜨리는 데 몰두하는 것이 상책 아닐까.

　이제 막 시작된 봄이 여름으로 달아나기 전에 넘쳐 나는 이 행복감을 잘 갈무리해야겠다. 그다음 봄은 아주 멀리 있을 터이니까. (2023. 3.)

사람이 최고의 자산

　추석에 카톡을 통해 많은 이로부터 인사 글을 받았다. 모두 고마운 분들이다. 그중에서 지난해 연말 공직을 떠나 새길을 걷고 있는 L 세무사 글이 특히 따사롭게 마음에 와닿았다. 꾸밈없는 간결한 글 너머로 평소 그에게서 느끼던 진정성이 그대로 다가와서다. 그는 20여 년 전에 처음 만나 계장과 차석으로 함께 근무한 뒤, 줄곧 귀한 인연을 이어 온 한결같은 사람이다. 그의 인사 글을 옮겨 본다.
　「사회 초년생으로 맞는 첫 번째 추석입니다. 별스럽게 비가 많았던 여름이 지나고 초록이 옅어지고 있습니다. 새길을 걸으며 '없다.' 두 가지를 크게 느꼈고 실감하고 있습니다. 세상에는 공짜와 쉬운 일이 없다는 것이 그 두 가지입니다.
　어느새 추석입니다. 하얗게 세상을 밝힐 보름달에 따뜻한 정과 기쁨을 가득 누리시길. 무엇보다 안전하고 편안한 한가위 보내시길 소망합니다.」
　그는 다섯 곳 세무서 서장을 역임한 후, 금방 새길로 들어섰다. 공무원에서 사업가(세무사)로 변신하며 쉽지 않은 현실과 마주했을 것이다.

 현직에 머물 때, 직원들 마음 편하게 해 주는 데에 그가 최선을 다했다는 것은 내남없이 다 잘 안다. 공사(公私)를 가리지 않고 마음 아픈 일 당해 불편해하는 직원들을 보면 본인 일처럼 해결하고 위로하려 애를 쓰던 그였다. 그는 태생적으로 사람이 최고의 자산(資産)임을 믿고 있었기 때문일 것이다.
 흔히들 부하 직원을 잘 다뤄야 유능한 관리자라고들 한다. 그러나 그는 사람은 다루면 절대 따르지 않는다, 오직 아끼고 사랑해야 따른다는 지론(持論)을 가지고 있었다. 또 그것을 그대로 실천에 옮겼다. 업무에 임해선 항상 반짝반짝 창의적이었고 솔선수범하는 사람이었다. 지금도 계속되고 있는지 모르지만, 국세청에는 연말에 단위 기관별로 전체 관리자 중 '닮고 싶은 관리자'를 직원들 투표로 뽑는 행사가 있었다. 그는 지방청에서 네 번이나 뽑힐 정도로 직원들이 닮고 싶어 한 관리자였다. 작은 체구에서 뿜어져 나오는 내공이 범상치 않았다.
 하지만 새길에서 만나는 국세청의 모습이 좋기만 할까. 분명 자기의 가치관과는 다른 모습으로 마주칠 것은 불을 보듯 뻔하다. 그럴 때마다 어떤 생각이 들지 궁금하다. 안에서 국세청을 사랑했듯이 따뜻한 시선으로 안타까움을 달래지 않을까? 그렇게 믿는다.

「요즘 아침마다 아내와 우유 배달을 하고 있습니다. 이웃 주민에게 인계받아 처음에는 아내가 혼자서 우리 아파트만 배달했지요. 그러다 보급소에서 아랫동네까지 부탁해서 겁 없이 승낙했답니다. 아랫동네까지 다 돌리려면 적어도 새벽 4시에는 나가야 하는 아내가 안쓰러웠습니다. 그래서 아랫동네는 함께 돌리자고 했습니다. 처음에는 일터 나가는 사람에게 그 일을 어떻게 시키냐며 반대하더군요.

 돈벌이로 생각하면 서글퍼서 못합니다. 부부가 함께 좋은 공기 마시면서 같이 돌리는 재미가 쏠쏠하고, 건강을 위해 운동 삼아 하는 것이라고 아내를 설득했습니다. 그렇게 동참하게 되었지요. 이제는 아내도 당연한 듯 받아들입니다. 새벽에 만나는 사람들과 인사 나누고, 우유 받아 드시는 분들께 감사의 마음을 담아 돌리고 나면 땀방울과 함께 저 자신도 즐거워집니다. 배달 끝내고 집으로 돌아오며 아내와 나누는 대화는 더욱 좋고요. 산다는 것이 바로 이런 것 아닌지 모르겠습니다. 부부가 오래오래 함께 살면서 마주치는 모든 일을 함께 나누는 것. 이것이 참된 행복이 아닐까요?」

 L이 사무관으로 지방청 과장 소임을 맡고 있을 때 개인적으로 내부 통신망을 통해 전해 온 그의 단상(斷想)이다.

 그쯤 되면 뒷짐 지고 거드름 피워도 세인(世人)들에게 하나 이상하게 비치지 않을 세태(世態)였다. 그럼에도 불구하고 그에게선 소탈하고 서민적인 일상의 단면을 엿볼 수 있는 글이어서 오랫동안 기억에 남았다. 아이들 학원비에라도 보태려고 바지런 떠는 아내의 마음을 헤아려 주는 가장의 모습이라 부러웠고 더욱 아름다웠다. 모두로부터 사랑받기에 부족함이 없는 생활인의 모습이다. 그는 가화만사성(家和萬事成)을 어김없이 실천하는 사람임이 분명했다. 아울러 허례허식(虛禮虛飾)은 태생적으로 멀리한 그였다. 포장되지 않고 가식 없는 맘 씀씀이가 두고두고 아름다웠다.

「노무현 전 대통령과 장뇌삼을 나눠 먹으며 이야기하는 꿈을 꾸었습니다. 꿈 내용도 생생하고, 로또 당첨에 대통령 만나는 꿈을 꾼 사람이 여럿 있었다고 들은 기억이 떠올랐습니다.

그래서 그날(일요일) 아침 마누라를 성당에 태워 주고 오는 길에 로또 복권을 샀습니다. 그런데 마누라가 성당에서 돌아오면서 생글생글 웃으며 큰 보따리를 선물이라고 던져 주었습니다. 열어 보니 장뇌삼 진액이었습니다.

아! 꿈에서 노 대통령과 나누어 먹던 그 장뇌삼 꿈이 아내의 장뇌삼 진액으로 인해 허무하게 깨졌다는 느낌과 동시에 울화통이 치밀어 올랐습니다.

"뭐라꼬 사왔노?"

"요즘 아침도 못 먹고 나가고, 성당서 건립 기금 마련하기 위하여 행사한 데서 사 왔다. 당신 이런 거 좋아하잖아."

"무신 소리? 이기 무슨 장뇌삼 진액이며, 만든 데도 어딘지? 모르는 회사에서 만들었는데. 대체 얼마노?"

"성당에서 하는 것이니 믿어도 된다. 15만 7천 원 줬다."

"어휴, 우에 만든 건지 보기는 함 보자. 봐라! 장뇌삼 2% 홍삼 0.2%다. 이런 기 우에 장뇌삼 홍삼 골드고? 순 말장난만 해 놓았구만."

"먹기 싫으면 치와 뿌라. 내 묵으면 되지. 위해 줘도 저카노."

그렇게 말싸움하고 난 뒤 며칠 동안 냉전 상태다. 세상 물정 어두운 것도 화가 났지만, 내 꿈이 그렇게 깨진 것 같아 참을 수 없었다. 로또요? 꽝이었죠. 별로 좋아하지도 않는 노 대통령이 꿈에 나타나….」

역시 어느 날 막간을 이용해 전해 온 글이다. 표준말이 전부 망가지고 경상도 사투리가 물씬 묻어나는 부부간의 다툼이라 그대로 옮겨 보았다. 터져 나오는 웃음을 참을 수 없었다. 인간적인 면모가 그대로 투영되어서다. 다소 생뚱맞긴 하지만 그의 소박한 일상 중 일부가 그대로 노출된 것이다.

우리는 한 생을 살면서 많은 사람과 인연을 맺지만, L은 내게 특별한 인연이었다. 나이는 띠동갑에 가깝도록 나보다 어리지만, 마음 씀씀이는 저만치 앞서가는 건전하고 모범적인 생활인임이 분명하다.

그가 구미세무서장으로 재직 시엔 자주 만나 담소 나눌 기회가 있었다. 간부들에게 부담 주지 않으려 일찍 퇴근하여 관사에서 라면으로 대충 저녁 끼니를 때우고는 하던 시절이었다. 우리는 허름한 주막에서 홍어삼합과 정구지(=부추)전이나 배추전을 안주로 막걸리를 즐겨 마셨다. 의기투합하는 하위직 동료들도 함께하는 분위기를 그는 참으로 즐겨서 더욱 정겨웠다. 매사에 소박하고 담백한 삶을 살았고, 더하여 불편부당(不偏不黨)하였다. 그래서 그를 존중하고 사랑하지 않을 수 없었다.

정년을 4년이나 남겨 두고 후배들을 위해 자리를 툭툭 털고 용퇴(勇退)할 때, 그의 족적(足跡)을 확인하며 모두는 아쉬워했다. 1년 후의 퇴직을 약속하고 한 해는 더 근무해도 하나 이상하지 않을 터였지만 그는 막무가내였다.

한 점의 미련이나 후회도 없다고 하였다. 참으로 쿨(Cool)하지 않은가!

물론 사람에 대한 평가나 호불호(好不好)는 상대적이다. 아울러 상황에 따라 사람은 어떻게든 진화하게 되어 있음이다. 사업가로 변신한 그는 때론 공직자들과 상반된 입장에 서서 창과 방패로 맞서게 될 때도 있을 것이다. 그렇게 진화된 상황에서도 슬기롭고 현명하게 대처하여 이제까지 그러했듯 많은 이들에게 사랑받는 생활인이길 기대하련다.

　살아가며 최고의 자산이 사람임을 자주 기억하면 금상첨화(錦上添花)다. 지난(至難)한 과정과 시행착오는 필수적 과제이리라. (2023. 10.)

문우(文友) L형!

비록 구미에서 경산까지 단거리 여행이지만, 아주 오랜만에 경부선 남행 열차에 몸을 실었다. 한껏 무르익어 가는 봄날의 열차 여행인지라 소풍 떠나기 전날의 아이처럼 설렘으로 잠까지 설쳤다.

경산역에서 K형의 승용차를 얻어 타고 단숨에 운문댐과 이웃한 경주시 산내면 내칠리로 달렸다. 그곳에는 칩거하며 농사짓고 글쓰기 작업하는 문우(文友) L형이 살고 있다. 그는 정년퇴직한 뒤, 타관인 산내면에 터전을 잡았다. 그 소식을 처음 접했을 때, 과연 그다운 선택이라 생각했었다.

L형은 나랑 갑장(甲長)에다 국세청 입사 동기이기도 하지만, 일찍 문단에 등단한 수필가로 선망의 대상이다. 그는 국세청 재직 시부터 '세우회지'와 '경주 문인협회' 홈페이지에 수필을 꾸준히 게재하였다. 그의 글은 향토색이 짙어 구수한 내음이 가득 넘쳐 났다. 나는 물론 그의 열렬한 애독자였다.

그의 글은 주로 자연을 소재로 노래하듯 쓰여 목가적이고, 표현에 가식이 없어 찌들지 않은 무공해 그대로다. 질그릇처럼 다소 투박하지만 소박해서 꿀 같은 단 내음이 풍긴다. 산문(散文)의 모습으로 잉태되었지만, 운문(韻文)의 매력이 담겨 있어 읽는 데 막힘이 없고 쉽게 친근감이 간다.

그는 다소 수줍음을 타지만 점잖음이 오롯이 묻어나는 경상도 양반의 표상(表象)이다. 그의 인품과 문재(文才)를 닮고 싶으나, 언감생심 꿈도 못 꿀 일이다.

점심 무렵, 어림잡아 1,000여 평 남짓한 텃밭이 감싸 안은 터 위에 지어진 L형의 전원주택에 도착했다. 한글 서예가인 부인과 함께 불청객들을 반갑게 맞아 준다.

곧이어 기다리기라도 한 듯 상추, 쑥갓, 참나물, 두릅 등 제철 먹거리들로 가득 채워진 점심 밥상이 제법 출출해진 우리 앞에 주어졌다. 잘 구워진 삼겹살을 안주로 나는 막걸리 L형은 소주를 반주 삼아 마파람에 게 눈 감추듯 음식들을 먹어 치웠다. 너무도 오랜만에 마주한 향토 음식인지라 마치 기갈(飢渴) 걸린 사람처럼 굴었다. L형의 부인께 부끄러운 마음 한가득 넘쳐 났다. 두주불사하는 L형과는 거나하게 취기가 돌 때까지 마시며, 세상 사는 이야기로 시간을 멈춰 세웠다. 운전 걱정으로 음료수만 홀짝거린 K형에겐 식사 시간 내내 미안하였다.

L형은 낮엔 남새밭에서 제철 푸성귀며 마늘과 고추, 콩 등을 열심히 가꾸는 영락없는 농부로서 소임을 다하고 있단다. 궂은날이나 밤에는 독서와 글쓰기 작업에도 소홀함이 없는 작가로 변신한다. 지난 한 해에 150여 권의 책을 대여해 읽었다고 했다. 독서량의 방대함에

절로 탄성이 터져 나왔다. 그의 주옥같은 글들이 그냥 쓰인 게 아님을 웅변하는 듯했다.

10년 차로 접어든 전원생활이 낭만과 깨 쏟아지는 나날로만 채워지지는 않았다고 했다. 세상사가 기복 없이 이루어질 수만은 없는 법 아니던가.
지난해 9월, 대형 태풍 '힌남노'가 경주와 포항 일대를 쑥대밭으로 만들고 물러간 기억이 또렷하다. 그때는 과정의 두려움과 결과의 참담함으로 모든 의욕이 소진될 위기도 있었다고 한다. 자연재해야 다반사인 것을 어느 정도 예견은 하였단다. 하지만 감당하기에 턱없이 힘 부치는 상황 앞에선 참으로 암담하였으리라. 그 상황이 미루어 짐작되었다. 시련 앞에 일정 부분 순응하면서도 굴하거나 회피하지 않고 맞서는 결기가 그에게서 느껴져 한층 더 믿음직스러웠다.

귀가를 대비해 경산역에서 출발하는 열차표를 예매해 둔 터라 유익한 시간을 무한정 이어 갈 수는 없었다. 그런 아쉬움을 공유할 즈음, 대화는 자연스레 문학의 영역과 창작의 길에 대한 경계를 넘나들기 시작하였다.
"L형은 주로 자연 친화적인 소재를 객관적 시각으로 표현하더군. 작가가 전하고자 하는 내적 의미는 오롯이 독자들 판단에 맡기는 것처럼. 그런 창작 기법을 자유롭게 활용하는 L 작가가 나는 부러워."
먼저 고백을 하지 않을 수 없었다. K형이 중간에 나서
"L 작가는 자연 친화적인 글을 주로 쓰고, 신태는 주변 사람들과의 일상을 소재로 글을 쓰는 점이 대비되지만 각자 나름대로 특색이 있고 흥미가 있더라."

라고 추임새를 넣었다. 그의 말에는 대화가 후끈 달아오르면서 혹여 마음에 불편을 느끼는 사람이 생길까 염려하고 중화시키려는 의도가 다분히 실려 있었다. 그만큼 진지한 대화가 오갔음이다.

L 작가의 의견에 내가 전적으로 동의한 것은 아니지만, 첫 번째 산문집 『돈키호테의 길』은 자서전 유형이었다는 L 작가의 판단을 전제로 대화를 이어 갔다.

"수필도 문학의 한 장르이기에 문학의 울타리 안에 머물러야만 한다고 생각해. 아울러 주제는 이야기 속에 숨어 있게 하여 독자가 판단하게 하는 게 수필 쓰기의 기법이 될 것이야."

라 설파했다. 더하여

"신태 글의 전개 방법이 너무 논리적이고 관념적이어서 감성적이지 않고 이성에 호소하는 경향이 너무 짙다고 생각돼. 그런 논조가 이어지면 논평이나 칼럼 같은 글이 되지 않을까? 주관은 20% 가미하고 80%는 객관화하는 글을 써 보면 어떨까!"

라고 조언을 아끼지 않았다.

그의 마지막 지적이 큰 울림으로 마음에 와닿았다. 모두 맞는 말이다. L 작가의 작품 활동은 이미 수필의 영역에 닿아 나름의 경지를 이루고 있음이라 금과옥조(金科玉條)처럼 내 마음에 깊은 울림을 주었다. 하지만 문학이나 수필의 원론에 익숙하지 않고 문외한이라 꾸준히 정진할 숙제로 마음에 담아 두기로 한다. 첫술에 배부를 수는 없는 법 아닌가!

이제까지와 마찬가지로 자신의 체험이나 주위와 교류하며 친숙해진 인간관계 위주의 소재에 의미를 담는 노력을 꾸준히 지속해야겠다. 하지만 주제는 이야기 속에 녹아 있게 하고 의미 파악은 전적으로 독자의 판단에 맡기는 수필 쓰기 기법에 대해서도 당장 서둘러 공부해야겠다고 마음을 다졌다. '일신 우 일신'(日新 又 日新)이 따로 있음이 아니잖은가!

　진지한 대화의 시간이 길어진 탓에 열차 시간에 쫓겨 다음을 기약하고, 서둘러 L 작가 댁 사립문을 나서야 했다. 아쉬운 작별이었다.
　문득 논어 학이편(學而篇) 제1장
　'*자왈 학이시습지 불역열호 유붕이자원방래 불역락호 인부지이불온 불역군자호'(子曰 學而時習之 不亦說乎 有朋而自遠方來 不亦樂乎 人不知而不溫 不亦君子乎) 구절이 떠올랐다. 문우(文友)를 맞고 떠나보내며 L 작가도 학이편을 생각하였을까? (2023. 5.)

* 子曰 學而時習之 不亦說乎
　有朋而自遠方來 不亦樂乎
　人不知而不溫 不亦君子乎: 공자님 말씀에 의하면 '배워서 때에 맞추어 익히니 또한 기쁘지 아니한가! 뜻을 같이하는 벗이 먼 곳에서 찾아오니 또한 즐겁지 아니한가! 남들이 알아주지 않아도 노여워하지 않으니 또한 군자가 아니겠는가?'

'보리각시'에서의 친교(親交)

드문 경우지만 꼭두새벽인 4시쯤에 눈을 떴다. 금세 일어나지 않고 이불 속에서 뒹굴뒹굴하고 게으름을 피운다. 그래 봐야 부질없는 잡념과 근심만 일뿐이다. 내 일도 내 소관(所管)도 아닌 것들과 아직 오지 않은, 그래서 하지 않아도 될 일들에 대해 조바심 내며 근심하게 된다. 이럴 때는 당장 벌떡 일어나 침대를 벗어나는 게 정답이다.

오늘은 대구에서 고등학교 동기 세 명이 다녀가기로 오래전 약속된 날이다. 그들을 만난다는 설렘으로 꼭두새벽에 눈을 뜨게 된 것인지도 모른다. 더구나 세 명 중 한 친구는 고등학교 졸업 후, 얼추 48년 만의 만남이다. 사정이 이러하니 목석같은 사내라지만 어찌 마음 설레지 않을 수 있으랴.

친구 S는 시중 은행에 30여 년 가까이 근무하다 퇴직하였다. J와 O는 25~35여 년간 중등학교에서 교사로 봉직하다 퇴직한 친구들이다. 세 친구는 동문수학(同門修學)하던 시절부터 심지(心志)가 굳고 언행이 과묵했으며 반듯했었다. 두 친구는 교직을 천직으로 여기고 후진 양성에 반평생을 보냈다니 친구지만 경외감마저 일었다. 그런 친구들과 만남이라 더욱 설레고 반가웠으리라. 날씨마저 친구들과의 만남을 축복하듯 화창하고 따사로웠다. 구미 토박이인 L도 합류하여 친구들을 반갑게 맞았다.

거의 반세기 만에 만난 친구가 있음에도 매일 만나는 친구인 양 수다를 떨며 점심 식사를 위해 예약된 식당으로 향했다.

수다는 여자들의 전유물로만 여겼는데, 나이 일흔을 목전에 둔 사내들 수다도 어색하거나 낯설지 않았다.

식사 장소는 구미 시내에서 30여km 떨어진 무을면 안곡리에 소재한 '보리각시'란 식당이다. 식당은 '연악산' 자락 양지바른 곳에 자리한 2층 슬래브식 건축물이다. 그곳은 조용하고 아늑한 모습으로 처음 찾는 우리를 반겨 맞았다.

안주인이 직접 가꿨다는 3월 말의 정원과 울타리는 아름답고 정갈했다. 아무리 들여다보아도 질리지 않는 우리네 꽃인 개나리와 진달래가 만개하고, 산수유와 흡사하게 생기고 꽃말이 수줍음이란 생강나무꽃도 머리를 비죽이 내밀고 오랜 친구처럼 우리를 반긴다. 백목련은 겨울을 잊지 못하여 아쉬움이 뚝뚝 떨어지는 듯 시들고 있었다. 한편에서 때 이른 벚꽃도 꽃망울을 터뜨릴 기세로 얼굴을 들이밀고 봐 달라고 아우성친다. 온갖 꽃 무리에는 화사함과 설렘 및 그리움이 가득 넘쳐 났다.

수경재배로 키운 새싹 보리를 주재료로 만든 코스 요리인 '세찬상'

이 일품인 '보리각시'는 농가 맛집으로 유명한 식당이다.

'세찬상'은 설에 차례를 지내거나 세배하러 온 사람들에게 대접하기 위해 차려 내놓는 정성 가득한 상차림에서 유래했다고 한다. 차려진 갖가지 음식들은 자연 친화적이었고, 건강한 비주얼로 식욕을 북돋우기에 충분했다. 특히 고소한 보리죽과 감칠맛이 제대로인 장아찌류 및 상큼한 '도토리묵전'은 맛이 부드럽고 담백하기까지 해서 입을 호사스럽게 했다.

이럴 때 한 잔의 동동주를 빠트릴 수 있단 말인가! 식당에서 직접 빚었다는 동동주의 얼큰한 맛에 취기가 돌아 분위기는 더욱 고조되었다. 이쯤이면 ***박주산채(薄酒山菜)**일망정 옛 선비들의 풍류는 저리 가라다. 하루 전에 예약이 필수인 이유를 알 듯했다.

나중에 식당을 떠나기 전 기념 촬영을 자진해서 도와주며 갖은 포즈(Pose)를 유도하는 안주인의 기지도 돋보였다.

꽃 무리에 둘러싸인 아름다운 주위 환경과 가성비 좋고 맛깔나는 식사에다 안주인의 친절과 기지로 인하여 기분은 극치에 달했다. 친구들과 만남의 자리를 준비한 입장에서도 더할 나위 없이 만족스러웠다.

주인장의 정성이 가득 깃든 맛깔스러운 오찬을 마친 뒤, 2층 찻방으로 자리를 옮겼다. 그곳에서 너른 창밖으로 펼쳐진 시골 마을과 안곡 저수지 및 전원의 넉넉함을 감상하며 반세기 전으로 돌아가 도란도란 이야기꽃을 피웠다. 학창 시절의 갖가지 에피소드며 은사님들과 친구들의 근황 등을 주고받노라니 어느새 헤어질 시간이 되었다.

세월은 무심히 흘러가 지난날 열악한 환경에서 애들 키우고 직장에 충실하며 바쁘게 살아가느라 소홀했던 것들에 관심을 가질 수 있는 나이가 되었다. 어느 정도 정신적, 시간적 여유도 갖게 되었음은 말할 나위도 없다. 이제는 건강 관리 잘하고 원하는 일 맘껏 하며 즐겁게 살 일만 남았다는 데 모두가 의견을 같이했다. 아울러 만남의 소중함과 소통의 필요성에도 완전히 공감하며 작별의 아쉬움을 달랬다.

다음에 만날 땐 칼국수에 돼지고기 수육을 안주로 막걸리를 곁들이며 우정을 이어 가자는 약속도 빠뜨리지 않았다. 건강한 삶에 일락(一樂)을 더하는 친구들과 친교의 시간을 좀 더 자주 가져야겠다는 생각도 하게 된다.

고대 로마의 정치가이자 작가인 키케로가 말했던가!
'우정은 풍요를 더 빛나게 하고, 풍요를 나누고 공유해 역경을 줄인다'라고. 그 말이 그대로 가슴에 와닿는 하루였다.

방금 돌아간 친구들이 금세 그립다. 언제 다시 만나려나? (2023. 3.)

---

* **박주산채(薄酒山菜):** 맛이 변변하지 못한 술과 산나물로 자기가 내는 술과 안주를 겸손하게 이르는 말

오지(奧地) 기행

2023년 8월 7일, 경남 함양군엘 갔다. 경부와 중부 내륙 및 광주 대구 고속 도로 147km를 이어 달려 그곳에 닿을 수 있었다. 그곳이 1박 2일로 예정된 경남 오지(奧地) 여행의 시발점이다. 날씨는 화창하였으나 최고 기온이 33도로 예보된 날이라 더위쯤은 감수해야 했다. 함께 장도에 오른 친구 L과 J도 한껏 고무된 듯하였다.

적지 않게 해외여행을 하였지만, 국내 159개 시·군 지자체 중 49개 지자체는 발을 들여놓은 적이 없다. 그곳들은 명산(名山)이나 주요 관광지가 없고, 큰 이슈가 없어 내 관심을 당기지 못했던 곳들이다.

우리 것엔 무관심하면서 밖으로만 나가는 것이 과연 바람직한지 회의가 일었다. 그즈음 '버킷리스트'를 기획하며 국내 여행을 완결하기 전에는 해외여행은 없다고 배수진을 쳤다. 내 것, 우리 것에 좀 더 애착과 관심을 가지고 싶어서였다.

서둘러 시작한 국내 여행 첫 출발지로 경남 서북단에 자리한 함양·산청과 중앙의 의령군을 지목한 것이다. 돌아오는 길에 여유가 있으면 함안군도 둘러보기로 하였다.

네 곳 지자체 중 함양과 산청군은 지리산 자락에 자리 잡고 있으며 중앙의 의령군과 함께 경남에서도 오지(奧地) 중 오지다. 인구 3만 7천여 명에 1읍 10면으로 구성된 함양군은 동으로는 산청군 서로는 전북 남원시와 장수군 그리고 남쪽으론 하동군 북쪽으론 거창군과 연접해 있다.

　면 지역은 인구 소멸 위험 지역이 되고 있지만, 군청 소재지 함양읍은 인구 일만 칠천 명으로 제법 도회(都會) 분위기를 풍겼다. 군 청사는 낡고 좁아 이곳저곳에 별관이 많았다. 재정 자립도와는 상관없이 부채(負債)로라도 번듯하게 청사를 짓고 보는 게 우리네 지자체 실태다. 그런데 이곳 군민들과 지자체장은 정신을 제대로 차리고 있는 듯, 옛 청사를 그대로 사용하고 있었다. 부족한 부분은 별관을 짓거나 임차하여 사용하는 듯해서 첫인상이 좋았다.

　민원실에서 여러 자료를 통해 군 현황을 파악하였다. 그리고 계획대로 군청 소재지인 함양 읍내와 전통 시장의 볼거리를 찾아 나섰다. 함양군은 통일신라 경덕왕 때 천령군, 고려 현종 때인 1010년에 함양군 등으로 명칭이 바뀌어 왔다. 그동안 부침을 거듭해 온 함양군 군청 소재지인 만큼 함양읍은 고풍스러움이 묻어났다. 전통 시장은 장날이 아니어서 인적이 드물었다. 그러나 가게에는 지역 특산품인 오미자·여주·양파 등이 많이 진열되어 있었다. 가을이면 고품질의 사과와 곶감이 많이 출하된다고 한다. 특히 함양 곶감은 청정지역 환경에서 생산되어 육질과 맛이 뛰어나 전국적으로 명성이 높단다. 여느 시골 장터와 마찬가지로 풋풋한 시골 내음도 잔뜩 느낄 수 있었다.

　이번 나들이를 통틀어 백미(白眉)는 함양읍 서쪽을 흐르는 위천 냇가에 자리하고 호안림으로 단장된 상림공원을 둘러보는 것이었다. 공원은 그 넓이가 2만ha로 활엽수 2만여 그루로 조성된 숲이 대부분을 차지하였다. 그곳은 통일신라 시대 천령군 태수였던 고운(孤雲) 최치원이 위천의 수해를 방지하기 위해 조성한 최초의 인공림이라 한다.

'상림에서 뱀을 만나 크게 놀랐다'는 어머니 말씀에 그곳으로 달려가 '이후 모든 미물은 상림에 들지 마라.' 외치니 그 후 미물이 없어졌다는 최치원의 효심에 관한 전설이 전해진다. 그로 인해 뱀, 개미, 지네 등 미물이 서식하지 못하는 곳으로 지금까지 유래된다고 한다. 팩트(Fact)를 확인한 것은 아니다.

120여 종의 활엽수가 1.6km의 둑을 따라 20~80m 폭으로 조성되어 여름에는 피서지로 유용해 보였다. 봄의 신록·여름의 녹음·가을의 단풍과 겨울의 설경 등 사철을 통하여 그 절경을 함양 군민들은 맛볼 수 있을 것 같아 부러웠다.

5,000여 평에 조성된 양귀비 꽃밭은 5월이 절정이라고 하는데, 군데군데 시든 꽃들이 흔적을 남기고 있었다. 그 외에도 상사화·노랑금계국·블루세이지·해바라기 꽃밭 등이 조성되어 장관을 이루고 있고, 연꽃 단지도 상당히 인상적이었다.

활엽수가 제철을 만나 그늘을 드리운 둑을 따라 운동을 하는 읍민들과 오솔길로 데이트하는 연인들이 적잖게 눈에 띈다. 우리도 함께 거닐어 보았다. 지금이 여름의 한가운데임을 잊게 해 주는 듯 시원하고 상큼하였다. 함화루·사운정·초선정 등 역사 유적을 둘러보고 그곳을 뒤로하였다. 당연히 이번 여행의 압권(壓卷)이었지 싶다.

동행한 친구들에게

"기회가 되면 상림공원 옆에 집을 짓고 아침저녁으로 공원을 거닐며 유유자적하게 살아 보고 싶다."
라고했다. 친구들은
"아 꿈이어라."
라며 야유를 보냈다. 못된(?) 친구들이다.

여행에 일락을 더해 주는 것으로, 그 지역의 맛집 탐방을 빼놓을 수 없다. 우리는 허기진 배를 채우기 위해 오곡밥 정식으로 유명세를 치르는 L식당을 찾아들었다. 건강한 나물 반찬들과 구수한 청국장 및 쌉싸름한 더덕구이와 노릇노릇 구워 나오는 보리굴비가 일품이었다. 오랜만에 향토 음식으로 맛나게 포식하고 함양과 아쉬운 작별을 고했다.

다른 계절에 상림공원을 다시 찾아 그 계절의 정취를 느껴 보겠다는 다짐을 남겼다. 더위가 한껏 기승을 부리는 시각에 다음 목적지인 산청군을 향해 출발하였다.

함양군청에서 광주 대구 고속 도로와 통영 대전 고속 도로 위를 24km 달려 산청군청에 도착하였다. 지리산과 황매산으로 둘러싸인 인구 3만 4천의 산골 지자체는 한여름의 한낮 시간과 겹쳐 잠든 듯 한적하기만 했다.

1960년대 중반에는 인구가 11만 5천여 명에 이르렀다는데, 여느 시골 지자체처럼 인구가 한창때의 1/3 토막이 되어 버렸다. 더구나 군청 소재지인 산청읍의 인구는 6,762명밖에 되지 않는다고 한다. 경북 청송군 청송읍(5,074명)과 전남 신안군 압해읍(5,968명)에 이어 전국에서 세 번째로 인구가 적은 군청 소재지라고 한다. 이렇게 군세가 약하고 심각하게 낙후되어서 어지간한 사람들은 경남 동부의 큰 도시로 다 빠져나가 버렸다. 결과적으로 산청은 인구와 생활 기반 시설이 적다 보니 진주 생활권이 되었고, 배후 지역으로 전락하였다.

특별한 볼거리가 별반 눈에 띄지 않는 산청 읍내와 전통시장을 대충 둘러보고 금서면에 소재한 '동의보감촌'으로 차를 몰았다.

허준과는 별로 상관없는 지역이지만 소설 『동의보감』에서 허준이 유의태의 제자로 설정되면서 산청을 배경으로 한 이야기가 많이 나왔다. 그러다 산청군에서 한방 관련 전시·체험·휴양 시설을 조성하여 운영하고 있다. 부지면적만 108만 8천㎡에 이른다. 거기에 힘입어 2001년부터 매년 10월에는 산청 한방 약초 축제가 열린다. 주요 시설은 '한의학 박물관'·'한방 테마공원'·'산청 약초관'·'한방 기체험장' 및 '한방 자연 휴양림' 등이 있다.

일 년에 한 번쯤은 휴식을 위해 이곳을 찾는다는 친구 J는 홍보대사라도 되는 양 자세하게 안내해 주었다. 그의 넘쳐 나는 열정이 보기 좋았다. 2013년에는 동의보감 발간 400주년을 기념하여 이곳에서 '세계 전통 의약 엑스포'가 개최되었다. 그로부터 10년이 지난 올해도 9월 15일에서 10월 19일간에 걸쳐 엑스포를 개최하려고 준비가 한창이었다. 성공을 기원했다.

숙박시설로 깨끗하게 단장한 '산청 한방 가족 호텔'·'산청 한방 휴양림'·'동의 본가 한옥 스테이' 등이 잘 갖추어져 있다. 언젠가 귀여운 손주들 데리고 다시 찾고 싶은 곳이다.

두 개 군을 열심히 둘러보느라 지친 몸을 이끌고 사천시 삼천포항으로 이동하여 전복물회로 이른 저녁 식사를 마쳤다. 삼천포 어시장에 들러 안줏거리로 활어회를 준비하여 숙소인 그랜드 관광호텔을 찾아들었다. 여행 중 객지의 숙소에서 친구들끼리 가지는 소주 파티는 객고(客苦)를 달래고 여행에 일락을 더하기에 부족함이 없었다.

8월 8일 새벽에 눈을 뜨니 몸은 솜털처럼 가뿐한데, 느껴지는 체감 온도는 심상치 않았다. 호텔에서 제공하는 조식으로 요기를 마친 뒤, 염천(炎天)하에 강행군을 시작하기로 하였다.

　사천 대로·남해 고속 도로를 이용하여 의령읍으로 진입하는 초입에 웅장한 의령 관문이 여행객을 반갑게 맞아 주었다. 의령 군청에 도착한 시각은 9시가 조금 덜 되었다.

　사실 의령에 대한 사전 지식은 의병장인 망우당(忘憂堂) 곽재우 장군의 고향이란 것, 더하여 1982년 4월에 사망자 63명을 포함하여 98명의 사상자를 발생케 한 '**우순경 총기 난사 사건**'이 전부였다. 전두환 정권 초기에 민심 이반의 큰 부담을 주었고, 국민에겐 큰 충격을 주었던 희대의 사건이었다.

　군 청사에 도착하니 좁은 공간에서 군 의회와 군 공무원 노조 간에 확성기까지 동원한 비방전이 한창이었다. 인구 2만 5천여 명의 작은 지자체에서 이게 웬 난리란 말인가?

　골프장 설치 인가를 내준 집행 부서와 이권과 관련 있는 일부 지방 의원 간의 마찰이 집행부 대 의회의 대결 구도로 비화된 모양이다. 기초 지방 자치 단체 무용론이 제기되는 이유를 다시 한번 확인하는 듯하여 씁쓸한 기분이 들었다. 9시 업무 시작 시간이 되자 언제 그랬냐는 듯 확성기를 철수하고 일상으로 돌아가 그나마 다행이었다.

　가는 날이 장날이라고, 마침 의령 장날이라 전통 시장엔 활기가 넘쳐 났다. 거래되는 상품이야 함양과 산청의 그것들과 별반 다르지 않았다. 상인이나 고객은 노년층이 대부분이었다. 그곳에 동화되어 시장을 거닐다 보니 어릴 적 고향의 오일장 향수에 푹 젖어 들 수 있었다.

　전통 시장을 둘러본 뒤, 도보로 20여 분도 걸리지 않는 의령읍을 거닐다 보니 충익사(忠翊司)에 다다랐다. 이곳엔 홍의장군과 휘하장수 17명의 위패를 봉안하고, 1972년 이래 매년 추모 행사를 올린다고 하였다. 옷깃을 여미고 예를 갖추었다. 국가가 누란의 위기를 맞을 때마다 곽재우 장군 같은 위대한 선조들로 인하여 이 나라가 지탱되었음에 감사드릴 일이다.

군세(郡勢)가 약하고 가슴 아픈 사건이 있었음에도 이곳에선 걸출한 많은 인물이 배출된 것에 대한 자부심이 배어났다. 망우당(忘憂堂) 곽재우 장군뿐 아니라 독립운동가 백산(白山) 안희재 선생 및 호암(湖巖) 이병철과 관정(冠庭) 이종환 같은 국내 굴지의 부자들이 그들이다.

생각만큼 사람들에게 잘 알려지지 않은 관정 이종환 선생에게 크게 관심이 갔다. 현재 100세로 '삼영화학그룹' 명예 회장인 그분은 1조 원 기부왕으로 유명하다. 1등 인재를 육성하여 우리나라와 인류의 발전을 도모코자 출연금 10억 원을 출자하여 '관정 이종환 교육재단'을 설립하였다. 현재 출연재산이 1조 7천억 원으로 국내를 넘어 아시아 최대 장학 재단으로 유명하다.

국외 대학이나 대학원에 입학하려는 대한민국 국적의 학생을 매년 150명 선발하여 개인당 최대 6만 달러의 장학금을 지급하는 '관정 국외 장학생 재단'을 운영하고 있다. 또 '관정 국내 장학생'은 매년 200명을 선발하여 개인당 4학기 동안 최대 2,400만 원을 지급하고 있단다.

대한민국에는 관정 선생보다 큰 부를 일군 사람은 많지만 그만큼 사회에 재산을 환원한 사람은 없다. 그것 하나만으로도 대단한 분이라 느꼈다. 후학 양성을 위한 선생의 높은 뜻이 너무도 자랑스럽고 애국적이라 절로 머리를 숙이게 된다.

'노블레스 오블리주'(Noblesse oblige)가 따로 없음을 관정 선생을 통해 절절히 깨달으며 호암 고택으로 향했다. 공교롭게 또 다른 부자분인 호암 선생 생가를 방문하러 가는 길이 의령군에서 관정 선생의 높은 뜻을 기려 명명한 '관정대로'였다.

의령군 정곡면 중곡리 장내마을은 의령 부자마을로 불린다. 그 한 가운데 자리한 호암 고택은 명당자리가 여기구나 싶게 아늑하고 평안한 기운이 느껴졌다. 풍수적으로도 명당 중의 명당이라 하였다. 의령 부자가 난 마을답게 널찍한 주차장이 있어 편하게 주차하고 여유롭게 마을을 둘러볼 수 있었다. 마을은 깨끗하게 정비되어 있고 여유로움이 넘쳐 났다.

인근 진주시 지수면에는 '승산 부자마을'이 있어 LG와 GS의 창업주 고택이 있다고 하니 이곳과 쌍벽을 이루지 싶었다.

이곳에서 부자 기운을 잔뜩 받고 마지막 여행지인 함안군으로 향했다.

함안군은 인구가 6만 1천 명으로 앞의 3개 군보다는 규모와 군세가 월등하였다. 창원에 인접하고 진주와 가까워 공단이 많이 눈에 띄었다. 그런 연유로 창원의 일부인 양 느껴졌다. 가야읍에 소재한 군청에 들러 2읍 8면에 대한 대강을 파악하고 가야읍을 대충 둘러보았다.

곧이어 칠원읍 맛집인 G식당에 들러 돌솥밥 한정식으로 늦은 점심을 해결하고 1박 2일간의 여행을 서둘러 마무리하였다. 함께한 두 친구는 이미 다녀 본 곳이라 내가 보고 원하는 관점에서 주마간산(走馬看山) 격으로 훑어본 여행이었지만 유익하였다.

여행지가 오지였던 만큼 구성원들의 노령화와 인구의 급감으로 지방 소멸 위기가 가속화되고 있어 마음이 아팠다. 기초 자치 단체 의회와 단체장 민선 결과 빚어지는 많은 폐단으로 설익은 지방 자치화엔 거부감과 아쉬움을 다시금 확인하였다.

이동 거리가 상당하여 체력 소모가 컸음에도 장거리 운전을 마다하지 않고 묵묵히 동행해 준 두 친구에게 감사의 마음을 전한다.

이제 49곳 중 겨우 네 곳을 줄였을 뿐인 여행은 계속될 것이다. 집 떠나면 개고생이라지만 참으로 유익한 여행이었다. 더위에 지친 몸을 이끌고 귀가를 서둘렀다.

이 글을 퇴고하던 차에 관정 이종환 선생의 부음이 전해졌다. 한국인 노벨상 수상자 배출을 고대하며 전 재산을 출연하여 재단을 운영해 온 분이 아닌가. 100세를 일기로 운명하신 것이다. 우리는 거인(巨人)을 한 분 잃었다. 안타깝고 애틋하다. 삼가 고인의 명복을 빈다. 아울러 그분의 유훈이 잘 지켜지길 기대한다.

또 시간 관계로 유네스코에 문화유산으로 등재된 뒤에 찾아보기로 하고 지나친 함안군의 말이산 고분군이 있었다. 그곳이 다른 가야 유적 여섯 곳의 고분군과 함께 우리나라에서 열여섯 번째로 유네스코 문화유산으로 등재되었다는 소식이 전해졌다. 모두가 축하할 쾌거다. 기쁨을 이 글 말미(末尾)에 전하며 글을 맺는다. (2023. 8.)

---

* **우순경 총기 난사 사건**: 1982년 4월 26일에서 4월 27일 사이에 경상남도 의령군에서 발생한 양민 총기 학살 사건. 주벽이 심하여 청와대 경비단에서 부적격자로 판정되어 경남 의령으로 좌천된 경찰관 우범곤(1955. 2. 24.~1982. 4. 27.) 순경에 의해 우발적으로 자행됨. 우 순경 본인을 포함하여 63명이 사망하고 35명이 부상하였음. 2011년 노르웨이 테러범 아네르스 베링 브레이비크가 무차별 폭탄테러와 살인 행각으로 77명을 살해하고 수백 명이 부상한 사건이 발생할 때까지 세계에서 가장 많은 살인을 저지른 총기 살인사건임.

인간극장

인간극장은 보통 사람들의 특별한 이야기, 특별한 사람들의 평범한 이야기를 비롯한 치열한 삶의 바다에서 건져 올린 우리 이웃들의 이야기를 전달하는 프로그램이라고 KBS 측에서 홍보하고 있다. 이 프로는 KBS 1TV에서 2000년 5월 1일부터 월요일에서 금요일에 걸쳐 아침 7시 50분부터 8시 20분까지 방영하는 교양프로다. 2022년 11월 30일 현재 5,465회로 장기 방영 중인 다큐멘터리이기도 하다. 아울러 재미가 쏠쏠하고 시사하는 바가 큰 프로다. 그래서 내가 시청하는 몇 안 되는 TV프로 중 빠트리지 않으려 애쓰고 애착을 가지는 프로이기도 하다.

2020년 이후 칩거하며 산문집 『돈키호테의 길』 원고를 마무리하고 있을 때였다. 늦은 아침 식사를 하며 TV를 켰는데, 마침 '인간극장'이란 프로에서 2014년에 방영된 '흥부네 11남매' 스페셜(Special)편 '돌아온 흥부네'를 방영하고 있었다. 출연자 내외 중 남편은 건강이 여의치 않아 택배 상하차에 종사하는 일용 근로자였고, 부인은 전업주부였다. 그들 내외는 '기초 생활 수급자'로 선정되어 정부 지원을 받아 생활하고 있었다. 그런 형편이라 다둥이를 양육할 수 없어 아기를 떼려고 병원에 갔었다. 그런데 하늘에서 내려다보며 벌을 내릴 것 같고, 죄를 짓는 것만 같았다고 한다. 결국 '이건 아니다.'라는 생각에 낳기 시작한 게 십일 남매였다고 한다. 방영 후 세 명의 아이를 더 낳아 십사 남매가 되었다. 맏이가 장가를 가서 손주까지 태어났다. 부인은 18세 때부터 42세까지 열네 명을 출산하느라 임신을 너무 많이 해서 하지 정맥류 수술까지 받았다고 하였다.

불우한 환경에서도 항상 밝게 생활하면서 서로를 챙겨 주는 부부와 십사 남매 이야기는 출산을 극히 기피하는 우리 젊은 세대에게 시사하는 바가 크다.

다둥이 부모가 애국자란 의견이 있는가 하면, 어려운 형편에 토끼처럼 아이들을 많이 낳아 고생시킨다는 반론도 없지는 않을 것이다. 어떻든 판단은 시청자들의 몫이다. 물론 나는 전자의 의견에 공감한다.

올 10월 24일부터는 '그 바다에 94세 청년이 산다.' 편이 방영되었다. 황해도 해주에서 피난 와서 인천 송도에 터를 잡고 73년간 어부로 산 94세 정덕성 옹의 이야기다.

20여 년 전 갯벌을 막아 매립을 하면서 어민들 대부분이 바다를 떠났다. 하지만 그는 여전히 송도 앞바다를 지키며 조개 줍고 고기를 잡고 있다. 사리 때만 되면 스티로폼 쪽배와 삿대에 의지해서 바다로 나가는데, 묵직한 그물을 털어 낼 땐 청년이 따로 없어 보인다. 숨 쉬는 그날까지 어부로 살겠다는 정덕성 어르신, 아흔넷의 청년(?)에게 바다와 고향은 어떤 의미일까를 생각해 보게 한다.

"통일만 되면 경운기를 끌고 고향으로 갈 거다."

라며 고향 바로 아래에 있는 송도에 터를 잡았는데, 어느새 73년이 흘렀다고 한다. 그에게 바다는 고향으로 향하는 마음의 길이자 청춘을 바친 기억의 창고가 된 격이다. 94세의 연세에도 73년 전에 두고 온 고향을 포기할 줄 모르는 집념에 절로 숙연해진다.

직장 다닐 때는 출근 시간대에 방영되는 관계로 이런 유익한 프로가 있는 줄조차 전혀 몰랐다. 아침에 다소 시간적 여유를 누리며 마주하게 된 게 '인간극장'이다. 이 프로를 보면서 많은 계층의 삶과 인생에 대해 관조(觀照)할 수 있어 의미가 깊었다.

전국 각지의 고령자층이 출연자로 많이 나오는 관계로 사투리나 익숙하지 않은 발음과 억양 및 단어가 등장하는 것도 이 프로만의 볼거리이다.

그것들에 익숙하지 못하고 청력이 약해지는 50대 이상의 주 시청자층 고령자들을 배려하여 출연자가 하는 말 전부를 자막 처리하는 것도 이 프로의 특색이다.

어떤 친구는 연출이 심하게 가미되고 내용이 조작되는 부분이 많다는 이유로 저평가한다. 그래서 시청을 회피한다고 했다. 방송가(放送街)에서 연출과 조작 논란이 심심찮게 일어나고, 가짜뉴스가 쟁점화되는 것은 틀림없는 사실이다. 하지만 어느 방송 프로나 시청률에 사활을 건다. 공영 방송도 피할 수 없는 구조다. 그런 이유로 시청자의 관심과 흥미를 고조시키기 위하여 얼마간 연출이 가미되고 미화되는 것은 어쩌면 당연할 것이다. 그렇기에 친구의 주장은 시청률과 상업성을 도외시할 수 없는 방송의 특성을 무시한 단견이라고 타박하고 그의 논리를 반박했다. 적어도 의도적으로 누군가를 미화하거나 사실을 악의적으로 왜곡하지는 않을 거란 믿음이 다큐멘터리란 장르에는 있다. 그래서 이번 주에 방영되는 '방금 은퇴했습니다.' 편에도 기대를 건다.

 이 프로는 전국 각지 각계각층 사람들이 출연자로 등장한다. 그들이 열악한 환경에서 억척스럽고 밝게 살아가는 일상을 들여다볼 수 있게 하는 긍정적인 측면이 있어 정말 매력적이다.

 더 이상의 새로움이 없고 습관적으로 시간을 죽여 나가는 다소 무기력한 일상으로부터 탈출을 시도하는 기회가 되기도 해서 매우 유익하다. (2022. 11.)

못 이룬 꿈, 이뤄야 할 꿈

 집 나이 60세 되던 2014년 초, 호형호제(呼兄呼弟)하는 지인의 법인으로부터 고문직 제의를 받았다. 정년이 3년이나 남았기에 혼란이 일었다. 그러나 아쉬움은 남겠지만 불러 주는 곳 있을 때, 주위의 축하를 받으며 공직에서 명예롭게 퇴장하는 것도 의미가 있다는 생각이 들었다. 그렇지만 30년 이상 정든 직장을 갑작스레 떠난다는 게 생각만큼 간단치는 않았다. 어떻든 장고(長考) 끝에 그 제의를 수락하고, 연말에 퇴직하기로 마음을 정리했다. 명예퇴직 신청서를 접수하자 주위에선 모두 아쉬워했다.
 2014년 12월 24일, 명예 퇴임식을 마치고 31년간의 공직 생활을 마무리했다.
 2015년 1월부터 제2의 인생이 시작되었다. 그로부터 5년간 세 곳의 사기업체에 고문직을 겸임(兼任)하며 즐겁고 보람 있는 생활을 이어 갔다. 나날이 새로운 경험을 습득할 수 있어 행복했다. 감사하는 마음도 충만했다. 오전에 구미서 근무하고, 오후엔 경산의 ㈜ S로 출근해야 하는 날에도 마냥 즐거웠다. 피곤하지도 않았다.

그러나 항상 마음 한편에는 공허감이 넘쳐 났다. 내 꿈은 어디쯤 머물고 있을까? 그 꿈의 실체가 있기는 한 것인지에 대한 회의감이 커져만 갔다.

생전에 꼭 이루고 싶었던 두 가지 꿈이 있었다. 30대 초반이던 1989년 상주세무서 근무 시, 시내 변두리에 2층 양옥집을 지었다. 그 집에서 정원에 갖가지 수목을 심고 가꾸면서 전원주택 흉내를 내며 3년을 행복하게 살았다. 그 행복한 생활은 구미로 전보 발령이 나며 끝났다. 그때 경험으로 내 생에 언젠가 꼭 제대로 된 전원생활을 한 번은 누리겠다는 꿈을 가졌다. 다른 또 하나의 꿈은 은퇴 후, 살아온 날들을 반추(反芻)하며 산문집 두어 권을 펴내겠다는 것이었다.

일찍부터 첫 번째 꿈을 실현하려고 『전원주택』이란 월간지를 정기 구독하며 전원생활에 대한 예비지식을 축적해 갔다. 주말에 틈틈이 동료들과 전원주택지 답사에 나서는 등 준비도 게을리하지 않았다.

그러나 아이들 교육·치안 문제로 인해 우선순위가 자꾸만 뒤로 밀려났다. 아이들이 대학에 진학하자 교육 문제는 자연스레 해결되었다. 치안 문제 해결책도 분주히 찾았다. 친한 분들과 '전원생활 동호회'를 결성해 집단으로 전원주택 생활을 시작해 보려고 노력하였으나, 여의치가 않았다.

세월이 흘러 이제는 노인이 되어, 응급 시 병원과의 거리 등 또 다른 현실적인 문제에 부딪혔다. 결국 전원생활의 꿈은 못 이룬 꿈으로 남게 되었다.

나이 들수록 자신의 말년에 대한 근심만 더해 간다. 또 몸뚱이 중 편하길 거부하는 부위가 벌써 한두 곳이 아니다. 마음도 평정심을 잃는 경우가 다반사다. 가까운 사람에게 별것 아닌 일로 섭섭해하거나, 주변을 배려하는 일에 인색해진다. 조바심의 부피만 날로 살을 찌우는 격이다. 이러다간 두 번째 꿈마저 무산되는 것은 아닐까? 그것이 두려워 은퇴를 서둘러야겠다는 생각이 항상 마음에서 꿈틀거렸다.

2019년 들어 6개월여를 고민했다. 내게 호의호식(好衣好食)할 수 있는 일자리를 준 사랑하는 후배 L 세무사에게 솔직한 심정을 내비쳤다. 그는

"형님! 저는 아직 홀로 설 준비가 되지 않았습니다."

라며 완곡하게 퇴직을 말렸다. 그에게 내가 꼭 필요해서 만류했다기보다는 백수(白手)가 되는 것을 염려했기 때문이리라. 그만큼 그는 인연을 귀하게 여기고 나를 배려해 주었다. 두고두고 고마운 사람이다. 그러나 결론적으론 그도 내 마음을 전부는 읽지 못한 것이다. 6개월 후엔 그만두겠다고 일방적으로 결정해 버렸다. 2019년 12월 31일에 조직 생활을 완전히 마감했다.

「고문님은 세무법인 하나에 재직하시는 동안 회사와 직원들을 위하여 아낌없는 조언과 사랑을 주셨습니다. 고문님을 통해서 인자하신 부모님의 모습을 보았고, 때론 열정적인 선배님의 모습을 보았습니다. 조금 늦게 만나서 아쉬웠고, 너무 빨리 헤어져서 섭섭합니다. 그동안 고락을 함께한 인연이 우리 모두의 가슴에 영원하길 바라고, 아쉬운 마음을 이 패에 담아 드리며 앞날에 무궁한 발전이 있으시기를 기원합니다.」란 재직 기념패를 송별회에서 받아 들고 조직 생활

을 완전히 마감했다.

　지인들에게는 새해 인사와 함께 '저는 2019년 12월 31일 자로 40여 년 가까이 이어 온 조직 생활을 완전히 접고, 가 보지 않은 길로 접어들기로 합니다. 공직에서 은퇴할 때, 퇴직 후 5년, 65세 되는 해까지만 일하겠다고 자신에게 한 약속을 지키게 되어 기쁩답니다. 이제 해야 할 일보다 제가 하고 싶었던 일 중, 많이 읽고 많이 쓰는 일에 매달리고자 합니다.'라고 완전한 은퇴 사실을 알리고 65세를 마무리했다.

　물론 공직에서 은퇴할 때, 무엇보다 먼저 은퇴 후 펼쳐질 경제 상황의 변화에 대한 면밀한 검토가 있었다. 우선 명예퇴직 수당과 퇴직 후 곧장 수급자가 되는 공무원 연금이며 아내의 국민연금으로 남은 생에 궁핍함은 면할 수 있다는 확신이 섰다. 더하여 회사에서 받게 될 적정한 근로소득이면 계속 공직에 머무는 것보다 경제적 조건이 나쁘진 않겠다는 자신감도 생겼다. 얼마간 비축된 예금도 있었다. 그런저런 여력으로 완전 은퇴 후에도 73세까지 품위 유지와 꼭 이루고 싶었던 꿈을 성취하는 데 소요될 재원 마련도 부족하진 않겠다는 계산이 나왔다.

　65세 이상을 노인네로 정의하고 있었기에 아주 완벽한 계획이라고 판단했다. 또 경제주체로서 완전한 은퇴는 노인네 기준에 정확하게 부합되는 것이기도 했다. 그러나 주위에선 한창 일할 나이고 당당히 일할 직장이 있는데 스스로 박차고 나오는 것은 어리석고 성급한 선택이라며 아쉬워했다.

자서전이네, 산문집입네 하며 살아온 발자취를 온 천하에 까발리기엔 부끄러움이 너무 크다. 또 내 짧은 문장력에 가당치 않으나 일단 신변잡기 위주로 개발새발 적어 나가 잡문집 한 권이라도 엮어 보겠다는 계획을 구체화했다.

국민의 약 46%가 일 년에 책 한 권도 읽지 않는다는 통계도 있지만, 개의치 않기로 한다. 잡문집으로 딸아이 결혼식 전, 혼주인 내가 코피 흘림으로 인해 하객들 접대에 소홀하였던 점에 대해 늦게나마 유감의 뜻을 표하고 싶다. 그럴 수밖에 없었던 사유도 알리는 변명의 기회로도 활용하려고 한다. 더하여 두 번째 꿈 일부를 이루었다는 성취감도 맛볼 수 있으려니 일거양득이 아닐까!

반면에 온전한 자기 합리화로 마음에 켜켜이 쌓인 부채를 탕감해 보겠다는 욕심은 아닐까? 스스로 부끄럽기는 매일반이란 것을 금방 깨닫게 된다.

어떻든 틈틈이 써 두었던 서른 꼭지의 졸고에 스무 꼭지를 더 준비해야겠다. 그래서 총 오십여 꼭지, 300여 쪽 산문집 2,000부를 기필코 발간하겠다. 그것을 2020년이 가기 전, 딸아이 결혼식 당시의 하객과 지인 등에게 꼭 증정하기로 구체적 일정까지 잡았다.

소모적이고 비경제적인 작업이지만 내게는 큰 의미가 있다. 의욕적인 작업임도 분명하다. 의도를 간파한 지인 일부는
"집필이 순탄하여 조만간 출간된 저서를 받아 보길 학수고대하겠습니다."
라는 응원의 메시지도 보내온다. 고마운 일이고 의욕을 고취하기엔 충분하다. 하지만 프로 작가도 아닌데 집필이니 출간이니 하는 고급스러운(?) 응원 메시지가 부담스럽고 부끄러워 얼굴 붉어짐을 감출 수 없다.

못 이룬 꿈, 이뤄야 할 꿈

첫 번째 산문집을 펴낸 뒤, 그것을 기폭제 삼아 일흔 살이 되는 때 제대로 된 산문집 한 권을 더 엮고 싶다. 다행히 그 의욕이 계속 살아 내게 용기가 된다면 얼마나 감사하고 자랑스러울까!

또 마땅한 본을 보여 주는 늙음의 선배가 아주 귀한 세상에 나의 늙음조차 뒤따르는 후배들에게 조금이라도 꿈과 희망을 준다면 얼마나 다행일까. 어딘가에 그처럼 본보기가 되는 늙은이가 있다는 것은 분명 큰 축복일 것이다. 그런 늙은이가 되고 싶다.

해가 바뀌면서 먹어야 하는 나이를 훈장처럼 당당하게 가슴에 달 수 있는 날까지 꿈 하나쯤은 버리지 않으리라. 이제는 일단 칠순 무렵까지. (2020. 2.『돈키호테의 길』에서)

품격

살아가면서 가끔 바람직한 사람의 '품격'에 대해 생각해 보는 경우가 있다. 품격의 사전적 의미는 사람 된 바탕과 타고난 성품이라고 설명한다. 쉽게 말해 사람의 처신에서 느껴지는 '사람의 값'이라고 할 수 있을 것이다. 그것은 극히 주관적이기에 획일적으로 정의하기엔 어려움이 있다. 하지만 제대로 된 품격을 갖춘 사람에게선 참된 인간의 내음이 풍길 것이다. 또 함께할 때 우리는 그 사람에게 호감과 유대감을 갖게 될 것이다. 제대로 된 품격을 갖춘 사람들에겐 여유와 유머가 가득하고 사람을 대함에 이해와 배려심이 넘쳐 나기 때문이다.

지난날 어느 책에선가 품격은 주로 특정 에피소드를 통해 나타난다며 예로 제시한 두 정치인의 일화에 대해 읽은 적이 있어 기억의 창고에서 옮겨 와 본다.

1981년 미국의 레이건 대통령이 취임한 지 불과 몇 개월 만에 한 청년이 암살을 시도했다. 총알이 몇 발이나 몸에 박힌 채 응급실로 실려 간 레이건은 진찰하러 들어온 의사에게

"당신! (나와 같은) 공화당원이지요?"

라는 질문을 던졌다. '그래야 내가 안심할 수 있겠다.'라는 의미의 그 조크는 총상의 심한 통증 속에서도 온 국민을 한번 크게 웃게 해 주었고, 깊은 안도감을 남겼다. 위기 속에서도 내면의 여유를 잃지 않을 수 있는 대통령의 느긋함과 그의 품격을 읽게 하는 경우였다.

또 하나, '영국 총리'를 이야기하면 가장 먼저 떠오르는 세계적으로 인지도 높은 총리이자 노벨 문학상 수상자이기도 한 윈스턴 처칠과 관련한 일화다. 어느 날 처칠이 점잖은 모임에 참석했는데, 바지 앞 지퍼가 열려 있는 것을 본 어느 귀부인이

"지퍼가 열렸군요."

라고 지적을 했다. 이에 처칠은 천연덕스럽게

"걱정하지 마세요. 부인! 죽은 새는 결코 새장 밖으로 빠져나올 수 없으니까요."

라 응수했다. 곤혹스럽고 창피한 상황에서 유머로 빠져나온 것이다. 또 하루는 의회에 늦게 출석하자 상대 당인 노동당 한 의원이 처칠을 향해

"아니, 의회에도 지각하는 사람이 무슨 중대한 일을 할 수 있는가?"

라고 비난했다.

"당신도 나처럼 이쁜 마누라가 집에 있어 봐라, 다음 날 아침에 일찍 일어날 수 있겠나?"

처칠의 응수에 웃음바다가 되고 문제를 제기했던 상대 당 의원은 더는 비난치 못하고 그냥 넘어갔다고 한다. 역시 처칠다운 처신이란

생각을 하게 된다. 2차 대전의 위기 속에서 국민의 마음을 하나로 모으고 히틀러를 압도한 여유와 그만의 품격을 읽을 수 있는 대목이다.

위 두 사례는 비범한 정치인들의 품격에 대한 에피소드다. 참고는 되겠지만 장삼이사(張三李四)에 지나지 않는 일반인으로서 사람의 품격을 생각할 때, 먼저 고상한 언어와 점잖은 행동, 나아가 무결점과 무오류를 기준으로 삼는다. 하지만 하나같지 않은 각각의 사람들에겐 품격의 높고 낮음의 차이가 존재하므로 각자 고유의 성품과 평소 언행을 도외시하고 품격을 판단해서는 안 될 것이다.

각자 삶의 주체로서 충만한 자기 삶을 사는 것, 나아가 타인의 삶도 함께 존중하며 사는 것에서 진정한 자존감과 품격이 형성되고 지켜질 것이기 때문이다. 그것으로 더욱더 인간적이고 자기다운 내면의 모습을 반추할 수 있을 것이리라.

그런 관점에서 보면, 짧지 않은 직장 생활 중 향기롭고 고매한 품격을 갖춘 선후배들과 함께할 수 있었던 것이 무형의 자산이자 큰 자랑거리가 아닐 수 없다.

「평범한 사람이라면 반드시 화를 내야 할 상황에서도 먼저 직원들을 다독여 주시던 K 과장님. 비가 올 때 우산을 씌워 주는 것이 아니라 비를 함께 맞으며 걸어가는 공감과 연대의 화신(化身)이셨지요. 직장 생활 8년 차였던 저에겐 삼촌 같은 존재이셨는데 큰형님으로 다가오셨던 과장님으로 인하여 1992년의 김천세무서는 항상 훈훈한 기운이 넘쳐 났답니다. 팔순의 연세가 되셨지요? 건강이 염려됩니다. 오래오래 건강하시길 응원하겠습니다.

함께 근무하실 때 그러하셨듯, 퇴직하시고도 같이 근무했던 직원 한 명 한 명에게 관심의 끈을 놓지 않으시고 진정성 있는 동반자 관계를 유지하셨던 P 청장님. 우리에게 인연의 소중함을 깨닫게 해 주신 큰 스승이셨습니다. 1996년 구미세무서 직원들에겐 듬직한 큰형님이자 자상한 오라버니셨지요. 너무 이르게 하늘나라로 소풍 떠나셔서 우리에게 큰 아픔을 남기셨습니다. 편안하게 영면하시리라 믿습니다.

직원들의 삶이 여유가 없고 힘겨울 때도 유머와 위트로 활력을 불어넣어 주시고, 팍팍한 상황을 배려와 격려로 해결해 주셨던 K 서장님. 서장님의 저서 『유머 산책』이 제 서재 책장 높은 곳에서 빙긋이 웃으며 내려다보고 있습니다. 그 책 한 모퉁이에 팬티와 브래지어를 우리말로 바꾸면? '부끄럼 으뜸 가리개, 부끄럼 버금 가리개'란 유머가 저를 크게 웃게 합니다. 서장님은 1998년에 구미세무서에 근무한 직원들에겐 20세기 현인(賢人)이셨습니다. 서장님 언행 하나하나에서 저희는 고매한 품격을 고스란히 전수(傳受)하였지요.

마지막 근무지였던 부산을 오르내릴 때면, 가끔 대구에 들러 식사 자리를 마련하여 옛 김천세무서 동료들 근황에 관심을 표하시고 최고령이신 K 과장께
"과장님! 제가 부산에서 옛 동료들과 3일간 골프 쳐서 딴 돈입니다. 막걸리나 한 대포 하세요."
라며 주저하지 않고 받을 수 있도록 적잖은 돈이 든 봉투를 내미시던 K 청장님. 받을 것은 잊고 조금이라도 남에게 베푸는 것을 즐기

며, 실천하는 삶을 살아가는 모습이 아름다웠습니다. 그것이 청장님
의 가식 없는 품격 자체였습니다. 그래서 우리는 23년 전부터 하나
였습니다. 오래도록 기억될 것입니다.

고향이 호남지방인데 영주에 초임 서장으로 부임해서도 지역의 한
계와 편견에 괘념치 않으셨지요. 그러려니 생각하며 불편한 기색 한
번 보이지 않던 S 서장님. 광주지방청장으로 가셔서도 가끔 전화로
소통하는 기회에 제가 낯살이나 많다고 '선배님'이라 존중해 주며
지금껏 따뜻하게 대해 주셨습니다. 청장님의 넉넉한 인품과 배려로
2008년 영주세무서 직원들은 지금껏 마음이 따뜻하답니다.

인사권자의 선입견이 극복되지 않자, 조직에 누가 되지 않겠다며
앞뒤 돌아보지 않고 과감히 큰 뜻을 접어 버린 L 서장님. 그 순간 국
세청은 큰 인재 한 분을 잃었지요. 마음 한번 긍정적으로 바꿔 먹으
면 그 순간부터 행복한 사람이 된다는 진리를 일찍이 깨우친 선각자
이십니다.

전 정권에서 중용되었단 이유만으로 수혜자 프레임에 갇혀 한직으
로 밀려(?)나셨지요. 더하여 얼마간은 경륜과 능력에 버금가는 보직
으로 돌아오긴 어렵다고 믿는 사람들이 많은 게 현실입니다. 그래도
불평 한마디 없이 현 보직에서 묵묵히 최선을 다하시는 A 국장님! 직
원들에게 무한 신뢰를 심어 주고 공(功)은 직원들에게 결과의 잘못이
나 허물은 본인이 책임지던 당신의 모습이 지금도 무척 자랑스럽습
니다. 결국 1년 만인 지난 6월 인사에서 제자리를 찾으셨더군요. 세

상이 무심치 않아 당신의 능력과 처신이 바르게 평가받았다고 많은 이들이 박수를 보냈습니다.」

　모두 고매한 품격을 갖추고 국가와 조직을 위해 헌신한 진정한 거인(巨人)들이다. 그들로 인해 나의 친정인 국세청이란 조직이 건강하게 유지되어 왔음은 불문가지(不問可知)다. 다른 글에서도 인용한 바 있지만, 논어에 '삼인행필유아사'(三人行必有我師)라 하여 세 사람이 길을 가면 그중에 반드시 내 스승이 있다는 구절이 있다. 이상에 열거한 분들의 품격이 때로는 힘겹고 감당하기 어려울 때 나를 지탱케 해준 바로 그 스승이자 삶의 지주였음은 거듭 강조해도 지나침이 없다. 물론 위 예시는 빙산의 일각일 뿐, 주위에는 고매한 품격을 지닌 선후배가 부지기수였다. 국세인(國稅人)이었음이 자랑스럽고 행복한 것은 여유롭고 넉넉한 품격을 지닌 그분들 때문이다. 오늘따라 그분들이 유난히 그립다.

　하지만 옥에도 티가 있다고 하였던가?
　- 체납세 복명(復命) 때, 성적이 시원찮다고 복명서(復命書)를 허공에 던져 버리던 서장. (이리저리 날리는 복명서를 챙기며 '제기랄! 이곳은 내가 있을 곳이 아니구먼. 그래도 참아야지. 어찌하겠나!'라며 억지로 무너지는 마음을 추슬렀지.)
　- 오해로 비롯된 사감(私感)을 두고두고 휘둘러 상처 난 마음에 소금을 뿌리던 양반. (몹시 아쉬웠으나 이제는 다 지난 일, 잊어야지. 헛웃음만 절로 난다.)
　- 부하 직원을 사병처럼 부려 먹던 기관장. (그들 시대 정말 지옥이

없지. 그러나 이 또한 지나갔음이 아니던가.)

그때는 인간적으로 너무 힘들었다. 왜 그랬을까? 지금은 그냥 웃는다. 직장 생활을 함께했던 고매한 품격을 지닌 분들 사이에서 그들은 분명 옥의 티였다. 그들에게서도 무언가 하나쯤은 배워야 했는데, 미욱하여 그러지 못했음이 안타깝다. 내 품격의 한계는 거기까지였나 보다. (2023. 6.)

애니팡

　은사이신 L 선생님과 점심 식사를 약속한 날이다. 연세가 86세이신 선생님은 요양원 주간보호센터에서 낮 동안 대부분 시간을 보내고 계신다. 그래서 쉽게 뵐 수 없어 직접 센터를 방문하여 선생님을 모시고 나와 점심을 같이할 작정이었다. 센터로 출발을 서둘고 있던 차에 선생님께서 직접 전화를 주셨다.

　"신태야! 내가 당뇨가 심해서 시간 맞춰 인슐린 주사도 맞아야 하고 다리에 힘이 없어 보행이 자유롭지 못해. 그래서 센터에 허락받고 보호자 동행하에만 외출할 수 있어. 그래서 오늘은 자넬 볼 수 없다네. 나이가 들면 전부 이래 되나 봐. 자네를 몹시 보고 싶은데…."

　길게 상황을 설명하시며 울먹이신다. 애간장이 녹아나는 슬픔에 가슴으로 울었다. 병약해지시고 심약해지시기까지 하시는 선생님을 생각하며 슬픈 마음을 감출 수 없고 화까지 났다. 공연히 의욕이 앞서 선생님을 모시고자 한 게 화근이 되어 선생님을 슬프게 해 드렸다. 그 자책감 때문에 또 슬펐다.

그렇게 패기 넘치시고 활달하셨던 선생님 아니시던가. '나이 들면 전부 이래 되나 봐'란 선생님 말씀이 오래 귓전을 떠나지 않았다. 종일 마음엔 냉기류가 가득 흐르고 우울했다.

이처럼 공연히 기분이 우울하고 슬퍼질 때나 누군가 약속된 사람을 기다려야 할 때. 또 아주 드물게 열차 시간을 기다려야 할 때는 애니팡을 즐긴다.

애니팡(Anipang)은 위메이드 플레이에서 만든 싸이월드 앱스토어와 네이버 소셜앱스를 근간으로 한 플래시 게임이자, 카카오톡을 기반으로 한 모바일 퍼즐 게임이라고 한다.

진행은 제한 시간 60초 안에 같은 동물 세 마리 이상을 가로나 세로 어느 방향이든 일렬로 맞춰 없애 나가는 방식이다.

그런데 애니팡은 '3천만이 즐기는 국민 게임'이라고 선전하고 있으나 난이도가 하 등급으로 낮은 수준의 게임이다. 그래서 게임 마니아(Game mania)들에겐 유행이 한차례 지난 게임이기도 하다.

오죽하면 열 살 난 손자 녀석마저 시시하다고 거들떠보지도 않을 정도일까. 녀석은 가끔 게임을 하는 할아버지가 눈에 띄면 한심하다(?)는 표정을 지으며 지나친다. 그래도 여덟 살 손녀는 애니팡을 즐기는 나를 보면 신기하다는 듯 머리를 들이밀고 얼마간 훈수를 두기도 한다. 녀석의 관심이 백만 후원군을 얻은 듯 고맙고 반갑다.

그것은 무료한 시간을 보내는데 한몫을 톡톡히 한다. 그뿐만 아니라 정신이 헝클어져 산만할 때 집중케 하는 데 큰 역할을 하기에 자주 빠져든다.

특히 마음이 울적하고, 하려는 일이 손에 통 잡히지 않을 때 쉽게 잊고 기분을 전환하는 데 제격이다.

컨디션이 좋고 마음이 가벼울 때는 높은 점수를 획득하여 즐겁고, 정신이 산만하고 신경 쓰이는 일이 있을 때는 점수가 들쭉날쭉한다. 여하튼 내 정신 상태를 점검하고 측정하는 척도임은 분명하다.

게임 한 세트(Set)에 60초가 주어지고, 총 다섯 세트에 게임이 종료되도록 설계되어 있다. 재부팅은 최소 30분은 지나야 가능하다. 그런 연유로 다른 게임과 달리 눈 건강을 해치거나 게임에 중독될 가능성이 희박하다는 장점이 있어 좋다.

가끔 열차나 전철을 기다리며 무료한 시간을 애니팡으로 죽여 나갈 때가 있다. 곁을 지나가던 학생들이 휴대폰과 내 얼굴을 번갈아 쳐다보고는 마치 외계인을 바라보는 표정을 짓지만 개의치 않는다.

생각만 많고 혼자 있는 시간이 길어져 스스로가 버거워질 때 5분으로 제한된 애니팡과 친해져 보라. 잠시 잠깐이지만 무언가에 집중할 때 얻어지는 편안함을 맛보게 될 것이다. 마음이 시리고 헛헛해질 때, 온갖 잡념이 곧잘 마음의 여백을 채우러 찾아든다. 고정관념의 노예가 될 때도 슬며시 휴대폰을 당겨 애니팡과 친해져 보라. 순간 모든 시름이 사라지고 마음에 여유를 찾게 될 것이다.

가끔, 나이가 들어 갈수록 의식(意識)을 단순화하고 무언가 파격적인 것에 도전을 시도해 보자. 애니팡을 가까이하듯….

남들의 시선을 의식하지 않을 수만 있다면 자신만의 공간과 쉼터가 만들어질 것이다. 일상에서 자주 마주할 수 없는 작은 즐거움들로 그곳을 가득 채울 수 있을지 누가 알랴!

요즘은 아내와 옛 동료며 지인 대여섯 분이 애니팡 친구가 되어 함께 경쟁하듯 게임을 즐겨 일락(一樂)을 더한다. 가끔은 높은 점수 획득하기 도전을 하는 분도 있어 즐겁게 겨루기도 한다. 애니팡으로 인해 그분들께도 일상에 작은 즐거움이 가득 넘쳐 나길 기대한다.

  은행잎이 낙엽 되어 온통 거리를 휩쓸고 다니는 스산한 계절이다. 쉽게 분위기에 동화되어 우울해지게 된다. 이럴 때 모두가 맑은 정신과 건강한 몸으로 추운 겨울을 건너뜰 수 있는 방도를 찾아 보면 좋겠다. 그 한 방편으로 애니팡을 즐겨 봄은 어떨까!
  그래도 요양원 주간보호센터에 계신 우리 선생님이 잊히지 않고 슬픈 모습으로 커다랗게 자리 잡는다. 아! 어쩌란 말인가 이 안타까움을. (2023. 11.)